W0244273

REISEN UM GLÜCKLICH ZU SEIN

William Golding

EIN ÄGYPTISCHES TAGEBUCH

Aus dem Englischen
von Renate Orth-Guttmann

List Verlag

Die Originalausgabe »An Egyptian Journal« erschien 1985
im Verlag Faber & Faber, London.

Umschlagentwurf: Design Team, München
Umschlagmotiv: Unter Verwendung eines Fotos von Zefa/Damm

ISBN 3-471-77648-6

© 1985 William Golding
© 1987 Paul List Verlag GmbH & Co. KG, München
Alle Rechte vorbehalten. Printed in Germany
Satz: TypoData, München
Druck und Bindung: May & Co., Darmstadt

Ναῦται βαθυκυματοδρόμοι
ἁλίων Τρίτωνες ὑδάτων
καὶ Νειλῶται γλυκυδρομοι
τα γελῶντα πλεοντες ὑδάτη,
τὴν συγκρισιν ἐίπατε, φιλοι,
πελάγους Νείλου τε γονιμου.

P. Oxy. III. 1903, no. 425, p 72

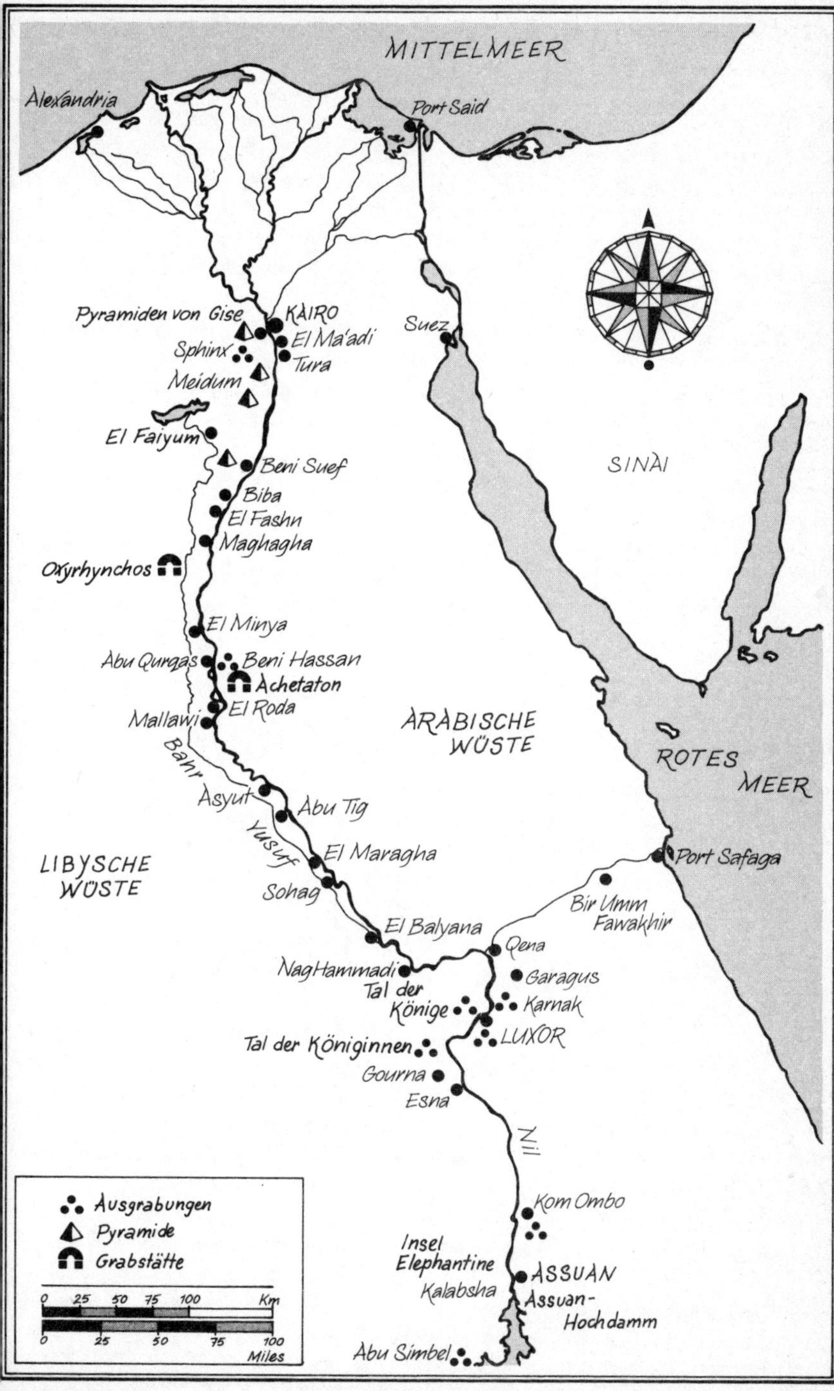

MITTELMEER
Alexandria
Port Said
Pyramiden von Gise
KAIRO
El Ma'adi
Tura
Sphinx
Meidum
Suez
El Faiyum
Beni Suef
SINAI
Biba
El Fashn
Maghagha
Oxyrhynchos
El Minya
Abu Qurqas
Beni Hassan
Achetaton
El Roda
Mallawi
ARABISCHE WÜSTE
ROTES MEER
Bahr
Asyut
Yusuf
Abu Tig
El Maragha
LIBYSCHE WÜSTE
Sohag
Port Safaga
Bir Umm Fawakhir
El Balyana
Qena
Nag Hammadi
Garagus
Tal der Könige
Karnak
LUXOR
Tal der Königinnen
Gourna
Esna
Nil
Ausgrabungen
Pyramide
Grabstätte
Kom Ombo
Insel Elephantine
ASSUAN
Kalabsha
Assuan-Hochdamm
Abu Simbel
0 25 50 75 100 Km
0 25 50 75 100 Miles

1 Dieses Buch hat eine eigentümliche Entstehungsgeschichte; Zweifel hinsichtlich seiner Intention sind erlaubt. Seit sechzig Jahren lese ich so ziemlich alles an Populärliteratur, was über Ägypten erschienen ist. Wie meine ganze Generation entdeckte ich in mir eine tiefe, gewissermaßen natürliche Sympathie für alles Ägyptische oder vielmehr Altägyptische. Vielleicht werteten wir alle die angebliche Immobilität des alten Ägypten höher als den Wandel, der eine Erfahrung des täglichen Lebens ist. Mag dies auch nicht die Sehnsucht nach dem verlorenen Paradies gewesen sein – eine Sehnsucht nach irgend etwas war es gewiß. Die Kinder jener Generation könnte man unterteilen in solche, die vorzugsweise Conan Doyle, und solche, die Rider Haggard* lasen. Es ist eine verlockende Vorstellung. Man braucht das Wesen der beiden nur ganz wenig zu verfälschen, um sie als Gegenpole zu sehen: Auf der einen Seite den Schöpfer des egoistischen Mannsbildes Sherlock Holmes, auf der anderen den Erfinder der Frau, die unbedingten Gehorsam heischt; hier die Logik der Deduktion als höchstes Ziel, dort Mystiker, die im Besitz von Wissen sind, ohne der Logik zu bedürfen. Und so weiter. Natürlich gäbe dies ein schiefes Bild, denn es war Conan Doyle, der sich am Ende Fotos jugendstilgewandeter kleiner Mädchen ansah und sie für Feen hielt**. Der Mensch simplifiziert zuweilen, das Leben tut dies nie. Dennoch gab es bei beiden Schriftstellern deutliche Tendenzen in Richtung der einen oder anderen Welt.

Nun begeisterte sich Haggard bekanntlich für das Mysterium des Dunkelsten Afrikas, und die ägyptische Geschichte war nur

* Sir Henry Rider Haggard (1856–1925), engl. Schriftsteller, Verf. phantastischer Abenteuerromane. (Anm. d. Übers.)

** Conan Doyle (1859–1930) wandte sich in späteren Jahren dem Spiritismus zu. (Anm. d. Übers.)

mehr eine Extension dieses Mysteriums. In seinen Romanen *The Moon of Israel*, *The World's Desire* und *Cleopatra* war das, was auch aus unserer Sicht das alte Ägypten ausmachte, enthalten oder angesprochen: Das Mysterium der Magie, das Vorhandensein von Göttern, die Macht einer Priesterkaste, der Reiz des Altertümlichen, der Glanz des Königstums. Und dann wurde dieser partiell erkannten Verbindung zwischen uns und ihnen ein Katalysator beigemischt: die Aufregung, das Spektakel, das weltweite Aufsehen um das Grab des Tutenchamon.

Nun habe ich zwar Conan Doyle gelesen, wenn er mir unter die Finger kam, aber ich habe ihn nie gekauft und ihn nicht einmal in der Bibliothek ausgeliehen. Für Haggard jedoch hätte ich den letzten Penny gegeben, ich ging meilenweit für eins seiner Bücher, las ihn unersättlich, pausenlos. Nach wie vor bin ich der Meinung, daß er Szenen von atemberaubender Stärke hat. C. G. Jung scheint ihm – damals, als jedermann, nicht nur eine immer mehr dahinschwindende Gruppe von Fans ihn ernst nahm – seinen Segen gegeben zu haben. Er zitierte *She Who Must Be Obeyed* als den Archetypus der Anima.

Was aber bedeutete nun dieses Ägypten für uns Kinder und Heranwachsende? Einerseits war da – auf einer Briefmarke zu besichtigen – der junge Faruk, unglaubhaft wirkender Erbe der Pharaonen; war da die britische Verwaltung, so ein Segen für das Land; waren die Papyri; die Bezüge zur Bibel; in jedem Museum etwas Anthropomorphes: Mumiensärge, die uns mit ihrer ehrfurchtgebietenden Kunde von Tod, Magie, Schrecknis, Mysterium anblickten. Andererseits aber verdankten wir all unser greifbares Wissen um das alte Ägypten Archäologen, die gerade erst anfingen, sich wissenschaftlicher Methoden zu bedienen und mit einer von Grund auf vernunftorientierten Einstellung an die Dinge heranzugehen – Naturwissenschaft und Rationalismus im Dienste von Magie und Mysterium. Es war eine heillose Wirrnis.

So trug denn das Ägyptenbild meiner Kindheit bei aller Bangigkeit romantische, ja sogar ein wenig fromme, wenn auch heidnisch-fromme Züge. Mumien – schon der Gedanke an

Mumien – verursachten mir eine Gänsehaut, aber gleichzeitig fiel es mir leichter, an Ra, Isis und Osiris zu glauben als an die Dreifaltigkeit. Für mich waren die Widersprüche der ägyptischen Glaubenswelten nicht unglaubwürdig, oder besser gesagt: Widersprüche waren, da es um die Religion ging, genau das, was ich erwartete. Dennoch interessierten mich damals in der Welt der Erwachsenen am meisten die rational erforschten, logisch abgehandelten Entdeckungen der wissenschaftlich betriebenen Archäologie. Diese Spannung war mir nur zum Teil bewußt, und sie starb eines natürlichen Todes, als ich älter wurde und Leben und Lieben in meinem Umfeld mich mehr in Anspruch nahmen als ein imaginierter Dialog mit Tod und Magie.

Und doch ...!

Es wäre zu viel gesagt, daß ich mich als alter Ägypter fühlte, aber ich spürte einen Bezug, eine ungewöhnliche Hinneigung, aus der – ja, es klingt wohl absurd – ein Gefühl der Verantwortung erwuchs, als stünde ich bei diesem Land in der Schuld, obschon ich nie dort gewesen war. Es ist nicht einmal ausgeschlossen, daß das vorliegende Buch ein erfolgloser Versuch ist, diese Schuld abzutragen.

Diese Bindung an das alte Ägypten blieb mir über die Mitte des Lebens hinaus erhalten. Erst dann – etwa zehn Jahre vor Erscheinen des vorliegendes Buches – bereisten meine Frau und ich das Land zum ersten Mal. Warum so spät? Wir hätten die Reise jederzeit in den letzten zwanzig Jahren unternehmen können. Aber es kam immer etwas Neues, Interessantes dazwischen; so viele Reisen in andere Länder galt es zu unternehmen, so viele Boote zu segeln, Geld und Ansehen nachzujagen ...

Dann aber war es endlich soweit, wir fuhren hin, und ich stellte fest, daß mein gedachtes Ägypten schlichtweg nicht vorhanden war. Ich mußte mich völlig umstellen. Ägypten war mehr, viel mehr. Selbst die Archäologen waren nicht die Rationalisten, die mir vorgeschwebt hatten, vielmehr waren sie so phantasievoll-versponnen, so wohlwollend dem Mysterium gegenüber, wie ein Kind vor sechzig Jahren es sich nur gewünscht haben könnte. Als es etwa um den Fall einer liebwerten Dame ging, die glaubte, Priesterin eines bestimmten Tempels gewesen zu sein, taten die Experten sie nicht etwa als verrückte Schraube ab, sondern waren einhellig der Meinung, irgendwie sei das doch gar nicht so von der Hand zu weisen.

Dann – ein Jahr ist es her – trug man die Bitte an mich heran, ein Buch über Ägypten zu schreiben. Die Aussicht auf einen neuerlichen Besuch in Ägypten, diesmal aber mit einem der Landessprache mächtigen Betreuer (unsere viktorianischen Vorfahren hätten ihn wohl Reisemarschall genannt), war verlockend. Aber ich hatte keinen speziellen Standpunkt, kein persönliches Anliegen, hatte in die Breite, nicht aber in die Tiefe gelesen. Ich erklärte dem Verlag, daß es kein maßgebliches Buch werden könne. Zu meiner Überraschung war man sich dessen bewußt. Man erwarte, so erfuhr ich, ein Buch, das gleichermaßen etwas über mich wie über Ägypten aussagte.

Bessere Arbeitsbedingungen konnte man sich kaum wünschen. Wir besprachen die praktische Durchführung. Ich hatte eine Idee, die machbar schien. Bei unserem letzten Besuch waren meiner Frau und mir die größten Schwierigkeiten und Gefahren aus der Suche nach Hotelzimmern erwachsen. Ich war Seemann oder war es gewesen. Ich war in meiner Jugend gesegelt, hatte die Kriegsjahre in der Marine verbracht, einige davon auf leitendem Posten, und hatte nach dem Krieg jahrelang Seekadetten Segelunterricht gegeben. Danach war ich mit dem eigenen Boot an der Nordküste Europas gekreuzt und hatte mich schließlich als unbezahlte Hand auf dem Hausboot meines Sohnes nützlich gemacht. Lag es da nicht nahe, ein Boot zu chartern, eine Jacht als schwimmendes Heim, um auf dem Nil herumzuschippern, Sehenswürdigkeiten wie Oxyrhynchos und Abydos zu besichtigen und unbeschwert mit lebendigen statt mit toten Ägyptern Umgang zu pflegen? Denn von unserer ersten Reise hatte ich eine schlichte Erkenntnis mitgebracht: Daß Ägypten ein komplexes, mehr oder minder von arabischer Kultur geprägtes Land ist und der von Kenntnissen unbeleckte Besucher sich eigentlich nicht auf tote Ägypter beschränken dürfte, während sich um ihn her das seltsame Leben von Tal und Wüste vollzieht. Der

Tourist (und so ganz war ich das ja nicht), der nur über beschränkte Zeit und Mittel verfügt, mag sich mit den Denkmälern des pharaonischen Ägypten begnügen. Bei uns, die wir finanziell großzügig ausgestattet waren und uns so viel Zeit nehmen konnten, wie wir wollten, wäre das einem Affront gleichgekommen.

Ich flog auf achtundvierzig Stunden nach Ägypten, um mich nach einem Boot umzusehen, wobei Alaa Swafe, der junge ägyptische Gentleman, der unser Betreuer sein würde, mir Stütze und Stab war. Groß war die Auswahl nicht. Der Gedanke, mit einem privat gecharterten Boot statt mit einer Tour den Nil zu bereisen, war nicht neu, aber ausgefallen. In wachsender Verzweiflung klapperten wir den Kairoer Hafenbezirk ab. Ich zitiere aus meinem Tagebuch:

»Die Boote waren furchtbar. Es waren nicht viele. Vielleicht hätten wir in Alex mehr Glück gehabt, aber ich lebte in dem Wahn, in Kairo müsse es Flußboote geben. Wahrscheinlich hatte ich ein vages Bild von Luxus und Wohlleben im Hinterkopf: ›Die Barke, in der sie saß‹ und dergleichen. Aber die Boote waren entweder Plastikbadewannen oder morsche alte Hausboote, bei denen die modernden Vorhänge durch ihr eigenes Gewicht zerschlissen und unter deren Teppichen beim Gehen das Bilgewasser gluckste. Der Charterpreis pro Tag beträgt im Durchschnitt 250 Ägyptische Pfund.«

Bedrückt setzte ich mich mit unserem zweisprachigen Betreuer zum Essen. »Da ist noch ein Boot«, sagte er nach einer Weile. »Es liegt eineinhalb Kilometer flußaufwärts in Ma'adi. Ich weiß nicht mal, ob es zu vermieten ist.«

Natürlich war es dieses Boot, für das wir uns dann entschieden. Es gehörte Dr. Hamdi, und wir wurden handelseinig. Die *Hani* (so genannt nach Dr. Hamdis Sohn) wirkte um einiges solider als die Plastikbadewannen. Sie war nicht übermotorisiert wie die meisten Boote dieser Art. Sie hatte mittschiffs einen Kajütraum, eine Art Messe, mit Kombüse und Armaturenbrett. Sie hatte zwei Kabinen mit je vier Kojen. Sie hatte außerdem noch zwei Vorschiffskojen. Und sie hatte zwei Toiletten. Wäre dies ein strikter Tatsachenbericht, würden diese Örtlichkeiten darin so viel Raum einnehmen wie nur je eine ägyptische Ruine. Doch auf den ersten Blick sahen sie durchaus annehmbar aus. Wenn irgend etwas Peinliches passierte – und auf einem Boot muß man damit immer rechnen –, konnten wir ja, so dachte ich mir, von Bord gehen und ein Stück laufen oder mit dem Zug fahren.

Wenige Stunden, nachdem ich England verlassen hatte, trat ich den Rückflug an. Zu Hause geriet ich sogleich in einen Wirbelwind von Kontroversen, Interviews, Partys und Publikationen, auf die ich hier nicht näher einzugehen brauche. Doch Ägypten und das Boot und das Buch machten sich zunehmend unbehaglich im Hintergrund meines Bewußtseins bemerkbar. Als die Tage vergingen und das *Faktum* dieser Reise immer unentrinnbarer wurde, übermannte mich ein Gefühl schierer Tollheit. Ich war zweiundsiebzig. Ich hatte das Geld nicht nötig. Ich hatte höchst unerfreuliche Erinnerungen an Schmutz und Hilflosigkeit. Und hatte mich dessenungeachtet vertraglich verpflichtet, ein bislang noch leeres Buch zu füllen. Also begann ich entschlossen mit der Planung. Ich würde mich bei dem Erlebnis Ägypten nicht nur auf das Tal beschränken, würde bis zum Roten Meer vordringen, nach Möglichkeit quer durch die Wüste. DIE WÜSTE! Es war eine atemberaubende Vorstellung. Ich blätterte in meinen Büchern.

»... Während der Soldat vor hundert Jahren in einer dicken, fest zugeknöpften Uniform steckte, trägt der auf Bequemlichkeit bedachte moderne Ägyptenreisende leichte weiße Bekleidung aus Baumwolle oder Seide, bestehend aus Hemd, Beinkleidern und Jackett, sowie weiße Leinenstiefel mit dicken Sohlen und einen leichten, aber zolldicken Tropenhelm, vielleicht noch einen weiteren Sonnenschutz in Form eines Polsters in der Jacke. So bleibt denn als einzig empfindlicher Körperteil das Auge ...«

Gut, daß wir wenigstens darüber hinaus waren. Auch hatten wir wohlweislich beschlossen, im Februar zu reisen, um gleichzeitig den milden ägyptischen Winter zu nutzen und dem gestrengen englischen Winter zumindest teilweise zu entkommen. Bei unserer Rückkehr würden die Knospen sprießen, und der Kuckuck würde Kuckuck schreien.

Dann wurde ich krank, und durch ein Labyrinth von weiteren Interviews, Sitzungen, Ärzteterminen und Partys, die ehrend gedacht waren, aber äußerste Anstrengung bedeuteten, rückte das Abreisedatum immer näher. In zunehmend schlaflosen Nächten plante ich hektisch voraus. Vorwort? Nein, kein Vorwort, somit Einsparung von Zeit, Geld und Kraft. Und auch kein Register, weil – nun ja, es war einfach nicht diese Art von Buch. Also weg mit dem Register. Dann aber konnte ich mir auch gleich das Literaturverzeichnis schenken, und zwar aus einem für mich plausiblen Grund. Was ich zu schreiben gedachte, war buchstäblich ein Stück Journalismus, und Journalisten pflegen ihre Quellen zu schützen. So lebt denn wohl, Gilson, Major Charles, und Balls, W. Lawrence, adieu, Maspero*, Professor Gaston Camille, und Gautier**, M. Theophile! Ich machte eine Aufstellung von Themen und wurde mir in allen Einzelheiten über die Art ihrer Behandlung klar. Im Grunde war meine Planung so angelegt, daß die Ägyptenreise völlig überflüssig war. Verwirrt, immer fester davon überzeugt, daß ich zu wenig Beschreibenswertes vorfinden würde, sah ich mich zutiefst bewegende Monologe in der Wüste komponieren, insbesondere an solchen Orten, die nicht im Mittelpunkt des allgemeinen Interesses standen. Wenn ich mich bückte, würde ich die Ecke einer Papyrusrolle entdecken, die aus dem Sand ragte – oder würde zumindest so tun.

Unerbittlich kam der Reisetag heran. Wir packten viel zu viel Garderobe in drei große Koffer. Wir packten zu viele Bücher ein. Die Schrecknisse des Kairoer Flughafens entwickelten sich bei mir zur Zwangsvorstellung. Ich konnte Plutarchs Bericht über die Geschichte von Isis und Osiris nicht finden und hielt das für

* Gaston Camille Maspero (1846–1916), französ. Ägyptologe. (Anm. d. Übers.)

** Theophile Gautier (1811–1872), französ. Dichter u. Kunstkritiker. Zahlreiche Reisen, u. a. in den Orient. (Anm. d. Übers.)

eine Katastrophe, weil ich dadurch bestimmte Zitate nicht würde verifizieren können. Wenn ich auf dem Posten bin, verifiziere ich nie Zitate. Mag eine Wendung, mag ein Satz im Original auch noch so gut und so schön sein – die ungeprüfte Version besitzt, nachdem sie über ein, zwei Generationen in irgendwelchen Köpfen herumgegeistert ist, einen zusätzlichen Reiz. Außerdem paßt ein nicht belegtes Zitat stets besser in den neuen Zusammenhang als das Original, weil das Unbewußte, gelobt sei sein Name, eine hübsche Verwirrung von Epitaphen produziert.

Wenn ich jetzt fürchtete, einen Fehler zu machen, mußte ich tatsächlich krank sein. Wäre es nicht besser, ich würde bekennen, daß ich mich als Folge fortschreitenden Alters auf eine große Leichtfertigkeit eingelassen hatte?

Wir landeten und hatten nach genau fünf Minuten die »Schrecknisse« des Kairoer Flughafens hinter uns. Wir schwebten auf einer sanften Wolke. Unser Betreuer erwartete uns und fuhr uns auf dem schnellsten Wege ins Sheraton nach Gise.

Doch dann, nachdem er sich verabschiedet hatte, zeigte sich wieder jener Komplex kleiner Ärgerlichkeiten, die den Ägyptenbesucher selbst in der komfortabelsten Umgebung nicht verschonen. Der Verkehr war stärker denn je und noch hysterischer geworden. Trotz der Doppelfenster in unserem Zimmer mußten wir wieder jene jaulende, röhrende, kreischende, heulende Disharmonie über uns ergehen lassen, die dem Kairoer Leben als Geräuschkulisse beigegeben ist. Wir fanden keinen Schlaf. Vielleicht bemühten wir uns zu sehr darum. Der Verkehr, o über diesen Verkehr! Es war wie ein Fieber. Eine Phase gibt es – und nur eine –, etwa eine Stunde am frühen Morgen, da verstummt der Lärm, als habe jemand auf einen Knopf gedrückt. In stummem Einverständnis stiegen wir aus dem Bett, öffneten die Glastür zum Balkon und sahen auf den Nil herunter, der zwischen den Hochhäusern schimmerte. Die Uferstraße, die sich an ihnen und unter uns entlangzog, war leer. Dann kam ein einzelner kleiner roter Wagen über die Uferstraße gerollt. Er röhrte böse.

»Er ist einsam«, sagte Ann. »Die Stille ist ihm unheimlich.«

Der Wagen fuhr, unentwegt röhrend, in Richtung der Pyramiden davon. Von der Insel Zamalek her begann gedämpft eine Stimme zu rufen. Es war ein Muezzin. Bald fielen weitere ein.

»Weißt du noch?« Wir hatten einmal in einem Hotel auf Zamalek gewohnt. Die Versammlung oder besser die Singgemeinschaft der Muezzins hatte mich nicht erbost, sondern vielmehr eine Aufwallung von Frömmigkeit ausgelöst. Ich war aufgestanden und hatte versucht, meine Eindrücke niederzuschreiben. Jetzt schlug ich den Muezzins die Balkontür vor der Nase zu.

»Unterwegs werden wir mit denen keinen Ärger haben, weil wir nämlich abends immer irgendwo auf dem Land anlegen werden. Tagsüber machen wir unsere Besichtigungen in den größeren Orten, und gegen Abend fahren wir dann noch ein Stück weiter. Wenn wir festgemacht haben, können wir natürlich noch durch die Dörfer am Ufer schlendern, ehe wir in die Koje kriechen ...«

»Ab ins Bett!«

Ein bißchen haben wir dann wohl doch noch geschlafen. Der größte Teil des Vormittags verging damit, drei Koffer auf zwei zu reduzieren. Danach fuhren wir zu einer kurzen Vorbesichtigung des Bootes, das Ann noch nicht gesehen hatte. Es lag an einem Ponton, der über einen Steg zu erreichen war. Wir blieben nicht lange, weil etliche offenbar schüchterne Personen an Bord waren, die sich bei unserem Nahen erhoben, um sich gleich wieder hinzusetzen. Wir gingen auch nicht an Bord, sondern blieben auf dem Ponton stehen und besahen uns die *Hani* so fachmännisch, wie es uns eben möglich war. Sie war gepflegt. Sie wirkte sauber. Trotzdem war ein junger Mann in blauem, mit weißen Sternen geziertem Trainingsanzug und eng gewickeltem blauem Turban damit beschäftigt, das Boot zu putzen, und ging dabei mit so viel Eifer zu Werke, wie das wohl nur jemand tut, der das wachsame Auge des Herrn auf sich ruhen weiß. Ich fühlte mit ihm und lächelte, aber er merkte es nicht, sondern putzte unentwegt an der Mahagoniverkleidung herum, ein redundantes Tun, denn in der frostigen Februarsonne hätte man sich in der Verkleidung schon spiegeln können.

Irgendwie kam es uns ungehörig vor, an Bord zu gehen, es war, als hätten wir noch keinen Anspruch darauf. Mehr noch – ich merkte, wie es mir zunehmend unglaubhaft vorkam, daß wir uns in unserem Alter noch einmal in ein Boot setzen und uns von irgendwelchen Unbekannten, die nicht unsere Sprache sprachen, herumschippern lassen sollten. Wir wandten uns zum Gehen, und ein ganz ungewöhnlicher Baum schien die Seltsamkeit der Umstände noch unterstreichen zu wollen. Es war ein Baum gängiger Größe, der riesige Blätter hatte. Erst bei genauerem, wiederholtem Hinsehen ging uns auf, daß wir die erste blühende Bananenstaude unseres Lebens vor uns hatten. Das Absurde dieser Situation hatte etwas Symbolisches an sich. Wenn man sich entsprechend umtut, dürfte es nicht unmöglich sein, in Kew Gardens einen blühenden Bananenbaum zu finden. Dann fuhren wir zurück ins Hotel und trafen unsere Vorbereitungen für die Abendeinladung, indem wir den Nachmittag im Bett verbrachten.

In Dr. Hamdis aufwendiger Wohnung bekamen wir Aufnahmen von Restaurierungsarbeiten zu sehen und wurden auf Videofilm gebannt. Wir lernten diverse Polizeibeamte kennen, die in diversen Ländern des Nahen Ostens aktiv waren. Wir lernten etliche Lehrer allgemeinbildender Schulen und Hochschulen kennen. Auf dieser Party entdeckten unser Betreuer und Dr. Hamdi auch, daß sie – nicht einmal allzu entfernt – miteinander verwandt waren. Dr. Hamdi betonte (wohl, um jede Bürde der Verantwortung von mir zu nehmen), daß unser Betreuer Alaa Swafe den Befehl auf dem Boot hatte. Somit fand ich mich in der Position eines Passagiers, ein für mich auf einem kleinen Boot ungewohnter Status. Dabei war nicht zu leugnen, daß ich, des Arabischen nicht mächtig, das Boot nicht angemessen hätte führen können. In jedem Fall mußte ich mich nun mit den Gegebenheiten abfinden.

Am nächsten Morgen rollten wir samt unseren Koffern wieder zum Boot. Unser Betreuer hatte einen Koch angeheuert, der jetzt erschien und eine Laute mitgebracht hatte. Ich fragte unseren Betreuer, ob er, da er ja für die *Hani* verantwortlich sei, etwas von Booten verstünde. Nein, erwiderte er bescheiden (zumindest hoffte ich, daß es bescheiden gemeint war), nicht das Mindeste. Es war alles etwas surreal. Die Crew umfaßte einen Maschinisten, einen Putzer, einen Koch mit Laute und den *reis*. Unser Betreuer Alaa hatte uns gesagt, daß Shasli ein *reis* war – *Reis* Shasli – und als solcher anzureden sei. *Reis* war eine Würde, auf der er bestand. Reis bedeutete nicht »Kapitän«, es bedeutete »Führer der Verhältnisse«.

Eine vierköpfige Crew für ein Boot also, das nicht einmal so groß war wie das, das ich einst besessen und geführt hatte. Ich sah sie an, und sie schienen meinen Blick zu meiden – oder mied ich den ihren? Ich schlenderte davon, überließ es Ann, mit Alaa zu plaudern und versenkte mich vorgeblich in die Betrachtung des Bananenbaums. In Wirklichkeit aber war mir ein unbequemes Zitat aus einem der Bücher durch den Kopf gegangen, die ich nicht eingepackt hatte:

»... die Engländer gehen ihres Weges ... mit ihrer Gewohnheit, durch Menschen hindurchzusehen, die sie nicht interessieren, und auf Freundschaften zu warten statt sie zu suchen ... die Briten sind von allen Fremden in Ägypten die fremdesten ... da ihr Temperament es ihnen versagt, sich dem Leben des Landes anzupassen ...«

Es stimmte. Ich spürte, wie die lebenslange Erfahrung, eine spezielle Art von Engländer zu sein, in meinem Inneren wie eine Schranke wirkte, weit undurchlässiger als jede Sprachbarriere, eine Mauer aus Arroganz und Gewohnheit. Und ausgerechnet ich hatte mir Hoffnungen gemacht, mein Buch würde nicht von Tempeln, sondern von Menschen handeln!

Ich wandte mich wieder dem Boot zu. Die Crew war an Bord gegangen. Alaa und Ann waren in ein angeregtes Gespräch vertieft. Neben ihnen machte sich ein gebrechlicher alter Nubier, schwarz und verrunzelt, in Jeans, grauem Pullover und eng gewickeltem Turban, mit zitternden Händen am Tauwerk zu schaffen. Er hatte einen schneeweißen Schnurrbart, hinter dem sein Gesicht seltsam verdrossen wirkte. Dr. Hamdi, sein Sohn und seine charmante Frau erschienen sowie das weibliche Kontingent von Alaas offenbar zahlreicher Familie. Es war eine belebte Szene, die mich an Bilder wie *Aufbruch des Christoph Columbus in die Neue Welt* erinnerte. Wir nahmen Abschied und gingen mutig an Bord. *Reis* Shasli, ein schlanker Mann in grauer Galabiya und mächtigem grauen Turban, schwang sich in den Glaskasten, in dem unser Steuerrad und unsere Fernbedienung untergebracht waren. Sein Gesicht war schwarz wie das des Nubiers, durchaus gut geschnitten, aber schlammfarben durch vererbte Anlage und die Einwirkung von Sonne, Wind und Wetter. Unser Maschinist, ein weltläufiger Mann in westlichem Anzug mit einem Ronald-Colman-Schnurrbart, kümmerte sich um den Motor. Der Koch hatte seine Laute verstaut und war in der Kombüse. Shasli warf den Motor an. Der Nubier machte die Leinen los, die Zuschauer winkten und knipsten.

Der Nubier schwang sich an Bord, als wir vom Ponton ablegten.

Fünf Mann Besatzung.

Jetzt ging es erst einmal darum, überhaupt in Fahrt zu kommen. Wir blieben an Deck, winkend, dummes Zeug rufend und nicht in der Lage zu verstehen, was als Antwort zurückkam. Dann schob sich eine Gruppe ankernder Jachten vor den Ponton, und die Reise hatte sozusagen begonnen. Ma'adi ist ein nichtssagender Vorort von Kairo. Er und das Hochhausviertel lagen um elf hinter uns. Am Wasser drängte sich Industrie, und die Vororte erstreckten sich kilometerweit nach Süden. Es war kalt, und der Nil, berühmtester, exotischster aller Flüsse, hatte etwa dieselbe Breite und dieselbe Farbe wie die Themse auf der Höhe von Tower Bridge. Die Gegenströmung bedeutete, daß wir nur langsam vorankamen – überraschend langsam, da das Boot angeblich elf Knoten machte. Wir brachten es nur auf fünf, von denen einer auf das Konto der Gegenströmung ging. Die Landschaft unterschied sich nicht von Flußlandschaften anderer Städte. Häuser nahmen die Sicht auf die Pyramiden; die graugekräuselte Wasserfläche, die hier und da auftauchenden Frachtkähne waren zu prosaisch für eine Beschreibung. *Reis* Shasli steuerte keinen ganz geraden Kurs, und ich dachte zuerst, er folge einem gewundenen Fahrwasser, aber nein, er fuhr von Bootswerft zu Bootswerft, im Zickzack von einem Ufer zum anderen, wobei er jedesmal einem Bekannten an Land etwas zurief. Erst dachte ich, er wolle sich mit seiner trefflichen Bootsführung brüsten, aber dann stellte sich heraus, daß er ein Tauende und ein Dingsbums, ein *machin*, ein Wieheißtesnochgleich leihen wollte. Er war – ist – Steuermann auf einem Nil-Kreuzfahrtschiff und hatte bei uns nur anheuern dürfen, weil sein Schiff im Trockendock lag. Wir gingen nach unten, um unsere Kabine in Augenschein zu nehmen. Ann entdeckte sogleich, daß kein Platz zum Aufhängen unserer Sachen vorgesehen war, was ich beim Chartern des Bootes nicht gemerkt hatte. Ich vermied es danach geflissentlich, sie anzusehen. Wir klappten die oberen Kojen herunter und benutzten sie als Stauraum für unser Zeug (mit dem wir uns offensichtlich zu reichlich versehen hatten). Ich tat, als fände ich das genauso praktisch wie Schubladen und Schränke, womit ich aber weder Ann noch mir etwas vormachen konnte. Auch unser Klosett – Toilette, Klo, Lokus – wollte mir nicht recht gefallen. Die Öffnung kam mir etwas klein vor.

Reis Shasli machte an einem Restaurantschiff fest und ging an Bord. Als ich durch eins unserer Fenster schaute (für Bullaugen waren sie zu groß), sah ich ihn mit dem alten Nubier zurückkommen, der einen Bootshaken in der Hand hielt. Wir waren also auch ohne Anker losgefahren. Mehr sah ich nicht von ihnen, denn Faroz, der junge Mann in dem blauen Trainingsanzug, begann zehn Zentimeter vor meinem Gesicht das Fenster von außen zu putzen. Shasli steuerte uns in die Strommitte zurück.

Wir packten uns noch wärmer ein, gingen an Deck und standen fröstelnd in dem kalten Nordwind. Links von uns erhob sich etwa eine halbe Meile vom Ostufer entfernt eine weiße Klippe, wir sahen zahlreiche Maschinen, Rauch und Staubwolken. Das war Tura mit seinen Kalksteinbrüchen. Chefren hatte mit den Platten seine Pyramide verkleiden lassen, in strahlendem Weiß. Nach fünftausendjähriger Ausbeutung lag fast ein Kilometer zwischen Felsen und Strom. Das war immerhin ein lohnender Anblick und ein Trost dafür, daß man vom Nil aus die Pyramiden nicht sah. Nach Tura wurden die Ufer ländlich, ja, ausgesprochen ägyptisch. Dattelpalmhaine kamen in Sicht und Reihen zierlicher grüner Bäume – Tamarisken, glaube ich. Wir kamen an einem ägyptischen Taubenhaus vorbei: ein großer Bau, massive Lehmwände, gekrönt von Kuppeln und Minaretten mit Nisthöhlen. Esel waren zu sehen, die ohne Pflock und Strick am schilffreien Uferstreifen grasten. Der Anblick eines Esels, der tat, was er mochte, statt unter seiner Last schier zusammenzubrechen, mutete seltsam an. Aber es war Februar und Winter in Ägypten, eine relativ ruhige Zeit für Mensch und Tier, wenn man nicht gerade auf dem Fluß arbeitete oder eine Frau war. Der Wasserstand war sehr niedrig, und am Schlammstrand wuschen Frauen ihre Wäsche. Ein einzelner Mann formte Lehmziegel, und Frauen schritten in langer Reihe, riesige Wasserkrüge auf dem Kopf, zum Ufer. Die Palmen sahen aus wie Flaschenbürsten, fand ich – aber wußte ich eigentlich, wie Flaschenbürsten aussehen? Hier und da schoben sich Ziegeleien oder Ziegellager mit gewaltigen Halden aus roten Scherben aufdringlich weit in den Nil hinein. An den Halden hatten Frachtensegler festgemacht, die rote Ziegel luden. Selten bestand die Bebauung des schlammigen Uferstreifens nicht aus rotem Backstein, sondern aus den steinernen Fundamenten eines verschwundenen Bauwerks von unbestimmbarem Alter.

Dann, am hellichten Tag – wir hatten noch etliche Stunden Tageslicht vor uns – machten wir neben einem offenen Segelboot fest, das an einem Strohberg vertäut war, in dem Tauben pickten und Ratten raschelten. Da das Stroh in einer Ziegelei lag, handelte es sich wohl um das Zeug, das Pharao den Hebräern nicht hatte geben wollen. Ich für mein Teil (die Ratten steckten die Nase aus dem Stroh und raschelten unsichtbar) hätte mich deswegen bestimmt nicht so angestellt.

Die erste schlechte Nachricht der Reise sickerte zu uns durch. Wir hatten weder Bettwäsche noch Decken an Bord. Alaa und

Koch Rushdie turnten über das Segelboot und das raschelnde Stroh hinweg, um an Land das Nötigste zu erstehen. Die Crew verflüchtigte sich. Fische umsprangen das Boot. Der Wind wehte. Ein Rollkloben klopfte an den Segelbootmast, tapp, tapp, tapp, in alle Ewigkeit. Die Dämmerung kam schnell. Hochgewölk zog über den Himmel, und es war kalt.

Alaa kam mit Laken und Decken zurück, die Crew tauchte auf, und Musik, arabische Musik, erscholl aus einem Lautsprecher. Es war fast sechs und Sonnenuntergang. Wir haben, sagte ich zu Alaa, noch ein paar Abendstunden, in denen wir ein Stück vorankommen können. Diese Äußerung wurde dem *Reis* übersetzt. Sie stoppte die Musik, stoppte die Unterhaltung, schien sogar das Klobengeklopf zu stoppen, oder vielleicht stoppte sie nur den Wind. Die Antwort sickerte zu mir zurück. Niemand befährt nach Anbruch der Dunkelheit den Nil.

Warum, fragte ich, haben wir dann diese kleinen grünen und roten Seitenlichter? Nach diesem fachkundigen Einwurf war erst einmal Sendepause. Doch dann wurde mir auch darauf eine Antwort übermittelt. Niemand befährt nach Anbruch der Dunkelheit den Nil. Man braucht eine Genehmigung, und die bekommt man nur in Kairo. Es gibt Vorschriften. Der Wasserstand ist niedrig. Das gibt nur Ärger.

Alle lächelten freundlich. Es war ein ägyptisches Lächeln, das ich oftmals an Statuen gesehen hatte, aber jetzt zum ersten Mal verstand. Wir würden nur zwischen sechs Uhr morgens und sechs Uhr abends Fahrt machen. Keine Rede von Wachtörns oder Freiwachen.

Ja, wenn das so ist, sagte ich, legen wir eben früh Punkt sechs ab. Wieder wurde mir die Antwort übermittelt. Wir würden so früh wie möglich ablegen, falls es keinen Nebel gab.

Nebel: Fluch des Seemanns und des Skippers Freund. Ich sah ihn sich wohlig in der Koje recken, während die Morgensonne eine Spur von Nebel trocknete, der, durchaus nicht undurchdringlich, um die Ufer gewallt war.

Da war nichts zu machen. Ich erinnerte mich an die Geschichte, die eine alte Dame von ihrem Bruder, einem jungen

Midshipman, erzählt hatte. Er ging im Golf an Bord eines Sklavenschiffes, während sein Kanonenboot einer anderen Dau nachjagte. Er war unbewaffnet. Er zog einen Kreidestrich quer über das Deck und verbot den Sklavenhändlern, den Strich zu überschreiten (Herkunft der Kreide unbekannt). Stunde um Stunde schritt er an dem Kreidestrich auf und ab, bis sein Kanonenboot zurückkehrte und alle gefangennahm. Ach ja ...!

Nein, da war nichts zu machen. Der Generator und die Lichter liefen an. Und die Musik. Ein lächelnder *Reis* teilte mir mit, daß wir fünfundsiebzig Kilometer zurückgelegt hatten.

Nach einiger Zeit ging der Generator aus, die Lichter wurden matter, die Musik leiser, dann schwanden Licht und Ton ganz. Der Kloben klopfte.

Ich lag völlig angekleidet, in ein Laken und eine Decke gewickelt, mangels Kissen einen zusammengerollten Regenmantel unter dem Kopf, in meiner Koje. Auf der anderen Seite fröstelte Ann unter einem Berg von Zeug vor sich hin.

Wahrscheinlich würde ich kein Auge zutun. Ich begann düstere Betrachtungen über die Unzulänglichkeiten meiner Annäherung an Ägypten anzustellen. Die kindliche Betrachtungsweise war mit den Jahren einer erwachsenen, zunehmend komplexeren gewichen. Es ging ja nicht nur um das Unvermögen einer unbefangenen Begegnung mit Menschen, es war eine Frage des geistigen Auges. Meine Vorstellungen von diesem Land hatten sich durch die Explosion des Wissens völlig verändert – des Wissens nicht nur um das alte oder auch das moderne Ägypten, sondern um das, was ich das geologische Ägypten nennen möchte. Überall den Nil entlang war nach Wasser gebohrt, waren zahlreiche Probebohrungen gemacht worden, nicht nur nach Erzen oder Wasser, sondern auch nach Öl. Außerdem hatte dank der deutlichen Beweise für Plattentektonik und Kontinentalverschiebung die Nordostecke der afrikanischen Landmasse einen fester umrissenen Platz im allgemeinen Weltbild erhalten. Mein imaginiertes Ägypten (auf das dieses Buch sich würde einlassen müssen) schloß jetzt auch diese erhabene Geschichte ein, die sich ihrem Wesen nach nicht ohne

Mühe in die begrenztere Menschheitsgeschichte einbeziehen ließ, selbst wenn man diese so weit zurückführte, daß sie die Veränderungen im Erscheinungsbild des *homo sapiens* selbst berücksichtigte. Es waren demnach nicht Jahrtausende, sondern Jahrmillionen, die auf die Phantasie eingewirkt hatten. Ich wußte jetzt – was ich als Kind nicht gewußt hatte –, daß es in diesem Tal nicht nur einen Nilstrom, sondern fünf hintereinander gegeben hatte. Gemessen an einigen von ihnen war der heutige Nil nicht mehr als ein Rinnsal. Aber um diese geologische Phantasie spielen zu lassen, mußte man durch die Oberfläche hindurchsehen, mußte gewissermaßen auf einer Lagerstatt aus Fels eine Decke nach der anderen zurückschlagen und sich anschaulich – *poetisch* – vergegenwärtigen, daß dies ein Ort war wie jeder andere, einbezogen in die Ganzheit des Planeten, und eine seiner Ausdrucksformen.

Durch einen Spalt zwischen den Vorhängen hinter meinem Kopf sahen flimmernde Sterne mich an. Ihr durchdringendes Licht verwies mit Nachdruck auf die Rangfolge von wichtiger und weniger wichtiger Geschichte. Der fünfte Nil gluckste sacht unter unserer Bilge.

Das war mein absurdes Problem. In der Phantasie hatte ich eine Art Grand Canyon, nur größer, so weit mit Evaporiten, erratischen Blöcken, Felsen, Fossilien, Kies, Sand, Lehm und Schlamm gefüllt, daß die steilen Seitenwände nur ein paar hundert Fuß herausragten – und das war jetzt mein Ägypten, das sich unmöglich zu einem einzigen unkomplizierten Bild zusammenfassen ließ. Der Cañon ist nicht nur einleuchtende Vermutung, sondern durch Echolot und Bohrungen inzwischen genau kartographiert. Die Zeitskala, die vorher zehntausend Jahre umfaßt hatte, muß jetzt auf zehn Millionen Jahre gedehnt werden, wovon gut gerechnet knapp die Hälfte Menschheitsgeschichte ist. Wir müssen uns an Zeitskalen gewöhnen, die um einen Faktor Tausend abweichen.

Ich dachte an die berühmten Statuen, die jetzt beide Skalen verdeutlichen, so daß der Mensch ein schier unglaubliches Maß an Tiefenschärfe der Phantasie braucht, um gleichzeitig beide

Aspekte richtig einschätzen zu können. Ich glaubte mich zu erinnern, daß man bearbeitete Blöcke aus Tempeln gefunden hat, die zufällig eine Versteinerung enthielten. Auch ohne Fossilien aber ist die Art des Gesteins bedeutsam und beziehungsreich. Die archaische Gestalt des Djoser im Kairoer Museum führt uns zurück in die unvorstellbar ferne Vergangenheit von fast 3000 v. Chr. (in der einen Zeitskala). Wir sind davon berührt und vielleicht von heiliger Scheu ergriffen. Aber unser zweites Auge muß – mit einer anderen Brennweite – erkennen, daß das Material für die Statue aus Tura stammt, jenem weißen Kalksteingebilde, an dem wir heute vorbeigekommen waren, und muß die Zeit – wenn nicht die heilige Scheu – mit Tausend multiplizieren.

Mir war jetzt angenehm warm, aber mein kahler Kopf war kalt. Ich tastete in der Dunkelheit herum, erwischte meinen knautschigen Sonnenhut, drückte ihn mir aufs Haupt und hoffte, die hitzige Phantasie werde ausnahmsweise einmal etwas Nützliches zustande bringen.

Ich erinnerte mich an ein Erlebnis, das ich vor Jahren am anderen Nilufer gehabt hatte, in Assuan, bei den Grabstätten am Rande der Libyschen Wüste. Dort hatte ich in einer Mulde einen alten Faustkeil liegen sehen, einen Steinbrocken, an einer Seite abgerundet, um ihn einigermaßen bequem in einer Hand halten zu können. Es ist dies das älteste Steinwerkzeug der Menschheit. Damit nun brauchte man nur so lange beharrlich auf einen etwas weicheren Stein zu klopfen, bis er abbröckelte. Am Vortag hatte ich den *Unvollendeten Obelisk* am anderen Flußufer besichtigt, ein hervorragendes Beispiel für das Ergebnis dieser Mühen. Ich hatte die wellige Oberfläche betrachtet, die auf diese Weise zustande gekommen war, und hatte voller Bewunderung überlegt, wie lange die Arbeiter liegend oder zurückgelehnt mühselig auf die Unterseite des Kunstwerks hatten einschlagen müssen, um die gewünschte Form zu erzielen. Sie hatten den Obelisken nicht fertiggestellt, weil er aufgrund eines vorher nicht entdeckten Materialfehlers einen Riß bekommen hatte. Doch sie hatten uns sozusagen am lebenden Objekt eine Lektion in

Ausdauer und in den Grundlagen der Steinmetzkunst gegeben. Und auf der anderen Seite des Stroms hatte ich nun auch ein Exemplar des primitiven Werkzeugs gefunden. Vor mir lag eine Ader eben jenes Gesteins, aus dem damals fast ein Obelisk geworden wäre: Roter Assuangranit. Kaum ein größeres Museum, das nicht ein, zwei Muster davon in seiner Ausstellung hat.

Im Britischen Museum zum Beispiel sind der gewaltige Kopf und Unterarm des Sesostris aus diesem Material. Versuchsweise hob ich den Fäustel auf und sah ihn mir genau an. Die Oberfläche trug keine erkennbaren Spuren, und das wunderte mich nicht. Wenn man mit einem Diamanten über eine stählerne Messerklinge fährt, hat das Messer Kratzer, der Diamant aber bleibt unversehrt. Dies war Dolerit von der Küste des Roten Meeres und zweimal so hart wie Granit. Ich begann ernsthaft auf dem roten Assuangranit herumzuhämmern. Zu meiner Verblüffung ging es ganz leicht. Ich hatte eine dreißig Zentimeter lange und einen Zentimeter tiefe Nut ausgekehlt, ehe ich müde wurde. Gewiß, sogar bei Granit vollziehen sich an der Oberfläche ganz allmähliche chemische Veränderungen, die ihn (nach ein paar Millionen Jahren) zu Kaolin zersetzt haben werden. Aber selbst nachdem ich diese oberste Schicht durchschlagen hatte, gelangte ich weit genug herunter, um festzustellen, daß auch Urgestein sich bearbeiten läßt. Wie war so eine Erfahrung einzuordnen? Für mich war sie beglückend und bedeutsam – aber bedeutsam wofür? Da war das Wissen, daß Granit eine geologische Gegebenheit in der einen Zeitskala war und der Doleritfäustel in dieselbe Zeitskala gehörte, aber als eine andere Gegebenheit. Da war (in der anderen Zeitskala) der Versuch geistiger Identifikation mit den Arbeitern/Fellachen/Sklaven (oder Affinität zu ihnen), die vor etwa fünftausend Jahren dieses primitive Werkzeug gefertigt hatten.

Was ich versuche zu verdeutlichen, ist die Wirrnis einer lebenslangen Beziehung. Ich brauchte eine Mitte für ein so breites, aber flaches Wissen und eine Art der Darstellung, die umfassend war, ohne seicht zu werden. Das verbindende Element würden meine individuellen Erfahrungen sein müssen und die Einwirkung von Unvereinbarem und Ungleichartigem auf mein ganz persönliches Empfinden.

Mein Kopf war warm, ja heiß. Unter meinem Kleiderberg vergraben kam es mir jetzt, während mir durch den Vorhang hindurch ein einzelner Stern zublinzelte, nachgerade vor, als ob mein Schädel dampfte. Ich hatte das unlogische Gefühl, als sei etwas vollbracht. Ich bin dann wohl irgendwann doch eingeschlafen.

2 Gegen viertel vor sechs tauchte ich hoch – wohl aus dem Schlaf, obwohl ich das damals keineswegs mit Sicherheit hätte sagen können. Es war noch kalt draußen. Und dunkel. Ich schaute hinaus. Sonderbar ... Man sah verhüllte Gestalten, in Booten und am Ufer, aber sie regten sich nicht. Das Wasser war seicht und ohne jede Spur von Strömung. So unbeweglich war das Bild, daß die Verhüllten brütend in die Betrachtung einer unausweichlich schrecklichen Tragödie versunken schienen, die jede Bewegung, jeden Laut nutz- und sinnlos werden ließ. Hatten sie, so fragte ich mich, die ganze Nacht so gesessen, gehockt, gelehnt, gestanden? Waren sie – waren *wir*, denn die Nacht hatte mir zugesetzt – den Eidechsen gleich, die den wärmenden Strahl der Sonne brauchen, um ihrer Muskeln wieder gewahr zu werden? Ich beobachtete sie, indes die Morgendämmerung rasch heraufzog und ein leichter Dunstschleier sich vom Wasser hob. Ein Fischer hockte in seinem Ruderboot, die lachhaften Ruder (zwei ungeschlachte Holzstangen) lehnten müßig an der Ducht, sein Kopf war zum Schutz gegen die Morgenkühle dicht verhüllt. Er lag, sorgsam in eine dicke Galabiya gewickelt, knapp zehn Meter von uns entfernt und regte sich nicht. Es war, als sei die Nacht eine Zeit des Trauerns, von der die Menschen sich täglich aufs neue erholen mußten.

Jählings wurde es hell im Osten. Eine Frau mit einem Blechgefäß auf dem Kopf kroch aus einem Haus. Langsam kam sie zum lehmigen Ufer herunter, das Blech blinkte unter dem Aufprall des ersten Grans Sonne. Der Fischer hob den Kopf, Gestalten regten sich am Ufer. Der Übergang – in genau zwei Minuten – von dem Tableau der Trauer zu den gewöhnlichen Verrichtungen des Tages hatte etwas Theatralisches.

Eine Frau führte einen Esel, der Fischer legte seine lächerlichen Ruder ein und machte langsame Schläge. Zwei Männer breiteten ihre Gewänder aus und kauerten sich am Wasser hin, die höhersteigende Sonne griff sich das aufgehäufte Stroh und verwandelte es in gesponnenes Märchengold. Die Tauben begannen zu picken, die Ratten zu rascheln. Ein großes Boot mit zerrissenen Segeln, knittrig wie Greisenhaut, kam uns mit kaum wahrnehmbarer Bewegung auf der Strömung entgegen. Leer fuhr es nach Norden. Ein kleineres Boot stand südlich von uns, begnügte sich aber zunächst damit, sich gegen die Strömung zu stemmen. Es war hoch mit rohen, roten Ziegeln beladen und hatte kaum mehr als zwölf Zentimeter Freibord.

Blinzelnd erschien Alaa. Wie diese Segelboote hießen, erkundigte ich mich. Er wußte es nicht und fragte *Reis* Shasli, der in diesem Moment an Bord kam.

»Sie heißen ›Sandals‹«, gab er dann Bescheid.

Reis Shasli verbeugte sich geschmeidig und lächelte.

»Bitte sagen Sie ihm, daß ich hoffe, heute weiterzukommen als gestern.«

Alaa übersetzte, Shasli fuhr fort sich zu winden, antwortete und schwang sich in den Glaskasten, in dem sich unser Steuerrad befand. Alaa übersetzte. Ich wollte meinen Ohren nicht trauen.

»*Wie bitte?*«

»Wer das Meer des Nils befährt, muß Segel haben, die aus Geduld gewebt sind.,«

Ich war sprachlos. Der Nilphilosoph ließ den Motor an, und wir legten ab. Alaa ging wieder nach unten. Der uralte Nubier, den ich für einen Arbeiter aus dem Jachtklub in Ma'adi gehalten hatte, tauchte auf und legte Tauwerk zusammen.

»Die Engländer gehen ihres Weges ... mit ihrer Gewohnheit, durch Menschen hindurchzusehen ...« Ich stellte mich neben ihn. Wenn ich schon nicht den Lauf der Dinge bestimmen konnte, sagte ich mir, konnte ich zumindest mit Gewalt meine Zurückhaltung überwinden und mich mit der Crew bekanntmachen. Der Nubier drehte mir den Rücken und verschwand unter Deck.

Wir machten nicht viel Fahrt. Auch ließ sich der Landschaft kein exotischer oder auch nur fesselnder Aspekt abgewinnen.

Sie bestand aus zwei lehmigen Uferstreifen. Links von uns waren die Höhenzüge der Arabischen Wüste gerade noch erkennbar.

Mir ging allmählich auf, daß ich mir eine weitere Fehlkalkulation geleistet hatte. In einem großen Touristenschiff blickt man über die Uferdämme hinweg. Da wir aber so nah an der Wasserlinie lagen und der Nil jetzt im Februar seinen tiefsten Stand erreicht hatte, sahen wir direkt auf die Stirnseiten der Uferdämme. Von einer Nilfahrt mit Blick in die Weite des Tals konnte unter diesen Umständen nicht die Rede sein, das Auge erfaßte nur den streng eingegrenzten Bereich des Lebens in der Flußmitte und am Flußrand. Überdies hat der Nil wie alle gezeitenabhängigen Ströme im Lauf ungezählter Jahre an beiden Seiten, besonders in der Nähe des Fahrwassers, Sediment abgelagert, so daß die Böschungen erhöht sind (daher die englische Bezeichnung *levee*). Nicht genug damit, daß unsere Sicht durch die Uferdämme eingeschränkt war – das Land dahinter lag auch tiefer als der Strom, so daß wir allenfalls ein paar Palmwipfel zu Gesicht bekamen. Vorübergehend geriet ich in Panik bei der Vorstellung, daß wir den ganzen Nil hinauf in einem engen, schlammigen Graben dahinziehen würden.

Rushdie, der Koch, erschien und meldete, Lunch sei fertig. Er meine wohl das Frühstück, sagte ich, und ging nach unten. Ann war auf unserem Klo gewesen und machte ein angewidertes Gesicht. Ich tat, was ich konnte, um Abhilfe zu schaffen. Man erspare mir weitere Einzelheiten; nur soviel sei gesagt, daß es im Lauf der Reise der Crew gelang, die Bordtoiletten einigermaßen in den Griff zu bekommen, mehr aber auch nicht.

Nach dem Frühstück packten wir uns warm ein, denn der Nordwind, der uns folgte, war schneller als unsere Fahrt und kalt, und setzten uns, zum Ausharren entschlossen, aufs Oberdeck. Der Nubier stand an der Reling und hielt sich daran fest – kein Anzeichen von Seekrankheit, sondern eher von fortgeschrittenem Alter. Ich fragte nach seinem Namen. Er brabbelte, er heiße Said, schien aber mit dieser Auskunft nur grollend herauszurücken. Wir näherten uns offenbar einer Insel, denn der

Strom teilte sich, man sah Palmenhaine und dicken Maschendraht wie um ein Gefängnis. Ich fragte den Alten nach dem Namen der Insel.

»Fisher.«

»Fischer? Ein Fischer, meinen Sie? Fischerinsel?«

»Fisher. Engländer.«

»Ein englischer Fischer?«

Sein Arabisch wurde wortreich und klang aufgebracht. Als er seine Rede beendet hatte, ging er unter Deck.

Wenn wir schon auf den Fluß beschränkt waren, konnte ich zumindest versuchen, möglichst viel von dieser Umgebung in Erfahrung zu bringen, möglichst viele Folgerungen zu ziehen. Auf dem Uferdamm wuchsen kräftige Palmen, Tamarisken und etliche Bäume, die ich für Akazien hielt. Die Akazie ist ja tatsächlich ein ägyptischer Baum, immer wieder taucht sie in der antiken Literatur auf. Einige dieser Bäume standen nicht mehr als einen oder eineinhalb Meter über der derzeitigen Wasserlinie. Vor dem Bau des Assuan-Hochdamms aber war die Nilschwelle manchmal sehr viel höher gewesen. Selbst hier unten, fünfundsiebzig Kilometer hinter Kairo, hätte sie diese Bäume verschlungen. Sie mußten in den letzten fünfzehn Jahren Wurzeln geschlagen haben, hier konnte die erlaubte Steigung des Stroms nicht mehr als einen bis eineinhalb Meter betragen.

Alaa erschien.

»Um wieviel steigt der Fluß normalerweise auf dieser Strecke?«

»Nicht mehr als einen bis eineinhalb Meter. Im Februar – also jetzt – lassen sie nur gerade so viel Wasser durch den Hochdamm, daß das Kraftwerk arbeiten kann. Im Februar gibt es kein Wasser zur Berieselung. Deshalb ist der Wasserstand so niedrig, und deshalb steuert Shasli diesen Zickzackkurs. Er muß im tiefen Fahrwasser bleiben, und selbst da muß er aufpassen.«

»Zumindest haben wir wenig Gegenströmung.«

»Im Gegenteil. Wenn der Nil Niedrigwasser führt, sagt Shasli, läuft alles in die Fahrrinne, und dadurch ist die Strömung stärker.«

»Wann wird der Wasserstand angehoben?«

»In ein paar Tagen, so um den 16. Februar, sagt Shasli. Und zwar spielt sich das folgendermaßen ab: Sie machen die erste Staustufe unten am Meer zu und warten, bis der Flußabschnitt dahinter angestiegen ist. Dann machen sie nacheinander die übrigen Staustufen dicht, den ganzen Fluß entlang, und warten, bis sich die einzelnen Abschnitte aufgefüllt haben. Danach lassen sie dann Wasser in den Hauptkanal zur Berieselung der Felder abfließen.«

»Und dann gibt es keine Gegenströmung mehr.«

»So gut wie keine, sagt er.«

Das hat der Mensch von der Planung, dachte ich. Meine Überlegung, den Nil hinauf gegen eine leichte, den Nil hinunter mit einer starken Strömung zu fahren, war verkehrt gewesen. Wir würden flußaufwärts bei starker Gegenströmung im tiefen Fahrwasser fahren und flußabwärts viel Wasser und keine hilfreiche Strömung haben.

Ich betrachtete die scheinbar im Schneckentempo vorüberziehenden Ufer.

»Sagen Sie, Alaa, ich denke, das Boot macht elf Knoten? Davon nützen wir bestenfalls fünf.«

»Wir haben ein kleines Problem«, sagte Alaa schonend.

»O Gott.«

»Es ist die Wasserpumpe. Akhmet, unser Maschinist, hat den Eindruck, daß sie nicht ganz in Ordnung ist.«

Ich machte den Mund auf und machte ihn wieder zu. Vermutlich hatte Alaa schon irgendeinen blumigen ägyptischen Spruch auf der Zunge, und den mochte ich nicht hören. Said, der alte Nubier, kam aus der Messe gekrochen, taperte über Deck und verschwand hinter dem Aufbau des Ruderhauses.

»Warum ist Said so griesgrämig?«

»Es ist eine etwas heikle Geschichte ...«

»Nur Mut.«

»Na schön. Er war vor – ja, vor etwa vierzig Jahren im Suez. Er hat für die Engländer gearbeitet. Er haßt sie.«

Ich ließ meine Gedanken mehr als vierzig Jahre zurückgehen.

Eine sich tödlich zerfleischende Welt. Der Atlantik. Sturm. Ein Steuermann, dem eine einzige Woge das Genick brach. Landung in der Normandie.

»Daher kann er also ein paar Worte Englisch.«

»Ja, daher.«

»Er hat etwas von der Insel gesagt, an der wir vorbeigekommen sind. Etwas von Fischer. Oder Engländer.«

»Ach das ...«

»Erzählen Sie.«

»Wollen Sie die Geschichte wirklich hören?«

»Natürlich.«

»Es ist Jahre her. Die halbe Insel gehörte einem Ägypter. Eine Gruppe gutsituierter Touristen kam den Fluß herauf, mit dem eigenen Boot wie Sie – wie wir. Einer hieß Fisher. Er wollte die Insel kaufen. Der Ägypter lud ihn zum Essen ein, aber der Engländer lehnte ab.«

»Warum?«

Alaa ließ sich zu einem hohen, sehr ägyptischen Lachen hinreißen.

»Er hat wohl den Eingeborenen für schmutzig gehalten.«

Darauf ließ sich nichts sagen. Nach einer kleinen Pause fuhr Alaa fort:

»Nun ja. Der Ägypter verehrte Fisher die halbe Insel als Gastgeschenk.«

»Na hören Sie ...«

»Er brachte die Besitzer der anderen Inselhälfte dazu, sie dem Engländer billig zu verkaufen.«

»Ich begreife nicht –«

»Ägypter sind sehr gastfreundlich, sie bieten dem Gast, was sie haben.«

»Wie in der Geschichte von dem Araber und seinem Pferd ...«

»Deshalb heißt die Insel jetzt ›Fisher's Island‹. Nach der Revolution hat Nasser sie natürlich verstaatlicht.«

Ich nahm mir fest vor, nie und nimmer für irgend etwas Bewunderung erkennen zu lassen. Außerdem bildete ich mir sogleich ein sehr dezidiertes Urteil über diese Story, das ich aber wohlweislich für mich behielt. Der Ägypter war ein unsympathischer Narr. Fisher war nur unsympathisch.

Aber die Sache mit Said war doch schade.

»Die Fisher-Story ist bestimmt durchs Weitererzählen nicht schlechter geworden.«

»Said hat sie von Fishers Tochter gehört.«

Der Wind schien noch kälter, das Boot noch saumseliger, die Ufer noch uninteressanter. Was hätten wohl die alten Ägypter von dem Fremden in ihrer Mitte gehalten? Doch allmählich begannen sie in meiner Phantasie zu verblassen; bei unserem ersten Besuch hatten sich vor sie die quirligen Massen brauner Menschen geschoben, die den starr seitlich stehenden Gestalten aus meiner Jugend so unähnlich waren. Und dies nun war die Realität: Sympathien und Antipathien, Haß und Hysterie, tief verwurzelte, grollende Erinnerungen, der Alte, aus seinem bequemen Job im Jachtklub abgezogen und gezwungen, mit uns loszuziehen, weiß Gott aus welchem Grund, ein Denkzettel vielleicht ...

»Alaa.«

»Ja?«

»Was denken sie von uns? Von zwei alten Leuten, die auf so eine Reise ohne viel Komfort gehen?«

Alaa überlegte. »Ich werde mich umhören.«

Ich ging nach unten, weil ich all diese Flußtrübsal in meinem Tagebuch festhalten wollte, aber dann blieb ich lange an einem der Fenster stehen und blickte ingrimmig auf Ziegelstapel und Ziegeleischornsteine. An jeder Ziegelei lag ein Frachtensegler. Und ich dachte mir, daß zumindest diese anmutigen *sandals* mit ihrer schlichten eleganten Linienführung und dem einen großen Segel ein Trost auf dieser Reise sein würden. Ein Segelboot, das auf Norden zuhielt, zog langsam an uns vorbei. Es war als Strohtransporter ausgelegt und sah von hinten aus wie ein Maultier mit Tragkörben an beiden Seiten. Mittschiffs war es um eine Rumpfbreite ausgebaut, und die Strohladung strahlte in zartem Gold vor dem schmutzigen Segel. Der achtern von dem hochgetürmten Stroh stehende Rudergänger hatte keine Sicht nach vorn, aber schließlich hat – jedenfalls auf den meisten Gewässern – das Segelboot Vorfahrt vor Maschinenfahrzeugen. Wir passierten eine mitten im Strom liegende, ausgetrocknete Sandbank, auf der Möwen hockten; bei den Ägyptern – fragen Sie mich nicht warum – heißen sie »Irakische Gänse«.

Ich schüttelte meine leichte Depression ab und nahm mir vor, nach etwas Interessantem zu fahnden. Vorerst war ich genötigt, mein Interesse – wenn man von einem gelegentlichen Flußboot absah – auf Ziegel zu richten. Immerhin sind Ziegel ja auch nicht ganz uninteressant. Der Flußabschnitt bot eine erstaunliche Zahl von Ziegeleischornsteinen, einmal waren es dreißig auf einen Schlag. Es ist typisch für Ägypten, daß die Regierung diese absurde Überproduktion zwar mit Mißfallen betrachtet, aber erfolglos versucht, sie abzustellen. Nun sind Ziegel an sich ja nichts Schlechtes, aber es gibt sie in zwei Sorten, einmal den Lehmziegel, den jeder Bauer an jeder beliebigen Stelle des Ufers selbst herstellen kann, zum anderen den gebrannten roten Ziegel aus dem schweren, ewig fruchtbaren roten Lehm des Niltals. Eine Kultur hat wohl kaum etwas Häßlicheres als eine Ziegelei, die rote Ziegel herstellt; Lehmziegel sind eine Spur weniger abstoßend. Unter den dreißig Ziegeleien war aber nur eine, die sich auf die Produktion von Lehmziegeln verlegt hatte; in langen, braunen Mauern standen sie da, und ein einsamer Arbeiter war damit beschäftigt, sie zu wenden, um Wind und Sonne heranzulassen. Hier und da standen Lehmhütten zwischen den Feldern und Dattelpalmen. Die Mauern eines nach allen Regeln der Kunst errichteten Lehmhauses sind nach oben verjüngt, also zwecks gegenseitiger Stütze nach innen geneigt: ein urdenklicher Winkel. Genau das war es: Die ganze ägyptische Geschichte scheint in diesem Winkel subsumiert. Ich erinnerte mich – nicht sukzessive, sondern in einem einzigen expansiven Augenblick – an meine heimische Planung, an eins jener Kapitel des noch ungeschriebenen Buches, einen Essay, den ich schon fix und fertig im Kopf hatte und dem nur noch die Bestätigung durch den eigenen Augenschein fehlte. Es handelt sich, so hatte ich es mir zurechtgelegt, um einen fortlaufenden Prozeß. Der Winkel, dieser von mir »urdenklich« genannte Winkel, entwickelt sich, ausgehend von der sanften Verjüngung der Lehmhütten über den steileren Winkel einer Tempelpylone und die noch schroffere Neigung der steinernen Tempelmauern bis zu der äußersten Steilheit der Pyramide, bei der die Wände zusammenstoßen und jede Art von Dach ausschließen. Gut machte sich das in meinem Kopf. Ich sah die Progression des Winkels als eine Progression des Gewichts, die Beherrschung des Landes durch Privilegierte. Schwer und brutal sah ich die Tempel dastehen und hörte sie sprechen: »Ihr Bauern habt euren Lehmwinkel, eine zaghafte Sache. Wir Götter haben den unseren. Fallt auf euer Angesicht! Opfert!« Hier nun schimmerten Lehmziegel und Lehmziegelhäuser zwischen den Palmen hindurch, die, wenn sie erst besser zu erkennen waren, die Bestätigung des Kapitels verhießen, das ich im Kopf herumtrug.

Die Häuser aber, die näher am Ufer standen und die gut zu sehen waren, hatten Mauern aus grellrotem Backstein und waren womöglich noch häßlicher als die Ziegeleien. Dort, wo eine Ziegelei bis zum Fluß herunterreichte, verwandelte sie das Ufer in eine Halde aus Ziegelschutt. Frachtsegler lagen längsseits, hier und da wurde geladen. Nur einmal sah ich, wie man – und das fand ich ausgesprochen unfair – Ziegel zu schweren Lastwagen schleppte, während am Ufer leere Boote warteten.

In Ägypten werden Ziegelsteine nicht mit dem Kran versetzt oder verladen. Zum Befrachten eines Segelbootes gehören Muskelkraft und eine Laufplanke. Eine weitere Planke schnallt man den Arbeitern auf den Rücken, sie reicht ihnen vom Scheitel bis zur Taille, in Taillenhöhe hat sie ein Querbrett, auf das die Ziegel gepackt werden, bis über Kopfhöhe, in Zweier-, manchmal in Dreierreihen, so daß der Arbeiter ein Stück rote Ziegelmauer schleppt. Mit diesem Steinhaufen beladen, die Hände fest über der Brust verschränkt, als wolle er damit verhindern, daß ihm der Brustkorb birst, wankt der Mann von dem Schutt der Halde über die federnde Planke ins Boot und hinunter in den Laderaum. Dort nimmt ihm ein Fellache in mehreren schweren Ladungen die Steine ab, und der Arbeiter hastet zurück, sich neuer Folter zu unterziehen. Es ist eine unaufhörliche Prozession, sie tragen ihre leeren roten Bürden die Laufplanke hinauf und erscheinen – Sekunden später, so scheint es, jedenfalls nur zu bald – schwer beladen und mit verschränkten Händen aufs neue. Das Ufer, die Ziegelei, die Arbeiter – alles ist voll von rotem Staub. Aber wo Ziegel sind, da ist auch Zaster. Eins der Boote hatte ein neues weißes Großsegel. Mir schwante, daß dort irgendeines Mädchens Aussteuer hing.

All das spielte sich sinnigerweise auf einer Strecke ab, die parallel zu der hinter Kairo beginnenden Kette von Pyramiden verläuft, obgleich wir wegen des erhöhten Uferdamms oder der Bäume keine einzige Pyramide hatten sehen können. Aus unserer Sicht war es so, als gäbe es westlich von uns gar keine Wüste, als stünden nur Palmen, selten einmal ein Haus, rote Ziegel und hohe Schornsteine zwischen uns und dem nächsten Meer. Jenseits des Ufers, seinem Grün und seinen Ziegeleien war nichts als Himmel. Im Osten bot sich ein etwas anderes Bild. Dort lag die Arabische Wüste und brachte sich hin und wieder jenseits des Uferdamms mit einem Sandbuckel in Erinnerung. Der Höhenzug aus Wüstenfels, der sich hinter den Steinbrüchen von Tura vom Fluß entfernt hatte, rückte allmählich wieder näher heran. Denn das ist das Seltsame an der Wüstenlage des Niltals: Man hat den Eindruck, daß man selbst sich nicht vom Fleck bewegt, während die Wüste sich verstohlen anschleicht und einen Blick über Bäume und Häuser riskiert, um dann rasch wieder zu retirieren, so daß man schließlich geneigt ist, diesem wolkenlosen, braun-gelb-ockerfarbenen Schanzwerk mit dem verwehten Sand zu seinen Füßen ein Eigenleben zuzubilligen. Festmachen läßt sich dieses Phänomen nicht, nur krude beschreiben. Aber einmal gesehen, behält man es in der Erinnerung und ist auf der Hut.

Dann, nachdem wir uns stundenlang stromauf gequält hatten, kamen wir in offenes Gelände, wo die Uferdämme bei weitem nicht so hoch waren. Hier hatten wir nach rechts und nach links zwei, drei Kilometer Sicht – links auf besagte Arabische Wüste, die jetzt so nah war, als wolle sie alles überrollen und verschlingen. Am Ufer zog sich ein kläglich schmaler Streifen Leben hin. Frauen hockten in Gruppen am Wasser, über ihnen dräute die Wüste, nur zurückgehalten, so schien es, von ein, zwei Palmen und hier und da einer uralten Dorfmauer. Die Frauen benutzen nicht mehr die alten *balaas*, die Wasserkrüge aus schwerem Ton. So schnell vollzieht sich der Wandel; nie hätte ich geahnt, daß wir vor zehn Jahren das Ende einer sechstausendjährigen Geschichte der *balaas* erlebt hatten. Was die Frauen jetzt spülten und schleppten, waren Gefäße aus Metall, aus Aluminium oder Blech. Sie waren leichter, dafür aber größer. Man darf die Frauen schließlich nicht verwöhnen, und was man an Gewicht des Wassergefäßes spart, kann man an Wasser gewinnen. Etliche Frauen – treffliche Vertreterinnen ihres Geschlechts – schritten unter Behältnissen einher, die als Abfall- oder Regensammler hätten dienen können und die gut und gern den Namen Wasserfässer verdienten. Es war ein schmerzlicher Anblick, auch wenn vielleicht die Frauen selbst stolz auf diese Gefäße waren und darauf, sie zu tragen. Krüge, Tonnen, Wannen und Töpfe blinkten in der Sonne. Das Bild der in langer Reihe dahinschreitenden Frauen, rot und schwarz und blau, alle mit diesem überaus anmutig-feierlichen Gang, ist um vieles schöner als das der Karyatiden des Erechtheion – und gleichermaßen grausam. Denn wurden nicht die Töchter des Caryas von den Athenern versklavt und zum Lastentragen verurteilt?* An derlei Dinge denken wir – wenn wir an derlei Dinge überhaupt denken – als Kunst, die alles entschuldigt.

Hier und da trieben Teppiche von Wasserhyazinthen auf dem Strom. Diese Pflanze ist auf dem besten Wege, die großen Flüsse dieser Welt zu verstopfen. Ursprünglich in Äquatorialafrika und Südamerika zu Hause, findet man sie jetzt überall, wo ihr das Wasser warm genug ist. Ich hatte sie mir für meinen Gartenteich in Südengland angeschafft, aber dort hat ihr der Winter den Garaus gemacht. Ich erinnere mich, sie in großen Feldern auf

* Eine Sage, die auf den römischen Schriftsteller Vetruvius (1. Jahrh. n. Chr.) zurückgeht. (Anm. d. Übers.)

dem Wasser bei Brisbane, Australien, gesehen zu haben. Von den Chinesen, findig wie sie sind, wird das Grünzeug an die Schweine verfüttert. In der Neuen Welt versucht man jetzt nur noch – ohne jeden Erfolg –, sich das Gewächs vom Hals zu schaffen. Es ist aber auch nicht ganz ausgeschlossen, daß es bleiben darf, um Metalle anzuziehen! Und nun trieb es, dank seiner blasenartig ausgebildeten Stiele an der Oberfläche schwimmend, hier vorbei, vergilbt in der Kühle des winterlichen Ägyptens mit seinem winterlichen Wasser. Die Blüten sind hübsch anzusehen, aber die Pflanzen, die jetzt auf dem Weg zum Meer oder vielmehr zur nächsten Staustufe waren, hatten ihre Blütezeit hinter sich. Bei den Ägyptern, so erfuhr ich, heißt die Pflanze *Ward el Nil* – Nilrose. Irgendwo habe ich gehört, sie soll von Zentralafrika aus in den Nil geraten sein, wo sie in einem Wassergarten in Khartum als Zierpflanze gehalten worden war, aber ob das stimmt, weiß ich nicht.

Ich erinnere mich, daß sich an diesem Nachmittag Ann einen Ruck gab und anfing zu zeichnen. Sie versuchte es mit einem Dorf am Ostufer, aber es zog vorüber. Doch dann kamen wir in schneller Folge (schnell für unsere Verhältnisse) an zwei genau gleich aussehenden Dörfern vorüber, so daß Ann ihre Zeichnung doch noch zustande brachte. Gerade weil kein bestimmter Ort gemeint war, gab die Skizze einen anschaulichen Begriff von einem Dorf am Nil und machte damit so manches Geheimnis der Kunst, der Geographie, der Beobachtungsgabe und dergleichen deutlich. Ich glaube, Ann hat die Zeichnung später zerrissen.

Es spricht für die Gleichförmigkeit des Nils, daß ich mich ebenso intensiv wie erfolglos um einige bunte Tupfer für mein Tagebuch bemühte. Ich nahm mir vor, alles zu notieren, was an Treibgut vorbeikam, aber abgesehen von einem gelegentlichen Nilrosenbüschel gab es nichts zu notieren, der Nil ist tatsächlich frei von Abfall. Das Wasser war bei diesem niedrigen Stand trüb, graugrün mit braunem Unterton. So mußte ich mich denn darauf beschränken, ins Wasser zu starren und über die vielen dort angeblich lauernden Krankheiten nachzusinnen. Ich war auf der Hut. Mochten sich auch dort, wo wir uns befanden – im tiefen Fahrwasser – Abkömmlinge der Bilharzia, des Guineawurms oder all der anderen Parasitenscheußlichkeiten nicht halten, so blieben doch bakterielle und Viruserkrankungen. Diese recht harmlos aussehende Suppe konnte einem, wenn man zu leichtfertig damit umging, Kinderlähmung oder Hepatitis bescheren. Es ist schon sonderbar, dachte ich. In Kairo werden um die Inseln herum internationale Wettkämpfe im Langstrekkenschwimmen ausgetragen. Alaa hatte erzählt, daß er Nilwasser getrunken hatte, wenn er vom Rudern durstig war, und Alaa machte einen gesunden, kräftigen Eindruck. Aber Krankheit hin, Krankheit her – es gibt keinen Unrat im Nil. Vielleicht haben die Leute dort nichts wegzuwerfen.

Wieder teilte sich der Fluß vor mehreren Inseln, und ich stellte frivole Überlegungen darüber an, in wessen Hände sie zum Zeichen ägyptischer Gastfreundschaft übergangen sein mochten. Napoleon, der ja eine ganze Bibliothek nach Ägypten mitgeschleppt hat, mochte auch um diese seltsame Tugend – oder angebliche Tugend – wissen, die man in arabischen Ländern zu üben pflegt. Warum hatte er nicht vor der Schlacht bei den Pyramiden den Mamelucken eröffnet, er sei ein Fremder in ihrem Lande, er wünsche sich die Pyramiden und *deshalb* eben …

Wir kamen an Bläßhühnern vorbei, die in langer Reihe vor uns hergeschwommen waren. Die Arabische Wüste, die uns seit langem belauerte, schlug jetzt zu, nur wenige Meter vom Ostufer entfernt. Ich sah, wie eine Frau, westliche Technologie nutzend, Wasser in blaue Plastiksäcke füllte, die sie wie Tragkörbe einem Esel umgehängt hatte. Wie die Frauen mit ihren leichten Metallgefäßen hatte auch der Esel nichts davon, daß seine Last aus Plastik war, die Behälter waren nur um so größer. Als die Frau die Säcke befestigt hatte, goß sie Wasser nach, und sobald sie voll waren und überschwappten, machte der Esel ohne Aufforderung kehrt und trottete in die Wüste hinaus. Ich konnte nicht erkennen, wie weit er zu gehen hatte, aber die Karte zeigte keinen grünen Fleck zwischen ihm und dem Roten Meer. Die Sonne schien sehr hell, der Wind wehte kalt.

Gegen drei – wir warteten noch auf unseren Lunch – krängte das Boot heftig. Ich eilte an Deck. Was war geschehen? Die Verbindung zwischen Steuerrad und Ruder hatte sich gelöst, die Mannschaft – mit Ausnahme des alten Said – rannte kopflos hin und her. Es gab heftige Diskussionen. Das Boot trieb im Leerlauf rasch wieder gen Kairo. Was scheinbar nicht mehr als eine ärgerliche Beschwernis unserer Fahrt stromaufwärts gewesen war, erwies sich jetzt als beachtliche Strömung. Die Ufer rasten – eine allen glücklosen Flußschiffern vertraute Erscheinung – wie flüchtige Schatten an uns vorbei.

Ein junger Mann, den ich zuvor schon vage wahrgenommen hatte – er trug einen mit weißen Sternen gezierten Trainingsanzug –, warf den albernen Bootshaken über Bord, der aber nicht faßte. Shasli manövrierte das Boot in kurzen, ruckartigen Stößen an eine Insel heran, bis der Bug sich in das schlammige Ufer bohrte. Der blaue Trainingsanzug watete an Land, nahm eine Leine und machte sie fest, und da lagen wir nun, indes der Nil leise unter unserer Bilge schmatzte.

Die Besatzung konferierte in der Kajüte. Alaa und Rushdie, unser Koch und Lautenschläger, jumpten an Land. Ein Fellache tauchte auf, begleitet von zwei Frauen, einem Esel und einem Wasserbüffel. Er lachte herzlich, besonders, als er meiner ansichtig wurde. Schon stand ein ganzer Verein redend und lachend am Strand. Ein kleinerer Trupp untersuchte in der Kajüte ein Stück Drahtseil, das in der Mitte gebrochen war. Sie versuchten, das Drahtseil zusammenzubinden. Ob sie es nicht mal mit Spleißen versuchen wollten, schlug ich vor, stieß aber auf offenkundiges Unverständnis. Was mischt sich hier ein Passagier, dachten sie wohl, in Dinge ein, von denen nur wir Seeleute etwas verstehen? Wir zogen uns in unsere Kabine zurück und waren uns darüber einig, daß unsere kleine Expedition dabei war, zielbewußt ins Leere zu stoßen. Nach einer Weile wagte sich Ann vor die Tür und berichtete, von einem Lachkrampf geschüttelt, daß die Sportsfreunde in der Kajüte gerade versuchten, das Drahtseil mit blauer Nylonschnur zusammenzubinden. Die Situation war zu komisch, um Verzweiflung aufkommen zu lassen. Sie war so typisch für all die Jahre ständiger Improvisation, in denen man selbst in Booten herumgebastelt hatte, so typisch für die Feindseligkeit, die unbelebte Gegenstände dem Menschen insbesondere auf dem Wasser entgegenbringen.

Ich ging wieder an Deck. Der Dorfclown fand mich schon wieder zum Totlachen. Es handele sich wohl um ein etwas schlichtes Gemüt, sagte ich zu Alaa, der beflissen bestätigte, daß nicht ausschließlich über uns gelacht werde.

Unter Deck hatte indessen die Crew irgendwo ein Stück Drahtseil gewonnen. Damit war natürlich die nächste Panne schon vorprogrammiert, totsicher würde uns an der entscheidenden Stelle gerade dieses Ende Draht irgendwann einmal fehlen.

Endlich ging es dann weiter, und weiter ging es auch mit den Ziegeleien. Unterägypten besteht offenbar zur Gänze aus rotem Lehm und Ziegeleien. Eine Schornsteingruppe stand auf dekorativen Sockeln, was recht seltsam anmutete. Dekoration in Ziegeleien ist ein Widerspruch in sich, denn etwas Geschmackloseres, unrettbar Häßlicheres als eine Ziegelei ist kaum vorstellbar. Daß auf die Ziegelsteine späterhin Zierart wartet, ist durchaus vorstellbar, am Ort ihrer Entstehung aber sind Ziegel eine Art architektonisches Plasma, undifferenziert nach Anmut oder Schönheit. Hier etwas verbessern zu wollen, war reiner Unfug.

Im Süden tauchten ein hoher Kran und ein Wasserturm am Horizont auf. Allmählich erschloß sich mir das Wesen des Landes. Der Unterschied zwischen Dorf und Stadt besteht darin, daß die Stadt einen Wasserturm besitzt, für den sie das Wasser entweder entsprechend aufbereitet aus dem Nil oder direkt aus den neuen Tiefbrunnen bezieht, die für die Gesundheit Ägyptens von so großer Bedeutung sind.

Wir kamen nach Beni Suef, wo offenbar haltgemacht werden sollte, und legten neben einer Station der Flußpolizei an, was sich imposanter anhört, als es war. Die Station, am Uferhang gelegen, bestand aus zwei Schuppen, einigen windigen Booten und einem Dutzend junger Burschen, die in abgerissenen und schmuddeligen Matrosenuniformen steckten, dafür aber schwer bewaffnet waren. Einer hielt liebevoll eine MP im Arm, die vor bösartiger Sauberkeit nur so blitzte. Hier zückte Alaa unsere Trumpfkarte – ein Schreiben, das er sich von Kairos Polizeichef besorgt hatte und das alle Angehörigen der Flußpolizei anwies, uns jede nur denkbare Unterstützung etcetera etcetera. Wir bekamen also Wasser und den überall knappen Treibstoff. Inzwischen war die lange Dunkelheit hereingebrochen, die abends um sechs begann und bis zum nächsten Tag um sechs währte. Wir machten an einem dekorativen Treppchen fest, das uns zum Einkaufen sehr gelegen kam. Zusammen mit Alaa gingen wir an Land und wurden von Männern und Knaben mit freundlichem Hallo begrüßt. Eine Gruppe von Schulmädchen erkundigte sich nach meinem Namen und entfloh dann unter hellem Gelächter, »ob ihrer eigenen Verwegenheit verstört«.

Nicht weit vom Fluß befand sich, sehr sauber und ordentlich, ein kleiner öffentlicher Park. Überall säumten Bäume die Straßen. Dicht daneben lag ein Gemeindezentrum mit Theater und Kino. Über allem aber herrschte der Staub und schuf Tristesse, wo man sich an Anmut und Schönheit hätte erfreuen können. Die dürftige Straßenbeleuchtung versuchte sich erfolglos gegen die frühabendliche Dunkelheit durchzusetzen. Wir kamen zu einer Straße mit Lädchen und Buden. Hier und da hatten diese Verkaufsgeschäfte Azetylenlampen als Beleuchtung, und ich fühlte mich um mehr als ein halbes Jahrhundert zurückversetzt. Überhaupt hatte man das seltsame Gefühl einer Reise in die Vergangenheit. Die heutigen Straßenlampen lassen nämlich ihr Licht in die Breite gehen, man hat sie an Drähten oder – wie John Betjeman zu sagen pflegte – an »seekranken Schlangen« – hochgehievt, so daß die beleuchtete Fläche eine gewisse Höhe hat und einigermaßen trostlos wirkt, als würde etwas offenbar, was besser verborgen geblieben wäre. Die Azetylenlampen in Beni Suef standen tief, auf Kopf-, manchmal sogar auf Taillenhöhe, und waren in ständiger Bewegung, nicht so sehr leuchtend als vielmehr lodernd und so einen behaglich warmen, höhlengleichen Raum schaffend, in dem menschliche Betätigungen wie Handel und Wandel, Klatsch und Streit ihr volles Gewicht behielten, statt in grellem Licht zur Bedeutungslosigkeit zu verkommen. Diese Lampen waren genau das Richtige für Apfelsinen, Mangos und Bananen und für die allgegenwärtigen *calèches*, die Kutschen des Niltals, die man da und dort trappeln und knarren hörte. Wir sahen geduldige Esel achtern schwere Männer und mittschiffs kleine Jungen tragen, die taten, als säßen sie auf einem Pferd. Lastwagen waren unterwegs, Fahrräder und ein paar junge Burschen auf Motorrädern ohne Schalldämpfer. Schäbigwestliche Kleidung beherrschte das Bild, aber von der Zivilisation war der Ort gänzlich unbeleckt. Es war ohne weiteres möglich, auf der Fahrbahn – nicht auf dem Trottoir! – zu gehen, der Verkehr teilte sich vor dem Fußgänger, ganz so, als habe auch er ein Recht auf Leben. Wir machten unsere Einkäufe – Handtücher, Mandarinen, Bananen. Die Bananen waren nicht sehr groß, dafür aber frisch vom Baum.

In fast völliger Dunkelheit tasteten wir uns zum Boot zurück. Auf der Uferstraße erscholl Musik, desgleichen aus dem Schiffsradio – oder war es vom Band? –, arabische Unterhaltungsmusik, die seltsam vertraut klang. Und als Rushdie sein Tagewerk beendet hatte, trat auch seine Laute in den edlen Wettstreit ein. Die Crew schwatzte vergnügt. Es kam mir vor, als seien wir seit einem Monat auf dem Boot, dabei waren es erst zwei Tage. Kairo lag knapp neunzig Kilometer hinter uns. Ich sagte mir, daß wir noch eine Mahlzeit zu erwarten hatten, ehe wir versuchen konnten zu schlafen – aber die Mahlzeit kam nicht. Nach und nach verstummten die Stimmen, der Generator hörte auf zu laufen, und allmählich wich alles Licht aus unserer Kabine, bis nur noch das sanfte Glimmen im Raum stand, das die Straßenbeleuchtung von Beni Suef durch das Steuerbord»fenster« schickte.

3 Wieder wurde es eine kalte, unruhige Nacht. Da wir vor einer größeren Stadt lagen, hörten wir zu jener Stunde, »da ein weißer Faden von einem schwarzen unterschieden werden kann«, die Muezzins auf ihren Minaretten miteinander wetteifern. Ich selbst tat nach diesem Wettstreit kein Auge mehr zu. Gegen halb sieben ging die Fahrt weiter. Beni Suef besitzt eine Brücke, aber sie ist nur halb fertig. In Kairo hatte man mir gesagt, die Brücke sei schon zehn Jahre im Bau; das unvollendete Stück, das in den Strom hineinragte, sah rostig und trostlos aus. Unmittelbar hinter dem Punkt, bis zu dem die Brücke reichte, schaute ein Eisenträger in offenkundig falschem Winkel aus dem Wasser. Er war nicht ausgebojt. Ich hätte gern gewußt, was für eine Bewandtnis es mit diesem Träger hatte, erfuhr es aber nie. Freilich sind über Nilbrücken so viele wunderliche Geschichten in Umlauf, daß es auf eine mehr oder weniger nicht ankommt. Da ist beispielsweise die Geschichte, die ich Alaa erzählte, als wir den gefährlich aussehenden Träger passierten, weil ich von ihm wissen wollte, ob sie stimmte. Sie handelte von einem Architekten, der eine Drehbrücke für Kairo gebaut hatte, und als sie fertig war, erschien der König von Ägypten mit großem Gefolge und drückte auf den Knopf, aber nichts geschah. Weder – so meine Geschichte – in jenem Moment, noch später. Die Drehbrücke blieb, wo sie war und dachte nicht daran sich zu drehen, und König samt Gefolge zogen von dannen, als hätten sie dringend einen anderen Termin wahrzunehmen. War das nun eine wahre Geschichte?

»Nein«, sagte Alaa.

»Aber ich bitte Sie, man hat mir den Vorfall in allen Einzelheiten geschildert. Der Architekt fuhr geradewegs in seine Wohnung auf der Insel Zamalek und jagte sich eine Kugel in den Kopf. Architekten jagen sich immer eine Kugel in den Kopf, wenn etwas schiefgelaufen ist, das ist gute alte Tradition. Wetten, daß es der alte Ägypter, dem bei dem *Unvollendeten Obelisken* ein Mißgeschick passiert war, ganz genauso gemacht hat?«

»Wo ist diese Brücke?«

»Das wollte ich ja gerade von Ihnen wissen.«

»Ich habe sie nie gesehen«, sagte Alaa brüsk. »Die Geschichte kenne ich, man erzählt sie sich von der Aboul-ela-Brücke. Im übrigen hat er sich nicht erschossen. Er hat einfach etwas anderes gebaut. Vielleicht den Eiffelturm.«

Der Morgenwind wehte schneidend.

»Vermutlich hat er sich erst erschossen und dann den Eiffelturm gebaut.«

Es gibt aber auch beglaubigte Geschichten über den Bau von Nilbrücken, die recht kurios sind. Ihr Kern- und Angelpunkt ist die sanfte Gewalt der Wasserfluten mit ihrem stetigen Druck, Tag und Nacht, jahrein, jahraus. Da gab es jene Brücke, die mit den besten Absichten, nach kompliziertesten Berechnungen gebaut worden war, nur hatte wohl der Nil diese Berechnungen nicht gelesen und richtete sich nicht nach dem Zahlenwerk. Er ignorierte die Brücke ganz einfach und wandte sich in eine andere Richtung, so daß diese sozusagen auf dem Trockenen saß und – des Wassers beraubt – ihre Existenzberechtigung verloren hatte. Oder die Sache mit dem Lastkahn, der mit einer Ladung Baumaterial an Bord mitten im Strom sank. Das Wrack bremste an dieser Stelle die Strömung, so daß sich Schlick ablagerte; der Schlick wurde zu einer Sandbank und dann zu einer Insel, die es heute noch gibt, und das alles nur wegen einer Schiffsladung von Steinen. Was mochte das Wasser mit dem Träger und seinem so offenkundig falschen Winkel wohl noch anstellen?

Hinter der Brücke von Beni Suef wirkte der Fluß breiter als in Kairo. Nachdem der Morgendunst sich verzogen hatte, waren am östlichen Ufer Anzeichen von Wohlstand auszumachen, Häuser, Villen und Grundstücke zwischen Palmen vor der braungelben Wüste. Die Uferdämme waren jetzt so niedrig, daß wir darüber hinwegsehen konnten. Am Westufer hingegen, knapp eineinhalb Kilometer hinter Beni Suef, standen elende Hütten, und man sah die bitterarmen Fellachen, über die so viel geschrieben wird. Auf winzigen Parzellen mit einer Einfriedung aus dürren Zuckerrohr- oder Maisstengeln standen Lehmkaten, ein Armvoll Rohr über einer Ecke diente als Dach. Dann kamen wir an einem ausnahmsweise einmal nicht in Deckung liegenden Lehmhüttendorf vorüber, und vor den Komplikationen, die mir da zu Gesicht kamen, zerstoben meine trivialen Betrachtungen über den urdenklichen Winkel in alle Winde. Es *gab* keinen urdenklichen Winkel oder vielmehr: es gab alle möglichen und unmöglichen Winkel und Kanten oder allenfalls den »urdämlichen« Winkel, denn falls die Fellachen je gewußt haben, wie man mit Lehmziegeln baut, haben sie es inzwischen vergessen. Bei einigen Häusern waren die Winkel so gründlich mißverstanden, daß die Wände sich nach außen statt nach innen neigten. Daß es sich dabei um einen Konstruktionsfehler handeln mußte, war augenfällig, denn so manches Haus lag schon in Trümmern, und Schutt blockierte die Gassen. Bei einer dieser erbärmlichen Behausungen neigte sich die linke Wand nach außen, die rechte nach innen, das ganze Haus hatte dadurch einen Linksdrall und sah aus, als könne es jeden Augenblick vornüberkippen. Manchmal – allerdings sporadisch – waren auch Binsen in diesen stümperhaften Baulichkeiten verarbeitet. Es war ein hoffnungsloser Zustand.

Zum zweiten Mal erlebten wir jenen seltsamen Augenblick, da sich aus der Trance der Nacht die noch traumschweren Regungen der Morgendämmerung erheben. Zuerst gerieten die kleinen Kinder in Bewegung, sie liefen hin und her, um warm zu werden. Schwarz verhüllte Frauen krochen langsam aus Hausöffnungen, Ziegen und Esel rührten sich andeutungsweise. Dann waren wir vorbei, ohne daß wir etwas von dem allmählich anziehenden Tempo ihres Tageslaufs gesehen hätten. Das ist die Not des Reisenden, wenn er sich in einem Fahrzeug befindet, über das er nicht selbst gebietet. Nie werde ich das Cricketmatch vergessen, das ich in einem Eilzug der alten Great Western Railway mit ansah. Der Schlagmann hatte einen gewaltigen

Schlag zum Feldspieler gelandet, der verzweifelt losrannte, um den Ball zu fangen. Er streckte die Hand aus – und ein Haus schob sich vor ihn. Fünfzig Jahre ist das jetzt her, und noch oft frage ich mich, ob er gefangen hat. Albern. Jedenfalls ließen wir das Dorf gerade in dem Augenblick hinter uns, als es zum Leben erwachte.

Alaa holte seine Kameraausrüstung hervor, die nach meiner Schätzung mehr wert war als das ganze Boot. Während der Tag unter einer noch tiefstehenden Sonne an Dimension gewann, begegneten wir den ersten Motorschiffen, sogenannten *trams* (mit langem *a*), die bis zu zweihundert Tonnen Massengüter laden können. Einige fuhren im Koppelverband wie auf dem Rhein oder der Seine. Bug und Heck sind so gestaltet, daß sie ineinandergreifen. Das zweite Motorschiff ist das Schubschiff, das vorgekoppelte heißt *sandal*, obgleich es kein Segel hat. Ein Schlepper zieht meist eine Reihe von Frachtenseglern. Das erste Schubschiff, das wir sahen, hatte eine große Kabine achtern, wie ein Landungsboot, mit bunt gestrichenen Benzinfässern, in denen vielversprechende Büsche wuchsen. So etwas sieht man selten, privates Gärtnern ist in Ägypten nicht sehr üblich.

Jetzt zogen sich linker Hand Palmen am Ufer hin, während rechts eine flache kleine Insel auftauchte, die über und über nur mit Schilfrohr – Phragmiten – bewachsen war. Das Schilf stand so dicht im seichten Wasser, daß man kein Kanu hätte dazwischenzwängen können. In alter Zeit wäre die Insel ein Dickicht von Papyrusstauden gewesen, aber damit ist es vorbei. Phragmiten – das gleiche hohe Schilfrohr mit den rötlichen Blütenrispen, das einem an der Themse, den englischen Kanälen, ja, in ganz Europa begegnet –, hat die berühmte Papierstaude verdrängt. Jetzt muß man – einige Exemplare nicht gerechnet, die im Delta angepflanzt werden – bis in den Sudan reisen, um wildwachsenden Papyrus zu sehen. Das Schilf war an dieser Stelle sehr hoch, drei bis vier Meter, schätzte ich. Hier und da hatten sich Fischer in klobigen Ruderbooten darin verkrochen, sie sahen ein bißchen aus wie auf chinesischen Bildern.

Auch sie hatten diese einfachen hölzernen Stangen mit quadratischem Schaft und ohne Blatt als Ruder. Ich fragte Alaa nach dem Nutzeffekt dieser so lächerlich aussehenden Gerätschaften, die in Ägypten landauf, landab gebräuchlich sind. Ein langes dünnes Blatt, sagte er, sei bei der Schwere des Boots sinnvoller als ein kurzes breites. Wieder einmal eine logische Erklärung für etwas scheinbar Absurdes.

Eine leichte Brise wehte aus der falschen Richtung, nämlich aus dem Südwesten, der angeblich den in diesen Monaten unzeitigen Kamsin bringt. Im übrigen kam die Brise nicht nur aus der falschen Richtung, sondern war auch kalt. Bemerkenswert war das Verhalten der kleinen Segelboote, die in Ägypten Feluken heißen. Diese Feluken – nicht viel größer als Ruderboote – geben dem interessierten Betrachter Rätsel auf, weil sie scheinbar den Gesetzen der Hydrodynamik und der Ärodynamik zugleich Hohn sprechen. Sie stehen – ein Ding der Unmöglichkeit – höher als einen Strich zum Wind. Zunächst war ich fasziniert. Sollten Sie aber je eine Feluke sehen, die sich derart befremdlich benimmt, brauchen Sie nur das umliegende Schilf etwas näher in Augenschein zu nehmen, und sehr bald werden Sie fünfzig Meter vor dem Boot einen kleinen Jungen entdecken, der, durch eine lange dünne Leine mit der Feluke verbunden, durch das seichte Wasser watet. Meist hat er irgend etwas Schmutzigbraunes an, so daß ihm das Schilf Deckung bietet.

Mit Sonnenaufgang verschwanden die beiden Uferdämme, die uns Ägypten verbargen. Es schien wie ein Widerspruch im Wasserverhalten, aber ich war froh darüber, denn jetzt sahen wir Landschaft. Zwischen uns und der braunen Wolke der Arabischen Wüste standen meilenweit Palmen und lockeres Buschwerk. Ab acht begann der schwerbeladene Treck zum Wasser. Die Frauen hatten bis zu eineinhalb Kilometer Wegstrecke hinter sich, wenn sie zum Ufer kamen, Körbe mit saftiggrünem Klee für die Esel auf dem Kopf, die man über Nacht am Fluß gelassen hatte. Vielleicht war bei der dichten ländlichen Besiedlung und der jedes Fleckchen ausnützenden Landbestellung der schmale Streifen Grün am Wasser die einzige Weidemöglichkeit.

Die Wolke wandelte sich zu hartem, weißen Fels, der bis ans Flußufer heranreichte und schließlich zu einer Klippe hochwuchs, gekrönt von einem Friedhof, der sich bei Hunden großer Beliebtheit erfreute. Am Westufer gab es keine fruchtbares Land verschlingenden Ziegeleien mehr, sondern nur noch Mais, Zukkerrohr und Dattelpalmen, keinen einzigen rauchenden Schlot weit und breit. Am Ostufer strudelte der Strom in schnellem Lauf. Deutlich waren Untiefen und Kabbelungen zu erkennen. In dem gewundenen Fahrwasser, dem Shasli folgte, war die Strömung noch schneller. Fluß und Ufer waren grundverschieden von dem weiter nördlich gelegenen Abschnitt, an dem wir die Kalköfen und Ziegeleien gesehen hatten. Hier gab es nur noch Fels und Wasser, Schaumstreifen, seichte Stellen, wo das Wasser wieder vom Grund aufstieg, nachdem es über einen verborgenen Sims in die Tiefe gestürzt war. Wieder kamen Schubschiffverbände in Sicht – wir folgten einer ganzen Schlange –, die ihre liebe Not hatten, sich durch schwieriges Fahrwasser zu kämpfen. Ein Stück weiter gab es keine Schlangen mehr, sondern nur noch ein dichtes Gedränge, einige Schiffe hatten zwei, drei Reihen tief am Westufer festgemacht, andere waren bereits aufgelaufen. Wildes Geschrei, hektische Manöver. Ich blieb unter Deck und besah mir das Treiben aus wohlbedachter Distanz durch unsere großzügig dimensionierten Fenster, indes unsere Crew oben herumrannte, stakend, fluchend, Allah und eine ganze Litanei mutmaßlicher Heiliger anrufend, brüllend und gestikulierend. Wir brummten auf, natürlich brummten wir auf, mit voller Wucht – und das in einem Fluß, der nach meinen bisherigen Vorstellungen ein Bett aus Schlamm besaß. Nichts da! Es gab ein böses Knirschen und Krachen, man spürte Stein am Rumpf und – schlimmer noch – an der Schraube entlangschrammen, indes die Strömung an dem Boot zerrte. Es muß komprimierter Kies gewesen sein. Dann kamen wir wieder frei, und Shasli fuhr langsam weiter, tastete sich an einem Riff entlang, rumpelrumpelrumpel – rummms! Wir schafften es, uns an den gestrandeten Schubverbänden vorbeizumogeln, denn wir hatten weniger Wasser unter dem Kiel. Es war eine stattliche

Zahl von Schiffen, die auf den 16. Februar und auf die Öffnung der Staudämme wartete. Sie würden sich noch eine Weile in Geduld fassen müssen.

Zwischen Biba und El Fashn kamen wir dann wieder in ruhigere Gewässer. Als ich zurückblickte, sah ich, daß die Arabische Wüste sich mit einem weißen Vorgebirge bis in den Fluß hineingeschoben hatte. So muß Tura früher einmal ausgesehen haben, ehe die Pharaonen mit dem Abbau begannen, der jetzt schon fünf Jahrtausende währt. Hier könnten sie gleich noch einmal von vorn anfangen. An den Untiefen und dem komplizierten Fahrwasser war vermutlich eine Verlängerung des weißen Vorgebirges unter Wasser schuld, die dort eine Art Mini-Katarakt bildete, nicht zu verwechseln mit den richtigen Katarakten, den Maxi-Katarakten sozusagen, die aus schwarzgesprenkeltem rosa Granit sind.

Am Ostufer wurde das Bild immer dramatischer. Hinter der weißen Landzunge mit ihren imposanten Gesteinsschichtungen kamen gewaltige Kalksteinklippen in Sicht, oben steil abfallend, unten zu zwei Dritteln mit lockerem weißen Geröll bedeckt. Hier herrschte lebhafter Fährverkehr, denn das westliche Ufer wurde gerade mit Steinen von den Halden und Klippen am Ostufer befestigt. Den Transport hatten Frachtensegler übernommen. Dies dürfte einer der wenigen Plätze der Welt sein, wo der Einsatz von Segelschiffen noch wirtschaftlichen Sinn macht; es war ein wunderschöner Anblick. Nachdem es jetzt auf unserem Boot wieder ruhiger zuging, begab ich mich an Deck und erkundigte mich bei Shasli, ob es verschiedene Bezeichnungen für kleine und für große *sandals* gäbe. Jawohl, sagte er, sie heißen kleine *sandals* und große *sandals*. Und hat ein großer *sandal* mit zwei Masten einen besonderen Namen? Jawohl, das ist ein großer *sandal* mit zwei Masten. Ich nahm mir vor, meine Kenntnisse über die Nilschiffahrt zu einem Essay zu verarbeiten. Ehrlich gesagt fand ich das Thema mittlerweile fesselnder als Tempel. Von Jacob Boehme stammt der Ausspruch, mit dem Gold, das die Kinder Israels von den Ägyptern zur Beute nahmen, seien Weisheit und mystische Macht der Ägypter gemeint gewesen. Die Tempel wirken ja tatsächlich leer wie braune Pappschachteln. Aber die Hieroglyphen? Freilich weiß ich, daß es sie gibt, aber ich habe sie vergessen.

In den Booten wurde geschäftig geladen. Weil die weißen Blöcke groß und unregelmäßig geformt waren, mußten sie von den Arbeitern einzeln heruntergetragen werden, die – ja, es klingt wohl scheußlich subjektiv – fast liebevoll mit ihnen umzugehen schienen, als seien sie wichtiger und hätten mehr Eigenleben als Ziegelsteine. Ein geblähtes Segel besitzt die ganze Fülle eines gesegneten Leibes. Wir alle wissen das, die Worte sind da. Ein Frachtensegler, schwer beladen, mit knapp zwölf Zentimeter Freibord, mit einer ordentlich gestapelten Ladung von weißem Kalkstein, auf der die Mannschaft herumsitzt, während das große Segel sie sacht über den Strom trägt, ist Natur, ist Reichtum, ist Gut und Inbegriff einer Industrie mit humanen Zügen. Denn dieselbe Mannschaft, die die Ladung an Bord nimmt, bringt sie auch über den Fluß und löscht sie dort; vier oder fünf Mann teilen sich in die Arbeit. Nun kann man hier leicht sentimentalen Anwandlungen erliegen, und das möchte ich nicht. Geht man aber nach dem Augenschein, so muß es wohl als das bessere Los gelten, sich bei der Arbeit weiß vom Kalkstein statt rot vom Ziegelstaub bepudern zu lassen. Ich allerdings hatte saubere Hände und war nur ein zeitweiliger Zuschauer. Überdies ist mir nicht bekannt, wie die Beziehung zwischen den Männern in den Booten und den Männern in den Steinbrüchen aussieht, denn dort war die Arbeit, soweit ich das beurteilen konnte, eigentlich eher etwas für Gemsen. Ein Gewirr von Pfaden zog sich an den Hängen hoch, auf denen Menschen herumkletterten und Steinblöcke über den Hang in die Tiefe rollen ließen. Zweck der Übung war es, von unten nach oben die Blöcke von der Halde abzuräumen. Sobald ein Hang freiliegt, wird er zum Steinbruch, man gewinnt dort keine Quadern, sondern Bruchgestein, das abtransportiert und zu Kalk gebrannt wird. In den Steinbrüchen aber, an denen wir vorüberkamen und die wie drohend über uns hingen, war meist die Hälfte einer Halde abgetragen, so daß ein Steilhang zurückblieb. Da der

Winkel einer Halde per Definition gleich dem Winkel des restlichen darin befindlichen Materials ist, stellte dieser Steilhang eine tödliche Bedrohung dar. Woraus sich leicht folgern läßt, daß diese Art des Abbaus lebensgefährlich ist. An manchen Stellen sah man Arbeiter ganz oben an der Halde herumwerkeln, direkt unter dem senkrecht abfallenden Fels. Es ist anzunehmen, daß sie ihr Handwerk verstanden, aber an den Spuren der Blöcke, die sich aus dem Steilhang gelöst hatten, ließ sich unschwer ablesen, daß diese Tätigkeit nicht mehr und nicht weniger als eine Art russisches Roulette war.

So taten sie denn ihre Arbeit. Eine steinige Gegend, alles, was recht ist. Die weißen Felsen fallen steil bis zum östlichen Ufer ab, und am Westufer spucken die Kalköfen dicke Rauchwolken aus, die über den Himmel ziehen und ihn verdunkeln. Aber, ob mit, ob ohne Rauch, die strahlendweißen Klippen auf der einen, die strahlendweißen Uferbefestigungen auf der anderen Seite blenden derart, daß man im Umsehen Kopfweh davon bekommt. Es war geradezu eine Erleichterung, als das falbe Tier, wie ich die Wüste getauft hatte, sich vom Wasser zurückzog und wir wieder über eine lange Strecke an schilfigen Ufern vorbeituckerten. Hier und da standen die üblichen windschiefen Lehmhütten, am Westufer aber tauchten jetzt die Einmündungen der Kanäle auf, die – womöglich bis Kairo – neben dem Fluß herlaufen oder ins Faiyum abbiegen. Auf dieser Strecke sahen wir gebrannte Ziegel nur für einen Verwendungszweck. Immer, wenn am Westufer die großen Schleusentore eines Bewässerungskanals auftauchten, stand daneben ein *Haus* – keine Hütte - für den Schleusenwärter. Für einen Mann seines Standes waren offenbar nur Ziegelsteine gut genug. Hier aber wurde ein Aspekt des modernen Ägyptens deutlich. Die gebrannten Ziegel sind ebenso krumm und schief geschichtet wie die Lehmziegel der Fellachen – weit und breit keine lotrechte Linie. Hat der Ägypter von heute noch nie etwas vom rechten Winkel gehört? Dabei waren seine Vorfahren die ersten, die das Wesen des rechtwinkligen Dreiecks erforschten. Heutzutage scheint es im ganzen Land kein Winkelmaß, kein Senkblei zu geben.

Ich hatte mir eingebildet, wir wären zumindest für eine Weile die Arabische Wüste los, aber ich hatte mich kaum an die Sumpflandschaft gewöhnt, da schlich das falbe Tier wieder herbei, setzte zum Sprung an – und schon säumten abermals Felsen das Ufer, die allerdings jetzt ein anderes Gesicht zeigten. Während vorhin, bei den weißen Klippen und Steinbrüchen, das Gestein rein von der Größe und vom Gewicht her dominant gewesen war, hatte man ihm an dieser Stelle übel mitgespielt. Deutlich war hier zu sehen, was die Erde in erhabenem Gleichmut an Verwerfungen und Horstbildungen zu vollbringen vermag. Die obersten vierhundert Meter jenes mit Schlamm, Sand und Steinen gefüllten Cañons, den wir heute als das Niltal kennen, waren auf dieser Strecke in schier unglaublicher Weise umgekrempelt. Der Abschnitt nördlich von Maragha ist mitten in einer heftig-titanischen Bewegung erstarrt. Die Schichten, die in den Steinbrüchen waagerecht gelegen und durch ihr ragendes Gewicht so bedrohlich gewirkt hatten, waren hier hochgeschleudert und zusammengeknüllt wie Papier. Ungezählte Millionen Tonnen liegen da, als habe der Sekretär des Weltenschöpfers sie sich vorgenommen in der Absicht, sie ordentlich aufeinanderzustapeln – nur, um sie dann in einem plötzlichen Entschluß hinzuwerfen, sich daraufzusetzen oder sie zu zerdrücken. Auch Feuer – jetzt gelöscht oder erstickt – hatte hier einstmals gewütet, denn dunklere Eruptivgesteinsschichten hatten sich aufspritzend zwischen den weißen Kalkstein geschoben, waren in dieser Lage abgekühlt und erstarrt. Dieses Gestein hat der Erosion widerstanden und ragt noch immer messerklingenscharf gen Himmel. Hier und da waren, ehe der Cañon sich gefüllt hatte, gewaltige Stücke abgebrochen und vornübergestürzt. Ihre unbegrabenen Gipfel erheben sich als Hügel, Burgen, Forts aus der Ebene; die eigenartig-unnatürlichen Formationen fordern die topographische Benennung nach Spukerscheinungen, Zauberern, Teufeln und Afrits (den Geistern der Wüste) förmlich heraus. Einer dieser dunklen Vulkanfelsen befindet sich mitten im Fluß, nahe dem Ostufer. Als wir vorbeifuhren, lag er wegen des niedrigen Wasserstandes auf dem

Trockenen: eine Reihe gefährlicher Kauwerkzeuge, zwischen denen noch eine zermalmte Feluke hing.

So birgt denn selbst dieser scheinbar sanfte Strom Gefahren. Doch hier begannen wieder die Untiefen, und der Fluß wimmelte plötzlich von Nilbooten. Gerade als es aussah, als habe nun endgültig die Wüste die Oberhand gewonnen, war diese dramatischste Strecke des Nils zwischen Alexandria und Assuan zu Ende, und wir tuckerten wieder gemächlich zwischen niedrigen Uferdämmen oder kleinen Klippen aus braunem Lehm dahin. Über uns wölbte sich, ungetrübt vom Rauch der Kalk- und Ziegelbrennereien, ein weiter blauer Himmel mit einem sehr nahen Horizont. Die lehmigen Ufer waren so anfällig, daß man zum Schutz des Fahrwassers Haufen von schmutzigweißem Kalkstein wie Stacks und Buhnen in den Strom hineingebaut hatte. An den Uferdämmen zogen sich parallele Linien hin, die ich für Flutmarken hielt, für Sediment, Jahr für Jahr angeschwemmt und durch die allmähliche Verlagerung des Flußbettes von West nach Ost ans Licht gebracht. Allerdings war die Entfernung zwischen den einzelnen Marken sehr groß, es erschien mir ungewöhnlich, daß der Fluß jedes Jahr so viel Sediment mitführte. Daß es Ablagerungen waren, stand andererseits fest; weit und breit war kein Stein, kein Kiesel zu sehen. Auf den Uferdämmen standen jetzt alle paar hundert Meter Traktoren, durch dicke Rohre mit dem Fluß verbunden. Ungeachtet dieser Mechanisierung kamen die Frauen noch immer bis ans Ufer hinunter und schöpften Wasser in metallene oder tönerne Krüge, als gezieme es sich nicht, aus reiner Bequemlichkeit von dem althergebrachten Brauch zu lassen. Ich sah eine höchstens Sechsjährige, die, einen Krug spielerisch auf dem Kopf balancierend, einer Reihe von Karyatiden folgte. Wir befanden uns jetzt auf der Höhe meines geliebten Oxyrhynchos, aber der Ort lag fünfzehn Kilometer jenseits der Felder im Binnenland und war somit unerreichbar. Das Westufer prangte in herrlicher Fruchtbarkeit: Bohnen, trocknender Mais und Klee. Feigenbäume säumten die lehmigen Ufer oder verbargen sie ganz. Wildenten zogen in V- und Fächerformation vorüber.

Alaa und Rushdie setzten sich ins Heck und musizierten. Wenn die arabische Musik ein gutes Thema am Wickel hat, läßt sie es so schnell nicht wieder los. Die ersten drei Töne der *Three Blind Mice**, aber in Moll, lieferten Material für eine gute halbe Stunde. Rushdie bedachte jede Wiederholung mit einer schmükkenden kleinen »Arabeske«, aber die Klänge wirkten dennoch hypnotisch. Und sehr gedämpft.

Ich war in meinen Überlegungen gerade so weit gekommen, daß die Riefen am lehmigen Ufer nichts anderes sein konnten als Überschwemmungsmarken aus der Zeit vor dem Hochdamm, da kamen wir plötzlich an einer Reihe schräg verlaufender Riefen vorbei, die demnach unmöglich Ablagerungen sein konnten. Eine Synkline? Kreuzschichtungen? Verschwommen erinnerte, vielleicht nie ganz verstandene Begriffe spukten mir im Kopf herum. Klar war jedenfalls, daß das Flußufer sich nicht so ohne weiteres dem Forschertrieb eines Laien erschließen würde. Ebenso klar war, daß dieser scheinbare Lehm härter als normaler Lehm sein mußte. Ich taufte ihn »Lehmstein« und stellte meine Erkundungstätigkeit zunächst ein.

Dann zeigte sich, daß *force majeure* – sprich Shasli samt Besatzung –, nach einer in mir unverständlichem Arabisch abgehaltenen Beratung, uns abermals zum Anlegen weit vor Anbruch der Dunkelheit zwang. Ich machte Alaa Vorhaltungen, doch der erklärte, zwischen hier und El Minya gäbe es keine andere geeignete Anlegemöglichkeit, überall sonst sei es zu einsam. Einsam? Wer oder was konnte uns schon gefährlich werden? Wir hatten am Westufer festgemacht, aber soweit ich sehen oder mit Hilfe der Karte feststellen konnte, nicht an einem bestimmten Ort, allerdings in Gesellschaft etlicher Motorgüterschiffe und Schubverbände. Ich verbeugte mich vor dem *Reis* oder Wachmann des Nachbarschiffs, der sich mit einem würdevollen Marinegruß revanchierte. Warum eigentlich Marine? Ich erkannte jetzt, als wir nah genug herangekommen waren und uns nicht mehr bewegten, daß meine Lehmsteinstreifen mit

* Englischer Kanon; beginnt auf d – e – c. (Anm. d. Übers.)

Öffnungen übersät und getüpfelt waren, vor denen im mandarinfarbenen Licht des Sonnenuntergangs Vogelschwärme herumschwirrten. Wenn es keine Mauersegler waren, mußten es Schwalben sein. Einen Moment wünschte ich, frustriert und gefangen auf diesem langsamen Boot, ich könnte mit ihnen nach Europa ziehen. Die Libysche Wüste war noch nicht in Sicht, aber die Arabische Wüste hatte sich vor dem dunkelnden Himmel wieder im Binnenland zusammengeduckt. Einer ihrer Buckel, ich wußte nicht welcher, war der *Dilel Afrit*, und das hieß wohl »Teufelsschwanz«. Spukte es auf dieser Strecke, fanden sich aus Gespensterfurcht des Nachts die Boote hier zusammen?

Ich ging unter Deck, wo ich allerdings weder vor der Konservenmusik der *Hani* sicher war, noch vor den Geräuschen, die von den anderen Booten zu uns drangen. Ich blieb unten und setzte mich an mein Tagebuch, während Ann an Deck ging, gut geschützt gegen die Kälte und sonstige Gefährdungen – Geister, Getier und Gesellen vom Fluß. Anhand der Karte versuchte ich festzustellen, wo wir wann sein würden, und konstatierte, daß wir bei unserem derzeitigen Tempo höchstens die Hälfte unseres Programms würden bewältigen können.

Gleich darauf kam Ann wieder herunter.

»Auf dem Boot nebenan rauchen zwei eine Wasserpfeife«, sagte sie. »Die mußt du dir ansehen.«

»Warum?«

»Sie sind total hinüber.«

Das war exotisch und praktisch King's Road-Niveau. Ich ging auf Deck, aber die beiden hatten wohl einen Tip bekommen und sich unter Hinterlassung eines schwachen, süßlichwidrigen Geruchs verflüchtigt. Immerhin gab es Licht, auf einigen Booten hingen nackte Birnen an Deck. Alaa kam fragen, wieviel Geld ich bei mir hätte. Ich sagte es ihm, und er äußerte, das müßte eigentlich reichen. Dann ging er über mehrere Bootsdecks hinweg an Land und verschwand in der dunklen Landschaft.

Ich blieb, wo ich war, dann fiel mir plötzlich etwas ein. Ich ging zum Bug und schaute in den Nil hinunter. Hier war das

Wasser unbeweglich. Wegen der aufgelaufenen und vertäuten Fahrzeuge, vielleicht auch aufgrund der Uferstruktur herrschte praktisch keine Strömung. Im Licht der hier und da im Bootsgewirr hängenden nackten Glühbirnen konnte ich die Wasserfläche gut erkennen. Zu behaupten, daß sie kochte oder siedete, wäre eine Übertreibung gewesen, deutlich sichtbar aber war ein dichtes Muster ineinandergehender Kreise, Kräuselungen, Kränzchen und Kringel, man hatte den Eindruck, daß ein Schwarm kleiner Fische sich an dicht über dem Wasser schwirrenden Insekten oder im Wasser herumhängenden oder -schwimmenden Larven gütlich tat. Zum ersten Mal wurde mir gewissermaßen Einblick in das Privatleben des Nils, in die Beschaffenheit seines Wassers im Ruhezustand, gewährt. Daß ich viel Freude daran gehabt hätte, kann ich nicht sagen; aber inwieweit erklärte sich mein Ekel aus der schlechten Reputation des Flusses? Nachdrücklich wird den Touristen eingeschärft, kein Nilwasser zu trinken und nicht im Nil zu baden. Dabei sieht das Wasser in der Strömung allenfalls ein bißchen trübe aus. Aber in Ufernähe, dort, wo keine Strömung ist? Oder in kleinen, stehenden Seitenkanälen? Eben! Ich hatte mittlerweile – ich zählte es an den Fingern ab – Leute in den Nil spucken und darin ihr großes und kleines Geschäft verrichten sehen, hatte beobachtet, wie Leute an denselben Lehmufern im Wasser standen, sich wuschen und tranken, und vor meinen Augen hatte eine Mutter mit einer Dose Nilwasser geschöpft und es ihrem Kleinkind zu trinken gegeben. Aber man sieht ja, wie es ihnen geht, den armen, unbedarften Geschöpfen, dachte ich. Je nun, gar so schlecht schien es ihnen denn doch nicht zu gehen. Der Mediziner mochte es anders beurteilen, aber für den Blick des Laien gab es keinen Unterschied zwischen diesen Männern und Frauen, diesen fröhlichen, quirligen Kindern und ihren europäischen Gegenstücken, die mit Wasser aus dem Wasserwerk groß wurden. Vielleicht lagen die Lahmen, Blinden und Bresthaften ja auch irgendwo in einer windschiefen Lehmhütte oder fröstelten unter Maisstrohdächern. Die Kraft, bis ans Ufer zu kommen und sich den neugierigen Blicken der vorüberziehenden Europäer auszusetzen, war wohl an sich schon ein Zeichen von Gesundheit. Im übrigen würden Generationen vergehen, bis diese Menschen, die ihr Leben am Fluß verbrachten, es gelernt hatten, nur das Wasser aus den Tiefbrunnen oder den Wasseraufbereitungsanlagen zu trinken. Ich konnte mir inzwischen nur aufatmend in Erinnerung rufen, daß wir selbst Mineralwasser tranken und diese üble Suppe mit ihren Kreisen und Kringeln nicht anrührten. Ich blickte in die Runde und sah nach oben. Am Firmament leuchteten Legionen von Sternen und sonstigen himmlischen Heerscharen, aber die Luft war kalt.

Ich ging wieder nach unten. Ann hatte sich schon hingelegt und las. Es gab nichts zu tun, nichts anzusehen. Ich legte mich ebenfalls in die Koje und meditierte über Geologie, Astronomie, Anthropologie, Theologie, Zoologie, Parasitologie, über die intestinale Fauna und Flora Ägyptens mit ihren Klauen und Zähnen. Das Buch, das zu schreiben ich versprochen hatte – wo war seine Mitte, wo sein Sinn?

Die Heimat schien sehr, sehr fern.

4 In dieser Nacht waren wir zu weit von einer Moschee entfernt, als daß uns der Chor der Muezzins beim Anbruch der Dämmerung hätte wecken können. Dennoch wachte ich auf, als hätte ich auf ihren Ruf gewartet. Es war etwa fünf, die Temperatur noch niedriger als in der vergangenen Nacht. Ich kleidete mich im Dunkeln an, packte mich warm ein und ging an Deck. Eine kalte Brise, scharf abgegrenzt von der übrigen Luft, zog zwischen den Booten dahin. Auf dem Wasser lag ein ganz leichter Dunstschleier. Wir hätten genausogut an der winterlichen Themse liegen können. Müßig suchte ich nach einem Hinweis darauf, daß wir in der Tat in Ägyptenland weilten, aber ich suchte vergebens. Einen Unterschied zwischen den Leichtern auf dem Nil und den in Europa üblichen Motorschiffen hätte nur ein Fachmann ausmachen können. Endlich, als sich in einem Hauch von Licht die Höhenzüge der Arabischen Wüste abzuzeichnen begannen, entdeckte ich das einzige sichere Anzeichen dafür, daß wir uns jenseits des Mittelmeers befanden. Auf dem Lehmdamm über den Schwalbennestern saß ein Fellache; vermutlich hatte er die ganze Nacht dort gesessen. Er hockte im Schneidersitz, aber das konnte man nur vermuten. So gewohnt war ihm diese Haltung, daß er an der Taille wie abgeschnitten schien. Kein Europäer hätte ihm das nachmachen können.

Unvermittelt wurde das Licht zum Tag, der Dunst verging. Drei Tage waren wir jetzt schon unterwegs und hatten nichts gesehen, nichts erlebt. Was mir blieb, war der Fluß, aus allernächster Nähe gesehen, ein Fluß, der nicht breiter war als die Themse – denn seine Länge fiel ja für mich nicht ins Gewicht. Wen interessieren schon Ziegeleien und Steinbrüche? Selbst die stattliche Kette der Pyramiden, die sich südlich von Gise bis zur Meidum-Pyramide am Ausgang des Faiyum hinzieht, hatten uns die hohen Uferböschungen, die häßlichen Kairoer Vororte vorenthalten, indes wir uns in unserem schlecht bestückten Boot mühsam gen Süden quälten. Es wurde Zeit, daß wir vorankamen. Gereizt und möglichst lautstark polterte ich auf Deck herum. Eine Weile tat sich gar nichts. Dann tauchte *Reis* Shasli auf, und zwar nicht auf unserem Boot, sondern auf einem der längsseits liegenden Leichter, auf dem er offenbar bei einem seiner zahlreichen Nilkollegen zu Gast gewesen war. Ich gestikulierte heftig, um ihm Beine zu machen und ihn ins Ruderhaus zu scheuchen. Er reagierte zunächst mit mißbilligenden, dann mit beschwichtigenden Bewegungen und begab sich in der Würde seiner wehenden Gewänder zum Heck, um sich dort zu erleichtern. Wer muß, der muß. Ich drehte ihm – Folge lebenslanger Konditionierung – den Rücken zu.

Um viertel vor sieben sprang der Motor an. Um viertel nach sieben brachte uns Rushdie Tee in die Kabine, und Alaa stattete uns einen Besuch ab. Ich machte ihm Vorhaltungen wegen der vertrödelten Zeit, aber er wischte meine Einwände vom Tisch.

»Sie machen Pläne«, sagte er. »Es ist sinnlos, Pläne zu machen. Was geschehen soll, wird geschehen.«

»Da habe ich ja wohl auch noch ein Wörtchen mitzureden.«

Es war eine Konfrontation, nicht so sehr von Ost und West, als vielmehr von Nord und Süd. Der Süden trug den Sieg davon. Alaa machte beschwichtigende Bewegungen. Dann: »Heute ist doch Freitag.«

Natürlich. Der Freitag für die Moslems, der Sonntag für die Christen. Hatten wir einen Juden an Bord? Dann war auch der Samstag verloren. Viertagewoche. Durch eines unserer Fenster sah ich Said bei der Verrichtung seiner religiösen Übungen, den Rumpf in der Luft, die Stirn auf Deck. Es stand zu hoffen, daß er wußte, in welcher Richtung Mekka lag. Ich wußte es nicht.

»Außerdem«, fuhr Alaa fort, »kommen wir sowieso nicht weiter als bis Minya. Die Leute brauchen Zeit, um die Wasserpumpe auseinanderzunehmen und Ersatzteile zu besorgen. So eine Pumpe läßt sich nicht hetzen.«

»Der Rhythmus des Nils.«

»Ja«, meinte Alaa angenehm überrascht. »Sie sagen es.«

Wir kamen jetzt durch Bananenland; Bananen und Zuckerrohr. Offenbar war der Freitag ein Tag der Muße oder noch größerer Muße für die Bevölkerung, denn an den Flußufern herrschte lebhafter Betrieb. Nach und nach kamen die bunten Gewänder in Sicht, die man – oder besser gesagt, die ich – mit Mittel- und Oberägypten assoziierte: Grelles Nylon, Elektrikgrün, Orange, knalliges Rot. Auch die Hautfarbe wurde allgemein dunkler und näherte sich allmählich dem Pechschwarz der Nubier. Dunklere Haut dämpft die schreienden Farben, wenn ich auch nicht zu sagen wüßte, warum das so ist. Auf jeden Fall scheinen sie angemessen.

So kamen wir nach El Minya oder kurzerhand Minya geheißen. Ich hatte den Ort vor Jahren von Land her gesehen, wir hatten dort sogar übernachtet, aber die Uferstraße war voller Staub und Getümmel, während ich von damals eine relativ wohlgeordnete Stadt in Erinnerung hatte. Hier wimmelte es von Booten auf dem Strom, vor allem Fähren, denn auch Minya besitzt den Stumpf einer unvollendeten Brücke, an der jahrelang herumgebaut worden ist. An der Uferstraße, über deren Hang sich Mengen von Schutt ergossen haben, stehen zwei Moscheen und eine christliche Kirche. Wieder machten wir an der Station der Flußpolizei fest, die sich nur durch die Uniformen und die schmutzige »Takelung« der anderen Dienstgrade von der übrigen Bevölkerung unterschied. Auch hier schob ein Posten mit blinkender MPi Wache. Wir lagen noch nicht fünf Minuten fest, als die gesamte Besatzung, einschließlich Alaa, an Land gegangen war. Nur Said blieb an Bord, warf, ohne sich zu übereilen, eine transportable Pumpe an und leerte unsere Bilge. Wir saßen tatenlos herum. Als uns das zu langweilig wurde, gingen wir einmal über die Uferstraße. Die Fähren pendelten emsig hin und her, immer voll besetzt und bis auf ein paar Zentimeter unter dem Dollbord beladen.

Wir saßen weiter herum.

Die Sonne ging in staubigem Karminrot hinter den Minaretten unter. Während die Dämmerung aus allen Ritzen quoll und rasch den Fluß verschlang, kam unsere Besatzung zurück. In

Minya gab es keine Ersatzteile für die Pumpe. Jemand mußte mit dem Zug zurück nach Kairo.

Teilnahmslos sah ich zu, wie Said, der Nubier, vom Boot zum Bahnhof expediert wurde. Die Besatzung hatte die Bodenbretter in der Messe aufgenommen und die Pumpe zerlegt, um gleich anfangen zu können, wenn die Ersatzteile eintrafen. Falls sie eintrafen.

»Wir haben nach Minya eine volle Tagesfahrt vor uns«, sagte Alaa. »Shasli weigert sich, unsere nächste Station – Asyut – anzusteuern, wenn damit zu rechnen ist, daß wir unterwegs anlegen müssen.«

»Warum eigentlich? Wir haben gestern abend doch auch nicht an einer Ortschaft festgemacht?«

»Shasli sagt, auf einer bestimmten Strecke möchte er über Nacht nicht liegen. Wegen der Piraten.«

»Ist das Ihr Ernst?«

»Seiner schon.«

Da wir sowieso nicht weiterkonnten, beschloß ich, zwei Tage in Minya zu bleiben und die Zeit zu Besichtigungen und Erkundungen zu nutzen. Ann fühlte sich nicht recht wohl, ich würde sie auf dem Boot lassen müssen. Alaa erzählte, daß er sich mit dem Referenten des Kulturdirektors für das Gouvernat Minya in Verbindung gesetzt hatte. Den Direktor selbst hatte er nicht sprechen können, er war schon nach Hause gegangen, und der Referent hatte sich nicht getraut, ihn dort anzurufen.

Ein Mitglied der Besatzung nach dem anderen ging an Land, und wir blieben allein. Ich setzte mich wieder einmal an mein Tagebuch. Während wir hier ahnungslos, sprachlos, motorlos festlagen, stellte ich die armselige Liste der Dinge zusammen, die ich gesehen hatte. Der Flußverlauf war an diesem Tage abwechslungsreicher gewesen – Sumpfland und die Wüste, Dörfer, Steilhänge, Steinbrüche. Hier hatten wir nun den lebhaften Fährbetrieb von Minya vor Augen, dahinter meilenweit die Höhenzüge der Wüste, aus denen alle paar hundert Meter Gipfel aus härterem Gestein herausragten. Dazwischen war der Fels in sanften Rundungen ausgewaschen. War dies nun doch der Dilel

Afrit? Ich hatte die Felsformationen noch von unserem ersten Besuch her in Erinnerung. Wir waren bei Anbruch der Dämmerung in Kairo losgefahren und so früh in Minya angekommen, daß eine Übernachtung nicht gelohnt hätte. Aber auf dem Rückweg hatten wir dort haltgemacht und im Lotus Hotel übernachtet. In dem Restaurant im obersten Stockwerk hatten wir Tee getrunken, eben diese Felsen betrachtet und darüber gesprochen, daß es reizvoll sein müßte, in den Felsvorsprüngen nach Knochen, Krügen und Feuerstein zu suchen. Bestimmt haben schon unsere prähistorischen Vorfahren diese Vorsprünge genutzt, sagten wir. Aber jetzt waren wir den Bergen um etliche Kilometer näher und erkannten, daß die Vorsprünge Hunderte von Metern hoch und völlig unzugänglich waren. Damals hatten wir in dem winzigen Schwarzweißfernseher eine stundenlange Sadatrede verfolgt. Er redete und redete, und wir trauten schließlich unseren wenigen arabischen Vokabeln nicht mehr – denn es hörte sich an, als treibe er die Russen zum Tempel hinaus. Wir mußten uns getäuscht haben. Aber wir hatten uns nicht getäuscht. Es war ein Triumph für Sadat, für unsere paar arabischen Brocken und unser wohl nicht unbeträchtliches Talent, einfach treffsicher zu raten.

Jetzt waren wir zur Zerstreuung auf den Fährbetrieb angewiesen. Zweistöckige Barkassen tuckerten hin und her. Es gab auch eine größere Fähre zur Beförderung von Personen- und Lastwagen, aber die hatte »vorübergehend« den Betrieb eingestellt. Auch ein Dutzend Segelboote brachten Passagiere von einem Ufer zum anderen, sie waren derart überfüllt, daß es ein wahres Wunder war, wenn der Wellenschlag vorüberfahrender Motorschiffe sie nicht zum Kentern brachte. Außerdem wurde hier vor unseren Augen laufend das Große Ägyptische Mysterienspiel in Szene gesetzt, das da heißt: Wie ein Menschenauflauf entsteht. In Ägypten entsteht er aus dem Nichts – es läßt sich nicht anders sagen. Eben noch ist alles wie ausgestorben, im nächsten Moment stoßen zwei Autos zusammen, eine Ladung Gemüse fällt von einem Lastwagen, ein Kind schlägt sich das Knie auf... Man verliert die Beteiligten aus den Augen, weil sie inzwischen von einer zehn Reihen tiefen Menschenmenge umgeben sind. Gegenüber von uns, am anderen Ufer, befand sich ein Landesteg. Meist lag er verlassen da, doch kaum legte ein Segelboot mit seiner Fracht an, kaum war die eine Menge richtig draußen, da wimmelte es auf dem Landesteg von Passagieren, die auf die Überfahrt warteten. Nie setzte ein Segel- oder Motorboot leer über den Fluß, und doch sah man nie Menschen auf dem Landesteg – bis auf die hektischen zwei Minuten des Ein- und Aussteigens. Ich besah mir das Wasser unter unserem Kiel. Es kam mir besonders trüb vor, und ich überlegte, ob das Auswirkungen der Stadt waren. Die Kutscher hatten ihre armen Klepper in den Fluß getrieben wie in die Schwemme und waren ihnen dann gefolgt, um sie zu putzen. Die Frage drängte sich auf, ob die Pferde sich dort neue Krankheiten einhandelten oder nur neue gegen alte eintauschten.

Mit Einbruch der Dämmerung regte sich auf dem Wasser nichts mehr, nur ein großes Hotelschiff versuchte, an der Corniche anzulegen, mußte aber wegen des niedrigen Wasserstandes fünfzig Meter vor dem Ufer Anker werfen. Bei Nacht reckte sich der Stumpf der unvollendeten Brücke hundert Meter südlich von uns in seltsam klagender Gebärde gen Himmel, als halte schierer Schmerz ihn in dieser Stellung fest. Ich saß herum. Ann lag in ihrer Koje, versuchte ein bißchen zu schlafen und erschauerte hin und wieder. Die Besatzung kam zurück, warf den Generator an, und es ward Licht vom Steven bis zum Heck. Rushdie machte uns etwas zu essen und braute den bitteren ägyptischen Kaffee. Allmählich kamen wir dahinter, was es mit den ägyptischen Mahlzeiten auf sich hat. Sie sind keine Feste, aber gleichwohl beweglich. Wir aßen, wie es sich gerade ergab. Immerhin hatte Alaas Polizeichef-Schreiben wieder einmal Wirkung gezeigt; ein Stromkabel kam an Bord, das uns an die Uferbeleuchtung anschloß. Es folgte ein Schlauch, der unsere Tanks mit kristallklarem Wasser aus dem Wasserturm versorgte, ein zweiter Schlauch lieferte Treibstoff. Eine höhere Charge der Flußpolizei, ein noch sehr junger Mann in kolossal schneidiger Khakiuniform, kam an Bord und salutierte in die

Runde. Auch Alaa kam zurück und berichtete, er habe den Kulturdirektor nicht erreicht und würde es gleich morgen früh noch einmal versuchen. Essen und Kaffee waren ausgezeichnet. Es gelang mir, Tagesdecken für unsere Koje aufzutreiben, mit deren Hilfe sich die Kleiderhaufen auf unserer einzigen Schlafdecke besser festmachen ließen. Warum ich nicht auf die naheliegende Lösung kam, zusätzliche Decken zu kaufen, weiß ich nicht. Irgendwie hatte man wohl Hemmungen, da die Besatzung sich so viel primitiver behelfen mußte.

Da wir den Strom umsonst von Land bekamen, ließen wir unseren Generator die Nacht über durchlaufen, und das Boot wurde fast wärmer, als uns lieb war. Ich schlief so gut wie gar nicht, aber in der Wärme fühlte man sich so behaglich, daß es mir überhaupt nichts ausmachte.

Sogar der Morgenchor, der von den Minaretten scholl, schien mir besser bei Stimme und wirkte so beruhigend, daß ich danach dann doch noch Schlaf fand. Ann fühlte sich wieder wohler.

Nach dem Frühstück meldete sich Alaa zurück. Er hatte mit dem Kulturdirektor gesprochen, und der hatte seinem Referenten die Hammelbeine von Minya bis Khartum langgezogen, weil er Alaa hatte warten lassen. El Minya stand uns offen. Gegen Mittag erschien der Direktor, Ahmed El-Sherif, in eigener Person. Morgen würde er uns zu einer Audienz beim Generalsekretär des Gouverneurs der Provinz El Minya begleiten. Der Gouverneur weilte bedauerlicherweise zur Zeit in Kairo, gewiß hätte es ihm die größte Freude bereitet, uns den Ort zu Füßen zu legen. Hier aber habe er nun eine Assistentin mitgebracht, Madame X, Dolmetscherin und Fremdenführerin im Rang eines Sergeant bei der Touristenpolizei. Madame X sei des Französischen mächtig, wir brauchten nur zu sagen, was wir zu sehen wünschten. Ann entschuldigte sich mit Unpäßlichkeit, wir anderen zogen los.

Am sehenswertesten sind die Grabstätten südlich von Beni Hassan am anderen Nilufer. Wir fuhren durch die Stadt hindurch auf die Hauptstraße. Unterwegs hielten wir an, um einen Mameluckenpalast zu besichtigen, in dem jetzt Mietwohnungen entstanden waren. Es war ein kunstreicher Bau mit Marmorhöfen, Patios und Galerien in großer Zahl, von winzigen Lädchen umgeben. Dann fuhren wir etwa zwanzig Kilometer in südlicher Richtung durch Zuckerrohrpflanzungen an einem Kanal entlang. Ich sah auf den Kanal, bis er für mich etwas ganz Gewöhnliches geworden war. Ein Kanal, was weiter ... Müßig fragte ich Alaa, was für ein Kanal das denn sei, und er erwiderte, es sei der Bahr Yusuf. Das verdroß mich – mag man mich deswegen auch einen unvernünftigen Griesgram schelten. Denn dieser Josephskanal, so behaupten Leute wie ich, die eine gute Geschichte höher schätzen als buchstabengetreue historische Genauigkeit (was immer man darunter verstehen mag), sei eben jener Kanal, den Joseph – der mit dem bunten Rock – für den Pharao baute. Allgemein dagegen heißt es, dies sei gar nicht der Kanal des biblischen, sondern eines viel späteren Joseph. Hat man je etwas Dümmeres gehört? Schon ehe ich ihn gesehen hatte, stand für mich fest, daß der Kanal, wenn er denn schon nicht der des biblischen Joseph war, zumindest den gleichen Verlauf haben mußte. Ein Kanal wird immer an der günstigsten Stelle angelegt, spätere Ausführungen wären demnach lediglich Rekonstruktionen des Originals. Ich hatte mir von dem Anblick des Bahr Yusuf einen ehrfürchtigen Schauer versprochen! Jetzt aber hatte ich ihn schon seit zwanzig Kilometern vor Augen und ihn dadurch gewissermaßen entzaubert; der erwartete Schauer blieb gänzlich aus.

Dennoch ist, so meine ich, Josephs Kanal als ein Werk der menschlichen Phantasie größer, eindrucksvoller und kühner als die Pyramiden. Am Westufer des Nils, Kairo gegenüber, lag – liegt – ein dreißig bis vierzig Quadratkilometer großes Becken, das Faiyum. Schon unter den frühesten Pharaonen entstand die Idee, einen Überschuß an Wasser aus der Nilschwelle in dieses Becken zu leiten und es später – und das ist das Geniale an der Sache! –, wenn einmal eine Überschwemmung zu wenig Wasser gebracht hatte, wieder in den Nil zurückfließen zu lassen. Diese Verbindung zwischen Fluß und Faiyum konnte bei Kairo nicht geschaffen werden. Aus naheliegenden hydrostatischen Gründen mußte der Nil Hunderte von Kilometern weiter südlich angezapft werden, um das Gefälle des Kanals nicht zu steil verlaufen zu lassen und die Wassermassen beherrschen zu können. Da ist er nun also, dieser Kanal, von der Länge, der gewaltigen Ausdehnung und von der phantasievollen Konzeption her überaus eindrucksvoll; da war er nun also, ein Kanal wie jeder andere, so daß ich Mühe hatte mir klarzumachen, was ich da vor mir sah: Josephs künstlichen Fluß (seinen Kornspeichern ebenbürtig), der aus dem Faiyum den ersten von Menschenhand geschaffenen See gemacht hatte.

Wir wandten uns nach links, überquerten den Kanal und fuhren durch üppiges Fruchtland zum Fluß zurück. Es gibt kaum etwas, was in Minya nicht gedeiht. Der Prospekt zählt Zuckerrohr und Baumwolle auf, Sojabohnen, Knoblauch, Zwiebeln, Gemüse aller Art, Tomaten, Kartoffeln und Trauben, ich selbst entdeckte darüber hinaus noch Klee und Weizen. Die Felder sahen so viel besser aus als die Häuser! Viele imposante oder imposant sein wollende Ziegelbauten stehen unvollendet in der Gegend herum. An manchen Stellen aber war sogar brachliegendes, unkrautüberwuchertes Land zu sehen, etwas Unerhörtes für Ägyptens seit urdenklichen Zeiten größten Schatz. Als ich danach fragte, gewann ich eine der wenigen wertvollen Erkenntnisse, die mir aus Minya geblieben sind. Offenbar verlassen die Fellachen scharenweise das Land. In den Baumwoll- und Zuckerfabriken ist der Verdienst besser, so daß es nicht mehr genug Arbeitskräfte für die Felder gibt. Die Zurückgebliebenen fordern so hohe Löhne, daß die »Landbesitzer sie einfach nicht mehr zahlen können«. Schlimmer noch – aus staatlicher Sicht – ist es, daß die Fellachen, wenn sie können, in reichere arabische Länder abwandern, wo sie die Schmutzarbeit auf den Ölfeldern und dergleichen verrichten. Später kommen sie dann mit einem kleinen Kapital zurück und brauchen sich nicht mehr wie früher mit der Hacke zu plagen, sondern können ein Lädchen oder sonst ein Kleinstunternehmen betreiben.

Und das hat zur Folge, sagte Alaa, daß die Preise für Lebensmittel ständig steigen, so daß sich heutzutage nur noch die relativ Wohlhabenden einigermaßen vernünftig ernähren können. Und dann, so sagte er, gibt es *Ärger*.

»Ärger?«

»Unruhen.«

»Hoffentlich nicht in jüngster Zeit?«

»Vor ein, zwei Monaten.«

In dem Dorf Abu Qurgas, das unser Ziel war, leben überwiegend koptische Christen. Ich sah einen kleinen Platz, wohl einen Friedhof, mit unversehrten Kreuzen aus Metall; bei den Holzkreuzen fehlten überall die Querbalken.

Wir gingen zur Fähre hinunter; den Motor hatte, wie sich herausstellte, vor vierzig oder fünfzig Jahren mein Schwager gebaut, was mich vollends in einen tagtraumähnlichen Zustand versetzte. Die Fähre tuckerte vierhundert Meter stromab, törnte hinter einer Insel ein und stieß an das gegenüberliegende Ufer. Es war steil, wir mußten springen. Ein riesiges Touristenschiff war ein paar hundert Meter weiter festgemacht, es schien verlassen. Durch Buschwerk und Sand kamen wir zu einem erhöhten Fußweg, der wieder durch üppiges Fruchtland führte, vielleicht das üppigste Stück Land, das ich bisher gesehen hatte. Ein Stück weiter stand eine Pumpe, die dieses Gebiet großzügig mit Wasser versorgte. Das halbe Dutzend grüner, mit Bohnen und Gemüse bepflanzter Felder durchzogen die herkömmlichen Bewässerungsgräben, auf kleinster Fläche hatte man hier das System vor Augen, das die Pharaonen oder ihre Wesire ersonnen hatten. Dicht an dicht stehende Dattelpalmen schirmten das Areal ab; es atmete Kühle. Ein kleines Feld stand ganz unter Wasser, nur grüne Spitzen schauten hervor. Große weiße Vögel pickten im Wasser und auf den Böschungen herum: der Heilige Ibis, *Ami des Paysans*, Freund der Bauern. Im Zuge meiner »Recherchen« zog ich genauere Erkundigungen ein und erfuhr, daß die Zahl der Ibisse schwindet. Schuld ist der zunehmende Einsatz von Insektiziden. Auch hier, in diesem kleinen Paradies!

Der Fußweg führte zu einem Rasthaus und dann in immer steilerem Anstieg durch die Wüste. Wir kamen zum Fuß einer felsigen Höhe, jenem falben Tier, das uns seit Kairo belauerte und auch weiterhin in unserer Nähe bleiben würde. Der Weg führte steil nach oben, alle paar hundert Meter waren sogenannte »Eselstritte« vorgesehen, die breiter, aber nicht höher als normale Stufen im Fels waren. Die Grabstätten, die ich besichtigen wollte – oder vielmehr die Grabstätten, die zu besichtigen man mir verordnet hatte – waren als eckige schwarze Öffnungen hoch oben am Berg zu sehen. Wir kletterten mühsam hinan, rasteten auf Bänken, die vorsorglich auf halber Höhe bereitgestellt waren, nahmen all unsere Kraft zusammen und erreichten glücklich den ebenen Weg, der sich an den Gräbern entlangzieht. Die Touristengruppe hatte die Besichtigung soeben beendet und war schon auf dem Rückweg zu ihrem sonnenbeschienenen Schiff, das in der klaren Luft wie ein perfektes Modell seiner selbst wirkte. Die Gräber sind von großer Bedeutung für Ägyptologen, weil sie Aufschluß über die Verhältnisse in einer unruhigen Periode der altägyptischen Geschichte geben. Den Laien allerdings beeindrucken sie weniger als die Grabstätten in Luxor oder im Tal der Könige. Sie stammen aus dem Mittleren Reich und sind mit Darstellungen der verschiedensten weltlichen Begebenheiten ausgemalt. Die Farben sind nicht so leuchtend wie Abbildungen erwarten lassen, aber die Sujets sind wirklich interessant, und die Altertümerverwaltung hat sich in Zusammenarbeit mit der Provinz Minya viel Mühe mit den Grabstätten gegeben – und mit den Touristen auch ; man hat nämlich die Grabschächte mit Sand und Kies auffüllen lassen, um jene nicht zu gefährden.

Hier nun ergriff Madame X das Wort. In langen Jahren fremdenführerischer Betätigung hatten die immer gleichbleibenden Auslassungen der Guten – sie konnte wohl nichts dafür – eine gewisse Eintönigkeit angenommen und wirkten, besonders auch durch den leichten Hall in der Gruft, ebenso einschläfernd wie informativ. Sie sprach ein sehr ägyptisches Französisch, und als sie fertig war, wiederholte sie das Ganze für die übrigen Mitglieder der Gruppe auf Arabisch. Ich hatte den französischen Vortrag mit pflichtschuldigem Nicken begleitet. Draußen vor dem besonnten Eingang sah man jetzt die Touristen den Berg hinunterklettern. Unten wartete das Touristenschiff ersichtlich darauf, daß ein Kind ihm einen Schubs gab oder es anpustete, damit es in Bewegung geriet wie ein richtiger ausgewachsener Dampfer. Das Stromlinienprinzip war hier voll verwirklicht, der Rumpf ganz aus Glas und Metall, ungebrochen die Monotonie aus Glas, Metall, Glas. Und plötzlich wußte ich, wie grundfalsch dies war, eine Modetorheit, nichts weiter, genau wie diese albern-windschnittigen Autos, die dadurch höchstens ein Prozent an Mehrleistung gewinnen. Dies war ein Binnenschiff auf einer schmalen Wasserstraße, das keine Stürme zu bestehen, nicht gegen Brecher, allenfalls gegen Wellchen anzukämpfen hatte und dessen größte Belästigung die Bugwelle eines Schwesternschiffes war. Warum hatte man dann nicht mehr Phantasie darauf verwendet, es zu einer Barke gemacht, würdig der Kleopatra oder einer ganzen Schar internationaler Kleopatras, ein Prachtgefährt in Gold, Rot und Purpur? Und schrie nicht dieses viele Glas nach Blumenkästen vor jedem Fenster, duftenden Büschen auf allen Aufbauten?

Ich kam mit einem Ruck wieder zu mir, als ich merkte, daß ich eifrig zu der arabischen Fassung genickt hatte, die für alle anderen, nur nicht für mich gedacht war. Zum Schluß stellte ich mit aller Vorsicht eine intelligente Frage, um darzutun, daß ich den Ausführungen durchaus geistig zu folgen vermochte, doch ein böser Verdacht drängte sich mir auf. War ich vielleicht ein *Philister*, über den Schumann* nur den Kopf geschüttelt hätte? Oder hätte er vielleicht über die Gräber den Kopf geschüttelt? So übel waren sie denn doch nicht. Die Gruft, in der wir standen, war – wie man früher von Büchern zu sagen pflegte – reich illustriert, und zwar mit Darstellungen der verschiedensten Kriegskünste. Man hat aus diesen Bildern geschlossen, daß der örtliche Großgrundbesitzer über so etwas wie eine Privatarmee verfügt haben muß ... etcetera etcetera. Bei so viel Ägyptologie

* Robert Schumann (1810–1856), deutscher Komponist, führte in seinen Schriften wie in seinen Kompositionen einen energischen Kampf gegen das Philistertum. (Anm. d. Übers.)

ist es nur dumm, daß man oftmals auf Vermutungen angewiesen ist, denn handfeste Beweise sind rar. Die Indizien sind fast immer äußerst dürftig, und da eine Kette immer nur so stark ist wie ihr schwächstes Glied ...

Madame X befleißigte sich abermals des Französischen, und ich nickte nunmehr wieder legitim. Im Vergleich zu dem strahlenden Nachmittag draußen wirkte das Grab frostig. Beim Nicken gewann ich eine betrübliche Erkenntnis. Eine Ahnung davon war mir schon vor zehn Jahren gekommen, hier aber wurde sie zur Gewißheit: Für einen Nichtarchäologen ist ein bebildertes Buch über eine Grabstätte fesselnder als die trostlose Felsengruft selbst. Es gibt da – etwa bei den Pyramiden – das Primärerlebnis, mit der Hand an den Stein zu rühren und zu wissen: *Ich bin hier!* Ansonsten ist am interessantesten immer das Unerwartete und der unvorhergesehene Begleitumstand eines unerwarteten Ereignisses. Immerhin – interessant waren die Kriegskünste schon, und die kompromißlose Weltlichkeit des Grabes war durchaus sehenswert.

Wir traten hinaus in die Sonne und begannen den Abstieg. Die Touristen drängten bereits an Bord ihres stromlinienförmigen Superschiffes, *Canopus* vielleicht oder *Ramses*. Wir setzten mit der Fähre über und fuhren an meinem alten Freund, dem Bahr Yusuf, entlang nach Minya zurück. Auf dem Boot fand ich eine einigermaßen wiederhergestellte Ann vor, sie hatte eine Flußskizze gemacht, die sie später ausarbeiten wollte. Für den Abend hatten wir eine Einladung in den Kulturpalast, wo man Tee kredenzte und uns vorzeigte. Fast den größten Eindruck bei diesem Besuch machte uns, wie fließend nicht nur die Mitarbeiter des Amtes, sondern auch die uns vorgestellten Studenten das Englische beherrschten. Wir verabschiedeten uns, warfen noch einen kurzen Blick auf das Lotus Hotel, in dem wir seinerzeit übernachtet hatten, und gingen zurück zum Boot. Alaa setzte sich ein wenig zu uns. Er erläuterte einen Punkt, der bisher nicht hinreichend klargeworden war. Wenn die Fellachen Ägyptenland verlassen, ist das nicht so sehr Auswanderung als vielmehr Flucht. Praktisch – wenn auch nicht streng juristisch – sind sie an die Scholle gebunden. Minya ist ein beliebter Ausgangspunkt für Landflüchtige, Untertaucher, Illegale. Von hier führen Wüstenpisten nach Westen, zu den Oasen. Für den, der ernsthaft weg will und bereit ist, eine gewisse Summe dafür aufzubringen, gibt es Geheimwege von den Oasen bis nach Libyen. Transportmittel ist der Landrover oder das Kamel; Begegnungen mit der Polizei des einen oder anderen Landes sind tunlichst zu vermeiden. Von Minya aus gibt es fast so etwas wie eine »Untergrundschleuse« nach Libyen, dem Land mit dem treffenden homerischen Attribut »ölreich«. Die ägyptisch-libysche Grenze ist seit Jahren offiziell geschlossen, über diese Verkehrswege wird deshalb nicht groß geredet.

Said, unser Nubier, war aus Kairo zurück und hatte tatsächlich die Ersatzteile für die Wasserpumpe aufgetrieben, aber er fühlte sich nicht wohl. Ich bat darum, mein Bedauern über seine zwiefache Reise von unserer Kabine zum Vorschiff zu übermitteln. Es lag mir daran, daß Said mich nicht mit Fisher von Fisher's Island oder mit den von ihm gehaßten Engländern in einen Topf warf. Ich war wohl ein bißchen servil. Er würde das Passende sagen, meinte Alaa. Was er tatsächlich gesagt hat, habe ich nie erfahren.

Immerhin war dieser Tag besser verlaufen. Ich – und in Grenzen auch Ann – hatten etwas unternehmen können. Wir waren dem Nilgraben entstiegen, unser Interesse war geweckt. Auch an diesem Abend lief der Generator lange, das ganze Boot war warm. Die Sterne, die wir durch die Vorhangspalten unseres Heckfensters sahen, funkelten, wie es in allen besseren Reisebeschreibungen über Ägypten heißt, in zauberhafter Schönheit. Aus lauter Glück über diesen Anblick versuchte ich, die Augen offen zu halten, aber es wollte mir nicht gelingen.

5 Der nächste Tag verlief sehr gemischt, die Ereignisse waren nicht so sehr inkompatibel als auf unterschiedliche Menschen mit unterschiedlichen Interessen zugeschnitten. Daß ich mich für alles interessierte, würde das Buch mit mangelnder Kohärenz büßen müssen. Der Kulturdirektor holte uns am frühen Vormittag ab, der Weg führte an der Uferstraße entlang, und ich nahm an, unser unmittelbares Ziel sei der Sitz der Provinzregierung, aber dem war nicht so! Mit der Front zur Uferstraße, und diese überragend, stand ein großer Verkaufskiosk – oder wenn man so will ein kleines Ladengeschäft –, bis auf den letzten Winkel vollgestopft mit Reiseandenken. Wir hätten dort eine Galabiya und einen Turban erstehen können, übrigens nicht die schlechteste Anschaffung für das dortige Klima, und nur durch Phantasiemangel im Verein mit Ehrerbietung vor der Landestracht läßt es sich erklären, daß der Westler nach wie vor seinen Schritt in Hosen und Unterhosen zwängt. Auch Nachbildungen aller berühmten ägyptischen *objets* hätten wir kaufen können, wobei es sich natürlich nicht so sehr um Ägyptisches als vielmehr Altägyptisches handelte. Die treffendste Kennzeichnung für diese Gegenstände liefert das Adjektiv »pharoni«, eine Neuschöpfung für alles Pharaonische. Ob eine Plastikkopie von Narners Schminkpalette, ob ein 12 cm hoher hölzener El Sheik – die Parole heißt *pharoni*. Das mit Abstand beliebteste Sujet ist der Kopf der Nofretete. Ohne ihre Anmut wäre diese Person ausgesprochen penetrant. Wäre sie nicht so wunderschön ... aber dann ist die Frage: Hätte es sie überhaupt geben müssen? In diesem Verkaufskiosk freilich wirkte sie nicht schön und anmutig, sondern nur monoton, *ad nauseam*, *ad infinitum*, in Bronze, Messing, Kupfer, Eisen, Zinn, Blei, Alabaster, Plastik, Sandstein, Granit, Ton und Stickerei. Mit am schlimmsten, am häßlichsten, am meisten an »Gruß aus Rams-

gate« erinnernd, war ein zur Vase ausgehöhlter Bambusabschnitt, geziert mit ein paar Hieroglyphen und dem unvermeidlichen Kopf der Nofretete in Brandmalerei.

Auch einige moderne Nachbildungen von »Pharoni«-Bildern aus echtem Papyrus wurden angeboten. Man muß wohl »echt« sagen, denn das Kultusministerium hat – löblicherweise, wie ich meine – bei Kairo Papyrus anpflanzen lassen, aus dessen Stengeln genau nach den alten Verfahren nun wieder das Papier der Antike hergestellt wird. Die Qualität ist gut, der Anblick von hohem erzieherischen Wert für Kinder, obschon die bunten Bilder meist weniger authentisch als eklektisch sind. Merkwürdigerweise erwartete man offenbar von uns, daß wir etwas kauften. Nun ja, warum nicht, schließlich hatten wir kostenlos Sprit und Strom bekommen. Ich hatte ein Auge auf ein recht preiswertes Pasticcio von Enten im Achetatonstil geworfen, weil es erstens ein hübsches Bild, zweitens – des Papyrus halber – ein geeignetes Mitbringsel für die Enkel war und weil man drittens – wenn man denn unbedingt etwas kaufen mußte – heutzutage, im Zeitalter der Flugtouristik, genötigt ist, seine Wahl nicht nur nach Wert, sondern auch nach Gewicht zu treffen. Als ich aber die Hand danach ausstreckte, raunte Alaa mir zu, der Generaldirektor würde uns zweifelsohne im Namen des Gouvernats Papyrus schenken, es sei deshalb wohl am besten, die Finger von dem Bild zu lassen. Wir entschieden uns dann für Tonbüsten des Echnaton und der Nofretete, die erträglich aussahen, nicht allzu gewichtig und notfalls leicht beiseite zu schaffen waren. Wir bargen diese in unserem Gewand und begaben uns nunmehr tatsächlich zum Sitz der Regierung, eskortiert von Soldaten, die ebenso abgerissen aussahen wie ihre Kollegen von der Flußpolizei. Sie machten einen lustlosen Ansatz, das Gewehr zu präsentieren, besannen sich dann aber anders oder brachten es nicht fertig und gaben schnell wieder auf. Wir traten ein. Im Erdgeschoß fielen mehrere leuchtendbunte Karten von Neu-Minya ins Auge – wo immer das sein mochte. Man brachte uns zum Generalsekretär, einem höchst eindrucksvollen Herrn, bei dessen Anblick unserem Alaa die ägyptischen Glieder schlottern mochten – in einer Furcht, die so alt ist wie die Pharaonen. Die Situation hatte durchaus etwas »pharoni«haftes. Kein Zweifel, hier wurden Macht und Obrigkeit zelebriert. Der Generalsekretär bat uns, Platz zu nehmen, ließ Tee kommen, fertigte routiniert etliche vorherige Bittsteller ab und fragte, was er für uns tun könne. Worauf sich natürlich nur sagen ließ, daß die ihm Unterstellten bereits alles Erdenkliche für uns getan hätten, daß wir von Güte und Großmut des Gouvernats Minya überwältigt seien etcetera etcetera. Das waren wir ja nun wirklich, aber ich neigte dazu, es zu übertreiben. Seit ich nolens volens mit Großen dieser Erde Umgang pflege, leide ich an einer gewissen Vollmundigkeit des Ausdrucks, die ich *Nobelitis* getauft habe. Es ist dies ein Schwulst, der zwangsläufig entsteht, wenn Leute, die das Gefühl haben, mehr als sich selbst zu repräsentieren, als Repräsentanten nicht nur des eigenen Ich behandelt werden. Der Generalsekretär und ich bedienten uns, da wir beide an *Nobelitis* oder einer Blähsucht des Ego litten, nunmehr des *Nobelsprech*. Das Gouvernement Minya war hochgeehrt, und ich war hochgeehrt. Das Gouvernement konnte gar nicht genug betonen, wie ... und was ... und ich hinwiederum schätzte mich aufs äußerste ... etcetera etcetera.

Allmählich erreichten wir wieder Bodennähe. Gab es möglicherweise irgendeine Frage, die ich ihm zu stellen wünschte? In der Tat! Ich wüßte gern etwas über Minyas Zukunftspläne. Damit hatte ich einen glücklichen Griff getan. Ich hatte die Brücke gesehen, nicht wahr? Nach ihrer Fertigstellung – es fehlten nur noch der Brückenpfeiler am anderen Ufer und der Mittelteil – war ein unmittelbarer und müheloser Zugang zum anderen Ufer gegeben. Dort sollte Neu-Minya entstehen, das im Lauf der Zeit ebenso groß und wohlhabend werden würde wie Alt-Minya, der Ort, in dem wir uns zur Zeit befanden. Auch die Wüste würde man nutzen. Ich hatte die Wüste am anderen Ufer gesehen, nicht wahr? Versuche waren bereits im Gange, Anlaufschwierigkeiten würden bald überwunden sein. Dann würde man über ein Verfahren verfügen, Bausteine aus Sand zu fertigen; man würde nicht mehr genötigt sein, den fruchtbaren

Boden aus dem Tal zu Baumaterial zu verarbeiten, sondern konnte ihn zum Ackerbau nutzen. Ob bereits Bausteine aus Sand gefertigt worden seien, wollte ich wissen. Noch nicht, aber in aller Kürze, mit Sicherheit ... Er verbreitete sich des längeren zu diesem Thema. Schließlich erbat er meine Kritik. Was hatte mich gestört an dem, was ich gesehen hatte? Man lege größten Wert auf konstruktive Kritik. Ich erwiderte in fließendem *Nobelsprech*, daß wir Gäste in seinem Land seien und nicht kritisieren, sondern nur Dank für empfangene Gastfreundschaft aussprechen wollten. Er flehte mich an, etwas Negatives vorzubringen. Endlich bemerkte ich zögernd, mir sei eine gewisse – ja, wie sage ich es nur –, eine gewisse Säumigkeit bei der Ausführung von Projekten aufgefallen. Ich hätte so viele unvollendet gebliebene Häuser gesehen und auch Land, kostbares Land, das nicht optimal genutzt worden sei.

Wie wahr, leider nur zu wahr. Es sei ein großes Problem, bestätigte der Generalsekretär. Ich wüßte vielleicht, daß die Fellachen, alles in allem rechtschaffene Leute, aber nicht intelligent, nein, in der Tat nicht, derart exorbitante Lohnforderungen stellten, daß die Grundbesitzer sie nicht mehr zu erfüllen vermochten. Die Landwirtschaft sei dadurch unwirtschaftlich geworden. Er persönlich kenne viele Leute, die ihren Familienbesitz nicht mehr hatten halten können und genötigt gewesen waren, sich kleinere Häuser zu bauen. Wahrlich ein Trauerspiel. Einige von ihnen seien, wie ich so treffend bemerkt hatte, nicht einmal in der Lage gewesen, diese kleineren Häuser fertigzustellen. Was sollte aus so einem Volk werden?

Wir wollten seine kostbare Zeit nicht länger in Anspruch nehmen. Wir erhoben uns. Er erhob sich. Wir seien, so sprach er, Gäste des Staates, er bäte uns deshalb, als Zeichen seiner Hochachtung und Bewunderung diese Kleinigkeiten als Andenken an eine hocherfreuliche Begegnung anzunehmen. Er klatschte in die Hände. Ein Akoluth trat vor. Der Generalsekretär ließ sich von ihm ein Papyrusbild für Ann reichen, die hochbeglückt war, während ich, meinerseits hochbeglückt, eine Bambusvase zum Geschenk erhielt, auf der in Brandmalerei der Kopf der Nofretete prangte. Wir verbeugten uns mit unseren Gaben und zogen uns zurück.

Der Minibus brachte uns wieder zum Boot, wo Ann mit ihren Farbtuben unter Deck verschwand. Wir anderen machten uns auf den Weg zum Reich des Ketzerkönigs Echnaton. In dem Minibus saßen jetzt ich, der Direktor, Madame X, Sergeant der Touristenpolizei, und zwei junge Männer von literarischem Aussehen, die mit Notizblöcken und Stiften bewaffnet waren. Wieder fuhren wir am Bahr Yusuf entlang, aber diesmal viel weiter, bis zur Grenze der Provinz Minya. Unterwegs nahmen mich die beiden jungen Männer ins Verhör. Ich war einigermaßen konsterniert über diese unerwartete Entwicklung. Ich hatte mich darauf vorbereitet, Fragen zu stellen, statt dessen erwartete man Antworten von mir. Dann aber gab ich so gewissenhaft wie möglich Bescheid auf tausendfach zuvor gestellte Fragen.

Schließlich kamen wir nach Deir Mawas am Nil. Während wir auf die Fähre warteten, stellte sich heraus, daß einer Bitte von mir entsprochen worden war: Ich sollte das Haus eines »armen Fellachen« besichtigen. Freilich hatte ich – in einer großspurigen, aber gutgemeinten soziologischen Geste – den Wunsch geäußert, das einfache Volk kennenzulernen. Jetzt aber, da der Augenkontakt unmittelbar bevorstand, war mir die Sache peinlich, ich kam mir wie ein Schwindler vor. Warum?

Unser Gastgeber und seine Ehefrau waren gut aussehende Menschen von stiller Würde. Sie hießen mich in einer Art willkommen, die meine Befangenheit noch vertiefte.

»Sie sind sehr arm«, sagte Alaa. »Das ist der Vater, das die Mutter, das der Bauernsohn. Der Sohn, der hiergeblieben ist, um das Land zu bestellen. Der ältere Sohn studiert.«

Der Wohnbereich war ein unregelmäßig geformter, dachloser Hof.

An der Mauer lagen Haufen von Zuckerrohr, in einer Nische stand »nur« ein Schwarzweißfernseher (und allein die Tatsache, daß es kein Farbfernseher war, zeigte ja deutlich, wie bettelarm sie waren), auf dessen Schirm ein Gesicht – ich glaube, es war das von Präsident Mubarak – lautlos den Mund auf- und zumachte. Die Familie bat mich ins Schlafzimmer. Es enthielt drei riesige Betten und sonst nichts. Was kann man von einem Schlafzimmer mehr verlangen? Einer Eingebung folgend fragte ich nach Enkeln. Das kam gut an. Sie dröselten den Stammbaum über drei Generationen für mich auf. Im Hof befand sich ein hohes, säulenartiges Etwas, nicht freistehend, sondern zwischen den Zuckerrohrhaufen an der Wand befestigt, etwa so groß wie die voluminösen Lagergefäße im Palast von Knossos, allerdings anders in der Form. Der Vater – oder vielmehr der Großvater, wie ich jetzt wußte – bückte sich, als er mein Interesse sah, und holte eine Handvoll Korn aus einer Öffnung an der Basis. Ich besah es mit weiser Miene, nickte und schüttelte sämtliche Hände. Die reizende alte Dame – sie muß etwa in meinem Alter gewesen sein – zerschmetterte mich vollends, indem sie mir die Hand küßte. Dann waren wir zu meiner großen Erleichterung wieder draußen, und mir ging endgültig auf, wie schwierig, ja, wie unmöglich es sein würde, eine andere Rolle zu spielen als die eines mit diversen Sonderrechten ausgestatteten Touristen. Und ich überlegte, wie dreist und gottesfürchtig all diese Journalisten sein mußten, die sich im Fernsehen mit intimen Einblicken in Hütten und Familienverhältnisse und Erklärungen für alles und jedes produzierten. Ich ging davon, die beiden jungen Männer mit gezückten Bleistiften immer hinterher.

Ein anderer Fellache hatte inzwischen heftig auf Alaa eingeredet, der mich einigermaßen belustigt fragte: »Hätten Sie Lust, eine kleine private Zuckerfabrik zu besichtigen?«

Ja, sagte ich trotzig und zu Alaas Verwunderung, dazu hätte ich schon Lust. Also machten wir uns wieder auf den Weg, vorbei an den weiß gekalkten Lehmhütten mit ihren windschiefen Winkeln – o dieser kunstvoll-urdenkliche Winkel! –, durch Staub und getrockneten Mist und Stroh und Zuckerrohrstengel, flankiert von Kinderscharen, Ziegen und Wasserbüffeln. In einem offenen Hof stand eine Maschine mit rasselnden Rädern und klappernden Riemen, die oben einen Falltrichter hatte, wie die Techniker das wohl nennen. Zwei Mann füllten Zuckerrohr in den Trichter, das die Maschine unverzüglich zerkaute. Ich bekam ein Stück Zuckerrohr in die Hand gedrückt, wußte aber nicht, was ich damit anfangen sollte. Alaa kaute so eifrig wie die Maschine, nur mit dem Unterschied, daß die weit größere Bissen bewältigte. Zuckerrohr hat einen Durchmesser von etwa zweieinhalb Zentimetern, und mir fielen die Figuren eines Kinderbuchs ein (war es *Die Schweizer Familie Robinson*?), die begeistert von dem sämig herunterrinnenden Saft gewesen waren, also biß ich zu und hätte mir fast die Zähne ausgebrochen. Ein Rohr ist ein Rohr ist ein Rohr, und aus Zuckerrohr könnte man Spazierstöcke machen. Wir kamen in einen zweiten mehr oder weniger offenen Hof, in dem eine Höllenglut herrschte. Hier stand ein halbes Dutzend dampfender Bottiche, die Öffnungen nur eine knappe Handbreit über Bodenhöhe, von denen Arbeiter mit langen Kellen den Schaum schöpften. Unter uns brannten Feuer, der Boden fühlte sich heiß an. Säcke mit Kalk zum Reinigen des Rohsaftes standen bereit. Ich bekam je ein Tellerchen mit Saft aus den einzelnen Bottichen. Widerlich süß waren natürlich alle, aber der Übergang von Grob zu Fein war merklich. Ich nickte eifrig. Auf dem letzten Teller befand sich eine leimige Masse, die man mich zu kosten drängte und die natürlich Melasse war. Melasse, übersetzte Alaa, sei das Endprodukt dieser kleinen Fabrik. Man lagere sie in irdenen Gefäßen und schicke sie zum Raffinieren in ein größeres Werk. Melasse aber sei ein Wundermittel, wie Gelée Royal. Ich spendete der schwitzenden Gesellschaft durch Händeklatschen Beifall – wie eine sowjetische Delegation – und konnte nur hoffen, daß die Geste hinreichend wohlwollendes Interesse und Anerkennung zum Ausdruck brachte. Dann zog ich von dannen, in Begleitung meines Gefolges und einer Traube von Kindern, die sich diese Schau nicht hatten entgehen lassen.

Wir gingen zur Fähre hinunter, einer Feluke, wie ich zu meiner großen Freude sah. Segeln hat etwas unaussprechlich Beglückendes an sich, und das kommt wohl daher, daß man sich – mag man es auch völlig anders formulieren – unmittelbar einer der gewaltigen Urkräfte der Natur bedient und zeitweilig bewußt in die Natur eingeht. Bei ruhigem Wetter und leichter Brise ist die sanfte Bewegung unbeschreiblich schön, und ich wollte mich gerade dem Genuß dieser Mußestunde hingeben, als mich die beiden jungen Männer in die Mitte nahmen und literarische Fragen zu stellen begannen. Es war nicht einfach, sich vom Nil in ein Seminar zurückzuversetzen, aber ich tat mein Bestes, das so unvorbereitet freilich wohl doch nicht gut genug war. Dieser Fall des »betrogenen Betrügers« stimmte mich doch sehr nachdenklich. Die Fellachen am Westufer regten sich vermutlich noch immer darüber auf, daß ich sie bei der Arbeit gestört hatte. Und ich saß da, verkleidet als Gastschriftsteller, gondelte von einem Nilufer zum anderen und war genötigt, Meinungen über Zeitgenossen zum besten zu geben. Es war sozusagen eine gerechte Strafe, es war lästig, und es war sehr komisch.

Am anderen Ufer lag Achetaton, der Ort, den Echnaton, der Ketzer-Pharao, sich erwählte, nachdem er den Staub Thebens von den Füßen geschüttelt hatte. Die Ebene wird begrenzt durch eine Krümmung des falben Wüstengebirges, an dem der Nil liegt wie eine Sehne am Bogen. Vom Fluß aus sieht man nur Grün: Palmen, Akazien und das Fruchtland am Wasser. Der Tag war, so überlegte ich, aus dem Ruder gelaufen. Es würde schwer halten, die Erfahrungen der Zuckerraffinierie, des reisenden Seminars und Achetatons unter einen Hut zu bekommen. Wir erklommen eine Böschung, sie schien zu einem ausgetrockneten Kanal zu gehören, der ins Binnenland führte. Vor einer kleinen Gruppe von Häusern hielt eine Art ungefederter Kremser, vor den ein Traktor gespannt war. Unsere Gruppe kletterte hinein, und der Traktor setzte sich mit Tempo Zehn in Bewegung. Wir kamen durch einen Ort mit seltsam leeren Häusern, und dann brach die Ebene mit all ihrer spektakulären Dürre über uns herein. Es ist wirklich, als sei ein Gott mit seinem Feuerhauch darüber hingegangen. Über viele Quadratkilometer ist nicht ein einziges Fleckchen Grün zu sehen, die Farbe wechselt nur zwischen dem weißlichen Gelb des Sandes und dem gelblichen Braun des Gesteins. Vor uns, wenige Kilometer im Inneren dieser wüstesten aller Wüsten, lag der Höhenzug. Ein Pfad führte bis zu der Reihe viereckig-schwarzer Öffnungen auf halber Höhe. Doch selbst der Traktor konnte ihn kaum bewältigen. Ein Personenwagen wäre darauf keinen Meter weit gekommen. Der Kremser schien sich die meiste Zeit in der Luft zu befinden, nur alle zehn, zwölf Zentimeter gab es Bodenberührung, mit einem heftig knallenden Geräusch, das einem durch Mark und Bein ging. Unsere Körper wurden bei jedem Knall zehn Zentimeter von den Holzsitzen geschleudert, indessen aber ging die Fragerei unentwegt weiter. In der Luft schwebend hörte ich die gebrüllte Frage: »Wie stehen Sie zu Virginia Woolf?« Das war zu viel. Ich brach in rüdes, aber unbremsbares Gelächter aus, versuchte eine Erklärung, gab es aber schließlich auf, indes wir unsere Brownsche Bewegung* fortsetzten. Wie scheußlich, ein Molekül zu sein! Ich fürchte, es ist kein besonders gelungenes Interview geworden, aber das war nicht allein meine Schuld. Nach etwa drei Kilometern hielt der Kremser am Fuß des Höhenzuges. Eine Verwechslung mit Beni Hassan wäre entschuldbar gewesen: Der gleiche umsichtig angelegte Aufstieg mit den Eselstritten und Ruhesitzen für die Müden oder Geschlagenen, am Ziel die gleiche Reihe von Öffnungen, die gleiche Reisegesellschaft, die den Rückweg antrat, während wir ankamen. Abermals ergriff Madame X das Wort, während wir zuhörten und nickten.

Freilich gab es hier durchaus etwas zu sehen. Die Geschichte Echnatons ist bekanntlich die des Konflikts zweier Götter – des Amun und des Aton. Der Ketzer Echnaton versuchte, die Verehrung der Sonnenscheibe zu popularisieren, ja, mit Gewalt durchzusetzen, aber nach seinem Tod trugen die Kräfte des Amun den Sieg davon, so daß beispielsweise aus Tutenchaton der uns vertraute Tutenchamun wurde. All dies ist, seit Echna-

* *Brownsche Bewegung*, 1827 von dem engl. Botaniker R. Brown entdeckte, eigentümlich zitternde Bewegung kleiner Teilchen in einer Flüssigkeit, die auf der Wärmebewegung der Flüssigkeitsmoleküle beruht. (Anm. d. Übers.)

ton – ich weiß nicht von wem – als erstes Individuum der Weltgeschichte dargestellt wurde, durch hundert Romane zu volkstümlichem Allgemeingut geworden. Als ägyptisches Sujet für den Romancier hat er Moses und den Pharao des Exodus fast völlig verdrängt. Hier aber konnte man mit eigenen Augen sehen, welch wilde Leidenschaften dieser ferne Konflikt ausgelöst hatte, und empfand ihn dadurch als hautnah und aktuell. Denn die Priester des Amun hatten alle Hinweise auf Echnaton und auf seine Königin, die arme, überproduzierte Nofretete, aus dem Fels meißeln lassen. Man spürte Hammer und Meißel gleichsam in den eigenen Händen. Gewissenhaft hatten sie die Umrisse dieser eigenartigen Gestalten entleert, und zwar so gründlich, daß der Meißel durch den Gips gedrungen war und den festen Kalkstein darunter geritzt hatte. So hatten sie etwas verewigt, was ohne ihr Zutun im Lauf der Zeit verblaßt wäre. Hier und da, ganz weit oben oder ganz weit unten, war ihnen etwas entgangen, eine Hand etwa oder einige Strahlen des gemalten Sonnensymbols mit den lebenspendenden Händen.

Ich wußte, daß sich in den letzten Jahren ein Umschwung oder zumindest ein Umdenken zuungunsten Echnatons vollzogen hatte. Während er zunächst als erhabener Monotheist, als Mystiker und religiöses Genie gedeutet worden war, hieß es jetzt, er sei ein Diktator gewesen und habe von seinem Gott, dem Aton, der körperlichen Sonnenscheibe, eine rein materielle Vorstellung gehabt. Man glaubte, er habe sich auch selbst zum Gott erhoben – was angesichts der anerkannten Stellung des Pharao nicht weiter Wunder nimmt – und habe erklärt, die Menschen könnten nur durch ihn zum Aton gelangen. Andererseits wußte ich, daß im vergangenen Jahr ein Text entdeckt worden war, in dessen angeblicher Übersetzung ausdrücklich auf eine geistige Realität hinter dem physischen Gegenstand hingewiesen wurde. Damit hätte Echnaton seinen Platz als originärer religiöser Denker zurückgewonnen – mehr Mystiker denn Politiker. Doch die Archäologie tut immer alles nur halb, und es schien wenig wahrscheinlich, daß ein einzelner neu aufgetauchter Text eine strittige Frage ein für allemal würde beantworten können. Ich wollte versuchen, mit dem Entdecker und Übersetzer des bewußten Textes in Luxor zu sprechen.

Madame X redete unentwegt, und unsere recht umfangreiche Gruppe stand herum. Ich dachte an Amun und Aton und überlegte, daß es zumindest mir schwergefallen wäre, mich für einen von beiden zu entscheiden – und dann wanderte mein Blick zufällig von dem, was vor uns lag, zu den Schatten in Deckennähe. Die großzügigen, lebenspendenden Hände langten noch immer nach unten, in diesem wundersamen Sinnbild göttlich-natürlichen Überflusses, und die einzelnen Strahlen führten von den Händen nach oben und nach außen zurück zu ihrem Ursprung. Irgend jemand aber hatte den Meißel genommen und gewissenhaft und systematisch die Sonne getilgt.

Die Sonne war blind.

Wer die Dinge eher eng sieht, kann natürlich einwenden, daß die Sonne Ägyptens nicht immer wohltut, in manchen Monaten zu meiden ist und Seuchen mit sich bringt. Nichtsdestoweniger haben die Ägypter in der Sonne immer die Licht- und Lebenspenderin gesehen, und wenn sie zuweilen tötet oder blendet, so muß man das einer Gottheit wohl zugute halten. Man denke an die Heilige Krankheit, die hin und wieder den Menschen befällt, an den Feigenbaum, der mit Dürre geschlagen, den Mann, der tot niedergestreckt wurde, weil er versucht hatte, die Lade Gottes festzuhalten! Hier aber hatte man einen Meißel tief in das Herz des Lebens gestoßen. Irgendwie hatte diese zerstörte, ausgestochene Sonnenscheibe den Streitpunkt Amun-Aton für mich endgültig entschieden. Sie kündete von Bigotterie, von Blasphemie und dunkel-grausamem Vorsatz, als hätten die Priester des Amun eine Schwarze Sonne verehrt.

Hintereinander kletterten wir über die Eselstritte wieder zu unserem Kremser hinunter und holperten abermals durch das öde und verlassen daliegende Achetaton zurück zum Dorf und zum Strom. Ich hatte mir immer gewünscht, einmal auf der südlichen Strecke des Ufers spazierenzugehen, auf Echnatons Königsweg, über den die seltsame Familie, König und Königin samt ihren kleinen Töchtern, in ihrer Kalesche am Wasser entlanggefahren waren, damals, als das Leben noch Lust für sie war. Als ich aber merkte, wie selbstverständlich es für alle war, daß wir jetzt, nachdem wir uns geziemend gebildet hatten, unverzüglich wieder in Richtung Heimat fahren würden, begriff ich, daß ich von meinen Weggefährten weder verlangen konnte, mich zu begleiten, noch auf mich zu warten. Wir setzten über, ich ließ weitere Fragen über mich ergehen und antwortete, soweit mir das möglich war. Von einer geplanten Schriftstellerkonferenz in Minya war die Rede, ich bedauerte, keine Zusage machen zu können, da der Termin noch in weiter Ferne lag.

Weit vor Minya machten wir halt, an einer diesmal sehr großen Zuckerraffinerie. Der Direktor ließ all seine Beziehungen spielen, um uns Einlaß zu verschaffen, und mußte einen Haufen Papier unterschreiben. Wir gingen zunächst in den Aufenthaltsraum. Er war leer, wenn man von einem riesigen Fernseher absah, auf dem ein Mensch ins Leere hinein lange Reden hielt. Dann erschien ein jüngerer Mann, bat uns Platz zu nehmen, setzte sich ebenfalls und fing an, Statistik abzusondern. Ägypten produzierte eine Million Tonnen Zucker pro Jahr. Das Unternehmen – ein Staatsbetrieb – hatte soundsoviele Mitarbeiter ... Auf dem Fernsehschirm hinter dem Kopf des Sprechers hatte eine neue Sendung begonnen: Ein Arzt verbreitete sich über Augenkrankheiten. Ich versuchte wegzusehen, aber es ging nicht. Die Fakten und Zahlen quollen weiter. Der junge Mann, der indessen gemerkt hatte, daß er gegen den Fernseher anredete, drehte den Ton weg und fuhr fort, seine Daten zu verströmen. Eine grausige Reihe von Augen in unterschiedlichen Stadien des Verfalls und der Auslöschung starrte mich über seine Schulter an. Dann standen wir alle auf und folgten dem jungen Mann, während die Augen sich weiter zur Schau stellten.

Die Fabrik war riesig und erstreckte sich über eine Fläche von mehreren Morgen. Statt des Fülltrichters in der kleinen Maschine von Abu Qurgas gab es hier eine gigantische Wanne. Eine ganze Lastwagenladung Zuckerrohr auf einen Schlag bewegte sich über eine Schräge nach oben, wurde in die Wanne geworfen und zerstoßen, es klang wie eine Dinosaurierfamilie beim Abendessen. Dann wurde das Rohr durch eine komplizierte Apparatur geschleust, die Hitze und Dampf und Krach und Gerassel und Geschmatz von sich gab. Wir bewegten uns aufwärts wie das Zuckerrohr und liefen hinter unserem Führer auf Laufgängen mit Gitterrost zwischen den Apparaturen herum, vorbei an Boilern und Bottichen und varikösen Rohrleitungen. Es war fast vierzig Grad heiß und feucht. Dann wurde uns mit erhobener Stimme ein weiterer junger Mann präsentiert, der Betriebsleiter, wie sich herausstellte. Er hatte ein ungewöhnliches, von Begeisterung, Leidenschaft oder Obsession ausgezehrtes Gesicht, in dem unversehrte Augen glühten, als schauten sie die eine, einzige Wahrheit, die es ohne Rücksicht auf Verluste zu künden galt. Der Gedanke schoß mir durch den Kopf, daß hier noch etwas von Echnaton herumgeisterte. Der junge Mann verzog keine Miene. Er packte mich beim Arm und führte mich tiefer in die Anlage hinein, im Schwung seiner Erklärungen englische Ausdrücke erfindend, wenn ihm nicht gleich das richtige Wort einfallen wollte. Hier kochte der Rohsaft, während man *das da* zufügte, wodurch man wiederum *jenes* ausfällte. Jetzt wurde der Rohsaft – nein, nicht bedampft (er betonte ausdrücklich, daß es kein Dampf war), sondern bedunstet. Ich möge bitte einen Blick auf die Anzeige werfen, bei der und der Temperatur. Hier kam der Kalk hinzu, dort hingegen ...

Es war einmalig und anrührend. Die Erklärung für sein Verhalten – wenn es denn eine gab – fand ich erst spät, weil sie auf den ersten Blick so unwahrscheinlich schien. Er trug Apparatur und Verfahren in sich, hatte die Fabrik verinnerlicht, war eins mit ihr geworden in seiner glühenden Leidenschaft. Er war nicht so sehr Techniker als vielmehr Raffinerie. So zog er mich weiter zwischen Dampfstrahlen und Hitzewellen von einem Bottich, blip, blip, zum nächsten, blop, blop, kühler wurde es und immer kühler, bis wir schließlich zu den großen Drehtrommeln kamen, aus denen, o Wunder, ein Strom weißer Kristalle fiel. Er griff mit den Händen in einen Sack und streckte mir hin, was durch seinen eigenen Körper eine so glitzernde Verwandlung erfahren hatte.

»Seht. Nehmt. Eßt.«

Wir bedankten uns und traten den Rückweg an, vorbei an Zuckerlagern, Maschinenteilen, alten, verlassenen Kesseln und Metallgebilden mit unbekannten Namen und unbekannter Funktion, durch verhallenden Lärm, abnehmende Hitze, bis uns das künstliche Licht der Fabrik wieder in das Licht der wahren Sonne entließ. Inzwischen war ich zum Umfallen müde und froh, unseren Minibus zu sehen, aber der Tag hatte sich noch immer nicht ganz verausgabt. Zunächst sah ich auf der anderen Seite des Kanals einen Mann an einem *shadouf*, dem primitiven Schöpfrad, das in ganz Ägypten allmählich durch Dieselmotoren verdrängt wird. Ein *shadouf* am Bahr Yusuf! Dann gab es – auch am anderen Ufer – eine Schmalspurbahn zu besichtigen, wenig später überholten wir dort einen Zug. Es war die Werksbahn der Zuckerfabrik, eine Lastwagenladung nach der anderen rollte hier vorbei, hochgetürmt, in so quellender Fülle, daß kleine Jungen nebenherliefen und Zuckerrohrstücke von den Loren zerrten. Der Minibus hielt, alle Fahrgäste außer mir stürzten hin und beteiligten sich an der Plünderung. Am meisten amüsierte sich der Zugführer über das tolle Treiben.

Und dann waren wir wieder an unserem Boot angelangt. Überschwenglich bedankte ich mich bei allen Beteiligten, bedankte und entschuldigte mich bei den jungen Männern und gab der Hoffnung Ausdruck, daß sie ihre Notizblöcke hinreichend hatten füllen können, und ging zum Boot hinunter, wo Ann, die gezeichnet hatte, mit ihrem Werk unzufrieden war. Material für mein Tagebuch hatte ich genug. Ich gab mir die größte Mühe, aber abgesehen von den Besonderheiten – dem Generalsekretär, den »armen« Fellachen, Echnaton, dem Betriebsleiter – schien alles, was ich schrieb, kaum der Mühe wert.

6 Ich hatte den Morgenchor der Muezzins nicht gehört und wachte erst auf, als um halb sieben der Motor ansprang. Bis ich angezogen war, hatten wir Minya hinter uns gelassen, und zwar in bemerkenswertem Tempo. Offenbar hatten wir dank der reparierten Wasserpumpe ein paar Knoten zugelegt. Rushdie, der Smutje, hatte inzwischen begriffen, daß wir, wenn möglich, gern zu festen Zeiten aßen. Wir bekamen deshalb gegen halb acht wirklich so etwas wie ein echtes Frühstück – Brot und Käse und Mineralwasser. Ich bat in meinem rudimentären Arabisch um Kaffee, der zwischen acht und neun eintraf. Kaum hatte ich ihn getrunken, als ich durch unser Heckfenster sah, daß schwarzer Rauch über dem Nil hing. Mein erster Gedanke war, daß wir gerade ein dringend der Entrußung bedürftiges Boot überholten. Mein zweiter, daß auf See, auf einem Fluß oder einem Kanal dieser erste immer der falsche Gedanke ist, denn der Fehler liegt unweigerlich beim eigenen Boot. Nun war dies – wie man mir mehr als deutlich klargemacht hatte – nicht mein Boot. Trotz und alledem ... Ich ging an Deck. Tatsächlich zogen wir vierhundert Meter schmierigschwarzen Rauch hinter uns her, der uns den Blick auf Minya nahm. Ich suchte mich in aufgeregter Zeichensprache Shasli in seinem Glaskasten verständlich zu machen, der aber lächelte nur und nickte. Unser Tempo war in der Tat beachtlich: Wir machten gute drei Viertel der uns angeblich zur Verfügung stehenden elf Knoten. Ich wandte mich in meiner Zeichensprache an Akhmet, unseren Maschinisten, der aber zuckte resigniert die Schultern und deutete nach oben – womit Shasli oder Allah oder beide gemeint sein konnten. Ich drehte mich um und besah mir unsere Rauchwolke, und in eben diesem Moment gab sie den Blick auf eine Polizeibarkasse frei, die Anstalten machte, uns zu überholen. Ich verfluchte diesen Trottel von Shasli. Mit

unserer Luftverschmutzung, dachte ich, hatten wir bestimmt gegen irgendwelche Flußvorschriften verstoßen. Doch während ich noch ungewöhnliche Worte zur Charakterisierung des Wakkeren fand, schlug meine Wut in Verblüffung um. In der Barkasse kniete der alte Said und schwenkte eine Handvoll Putzlappen.

Shasli nahm Tempo weg, der Rauch wurde dünner. Die Barkasse kam längsseits. Rushdie und Akhmet hievten den fröstelnden Said an Bord, die beiden Polizisten machten ihre Barkasse an einem unserer Belegklampen fest und folgten ihm in die Kajüte. Alaa erschien, und endlich kam Licht in die rätselhafte Angelegenheit. Said war in Minya an Land gegangen, um Putzlappen zu besorgen, und dort irgendwie abhanden gekommen. Als er glücklich wieder zur Polizeistation zurückgefunden hatte, waren wir weg. Da hatte er in seinem schlichten Glauben an die Wichtigkeit von Menschen, die eine Audienz bei einem ägyptischen Generalsekretär unbeschädigt überstanden haben, einfach in unserem Namen die Barkasse requiriert und sich an unsere Fersen geheftet. Die Barkasse war offen, der Morgen kühl, und all drei, Said und die beiden Polizisten, waren tüchtig durchgefroren. Sie würden bald wieder warm werden, sagte Alaa. Es war ja alles gut ausgegangen, und die Sache mit Faroz würde sich auch noch klären. Mir blieb schier das Herz stehen. Was war mit Faroz? Er hatte sich in Minya auf die Suche nach Said gemacht und ihn wohl verfehlt, aber er würde sicher weiter unten wieder zu uns stoßen. Wir brauchten uns jedenfalls keine Sorgen zu machen, sagte Alaa und ging nach unten, wo den Polizisten gerade irgendeine Stärkung verabreicht wurde. Ich blieb an Deck und versuchte mir einzureden, daß so etwas jedem hätte passieren können. Ich betrachtete unser Kielwasser, das inzwischen wieder unter einem leichten Rauchschleier lag. Shasli beschleunigte – allerdings nicht sehr viel, denn die Polizeibarkasse lag noch längsseits. Ich meinte eine Erklärung für seinen rauchenden Wahnsinnsspurt gefunden zu haben. Er hatte die Barkasse gesehen, hatte sich seiner Sünden oder der unseren oder der Sünden der Crew besonnen und beschlossen, einen

Fluchtversuch zu wagen. Irgendwie freute mich der Gedanke.

Wir passierten ein sonderbares Ding, das im Wasser lag und durch unsere gesittete kleine Bugwelle leicht ins Wippen geriet. Unsinn, sagte ich mir, es ist nur ein toter Fisch. Merkwürdiges verrottendes Zeug hatte sich an das Ding gehängt, so daß es aussah, als habe es vier Beine. Natürlich eine Sinnestäuschung. Hat man schon mal von einem Fisch mit vier Beinen gehört? Ich ging nach unten, wo sich das fröstelnde Trio inzwischen wieder erholt hatte. Die beiden Polizisten stiegen in die Barkasse und drehten ab. Ich beglückwünschte Said zu seinem Unternehmungsgeist, dann ging ich, auch leicht fröstelnd, in unsere Kabine, besah mir die Welt eine Weile durch unser stattliches Fenster und bekam auch allerlei Schönes geboten.

Zuerst tauchte kurz vor El Roda eine sehr kleine Feluke auf, die ein mit saftiggrünem Klee hoch beladenes größeres Ruderboot im Schlepp hatte. Ein Segelboot als Schlepper! Das Bild war dazu angetan, dem Menschen den Glauben an die Nützlichkeit der Natur zurückzugeben. Dann kam El Roda selbst in Sicht, mit einer hohen Ufermauer aus weißem Kalkstein, aus der große Brocken herausgefallen waren. Hohe Bäume säumten die Uferstraße. Drei, vier Kilometer weiter saßen die Bäume voller *Amis des Paysans*, die, wie sie da im Geäst hockten, fast wie die Gelbhaubenkakadus Australiens aussahen. Wahrscheinlich waren es wirklich Eukalyptusbäume, die, wenn ich nicht irre, besonders in Oberägypten vorkommen. Aber poetischer als Kakadus fand ich die Vorstellung, daß die Ibisse, die Freunde des Bauern – das streng Wissenschaftliche fällt mir schwer, ständig geraten mir die Bezeichnungen durcheinander –, aussahen wie weiße Magnolienblüten.

Diese beiden Erlebnisse versetzten uns für den ganzen Tag in gute Laune. Ich konnte Ann die Gräber zeigen, die ich in den letzten beiden Tagen besichtigt hatte, jene viereckig-schwarzen Öffnungen auf halber Höhe des östlichen Höhenzuges. Nach Achetaton – oder meinethalben Tell-el-Amarna – rückten die Berge näher an den Fluß heran und blätterten ganze Geologielehrtafeln auf – falb, gebrochen weiß, gelblich und hellbraun.

Ein schmaler Streifen Fruchtland behauptete sich noch am Ostufer unter den Klippen. Wir sahen die Letzte Palme von Achetaton. Hier und da erkannte man weitere Öffnungen im Fels, manche viereckig wie die in Beni Hassan und Tell-el-Amarna, andere formlose Schlupflöcher zu Höhlen für Einsiedler oder Leichen oder beides, Zugänge zu irgendwelchen Stollen, Refugien für – ja, wer vermöchte das zu sagen? Sie sind alle irgendwo »publiziert« für den, der in einer Bibliothek nach ihnen zu fahnden wünscht, alle abgehandelt für denjenigen, der die nötige Geduld aufbringt. Vorerst waren sie Rätsel, all diese Öffnungen, quadratisch, rund, schief, hier und da ein Sprenkel wie eine Gruppe von Schwalbennestern, hier und da eine schwarze Höhlung, zu der ein Pfad wie ein weißer Strich hinführte. Der Himmel über den Höhlen war tiefblau, am anderen Ufer war das Land flach und fruchtbar. Die Libysche Wüste war noch immer nicht zu sehen. Hätten wir es nicht von einem früheren Besuch her besser gewußt, hätte man denken können, daß sich ab Kairo der fruchtbare westliche Teil des Tales bis ins Unendliche erstreckte – oder zumindest bis zum Atlantik. Der Nil war noch immer grünlich-gelblich, hin und wieder mischte sich ein bißchen reflektiertes Blau dazwischen. Nilrosen trieben vorbei, ab und zu ging ein Glitzern über die Wasserfläche.

Am Ostufer kehrte das Fruchtland zurück. Alle paar hundert Meter lagen Feluken am Strand, eine neue Bauart, sehr klein, sehr leicht, ich tippte, daß sie aus über Kiel und Spanten gestrafften Häuten gemacht waren. Wieder zogen windschiefe Lehmhütten und eine einzige windschiefe Holzhütte vorbei. Eine Frau hockte vor einem Dreibein mit einem geblähten Ziegenfell, an dem sie kräftig zog und zerrte, um Milch zu Butter zu machen. Hin und wieder kamen reiche Villen in Sicht, jede mit einer Handpumpe in einiger Entfernung vom Fluß.

Das Motorengeräusch wurde lauter. Ich warf einen Blick nach achtern.

Ganz recht: Unsere Rauchspur verdichtete sich, wurde wieder schwarz und schmierig. Ich verließ eilig unsere Abgeschiedenheit und begab mich zu Alaa.

»Sie planen schon wieder. Nur keine Aufregung. Das Boot gehört nicht Ihnen.«

»Aber Shasli gehört es auch nicht.«

Ende der Diskussion. Wenn ich nicht gerade gewalttätig werden wollte, hatte ich keine Möglichkeit, Shasli daran zu hindern, mit dem Boot nach Lust und Laune zu verfahren. Ich erfand Sinnsprüche. Hinter der scheinbaren Liebenswürdigkeit des Ägypters verbirgt sich eiserne Entschlossenheit, nicht aus der gewohnten Trägheit aufgescheucht zu werden. Und so weiter.

Auf der Höhe von Mallawi sahen wir am Westufer einen jungen Mann bis zu den Knien im Wasser stehen und mit einem Hemd Signale geben. Es war Faroz. Wir nahmen ihn an Bord und erfuhren, daß er von Minya aus ein Taxi genommen hatte und bereits stundenlang auf uns wartete. Es war jetzt fünf, und nach weiteren ein, zwei Kilometern näherten wir uns wieder dem Westufer und machten an einem Motorschiff fest, das zu einer ganzen Gruppe zu gehören schien. Wir befanden uns jetzt auf der angeblich piratenverseuchten Nilstrecke. Shasli verließ sich offenbar auf die Sicherheit der größeren Zahl. Die Besatzung verschwand auf den anderen Schiffen oder an Land. Es zeigte sich, daß das Wasser abgestellt war. Allerdings hätten wir ohnehin nicht baden, höchstens eine sehr dürftige Dusche nehmen können. Dann erfuhren wir, daß die Besatzung Trinkwasser holen gegangen war. Wir empfindlichen Westler hielten uns natürlich weiterhin an Mineralwasser aus Plastikflaschen. Die Nacht brach mit fast hörbarer Plötzlichkeit herein. Rushdie braute uns Kaffee. Nachdem wir ihn getrunken hatten, erläuterte er, er sei »aus gutem Wasser vom Land«. Dann fiel ihm noch etwas ein. Das Abkochen habe in dem Wasser »alles totgemacht«.

Ich hätte fast schwören mögen, daß es ein toter Fisch gewesen war und kein Krokodil.

Alaa setzte sich mit seinem Kaffee zu uns. Said würde, falls wir so weit kämen, gern bei seiner Familie im oberägyptischen Assuan übernachten, sagte er.

»Das werden wir nicht schaffen, Alaa, das wissen Sie doch! Wenn wir mit diesem Boot bis Luxor kommen, können wir von Glück sagen.«

»Das wird Faroz freuen.«

»Warum?«

»Er stammt aus einem kleinen Ort am Westufer, kurz hinter Luxor.«

»Und Shasli?«

»Der kommt aus Quena …«

»– in Oberägypten auf dem Weg nach Luxor. Und was ist mit Akhmet?«

»Der ist in einem kleinen Dorf ein Stück weiter unten am Ostufer geboren.«

Es ist nicht so, daß die Ägypter besonders verschlagen wären. Sie bemühen sich einfach – bei Dr. Hamdi angefangen –, möglichst viele Fliegen mit einer Klappe zu schlagen.

Im Zwielicht sprang der Motor an.

»Was ist denn da los?«

»Ich weiß nicht.«

Aber Shasli hatte nur den Standort geändert, wir lagen jetzt längsseits eines großen Frachtenseglers, dessen Zuckerrohrladung bis zur Höhe unserer Brücke reichte. Die Stengel ragten auf unser Deck hinüber. Ich mußte daran denken, wie sie alle neben dem Zuckerzug hergelaufen waren und nach den Rohrstücken gehascht hatten. Jetzt, da das Zuckerrohr ohne jede Mühe greifbar war, rührte sich keine Hand. Ich setzte mich in dem todesmatten Licht einer kleinen Neonröhre an mein Tagebuch. Aber das, dachte ich bei mir, soll noch meine geringste Sorge sein. Es sind schon größere Werke im Licht einer Pennykerze entstanden.

Wir lagen an einem Un-Ort. Vielleicht hatten sich die fünf, sechs Motorschiffe und zwei, drei Segler wirklich zusammengetan, um Piraten oder Dieben zu trotzen. In chinesischen Gewässern heißt es ja, daß die Leute vom Fluß einem am Heck des eigenen Bootes eine Ankerkette verkaufen, die sie über den Bug ausgesteckt haben. Es ist eine durchaus ehrbare Zunft, und vielleicht lag die »Piraterie« des Nils auf der gleichen Ebene. Ich schlief nicht gut – freilich nicht so sehr aus Angst vor Piraten als der Kälte wegen. Unter Bergen von Garderobe schlummerten wir beide schließlich doch ein. Als es dämmerte, zog ich mich an und sah durch das Backbordfenster. Wir hatten die Motorschiffe hinter uns gelassen, die jetzt ebenfalls in langer Reihe ihre Fahrt wieder aufnahmen. Stromab kamen uns große Nilrosenteppiche entgegen. Die Steilhänge waren bis ans Ostufer herangerückt, dahinter glühte orangefarben die aufgehende Sonne. Es sah aus, als hinge Staub oder Rauch am Himmel. Daß dort hinten Wasser war, konnte ich mir nicht vorstellen – aber warum der Staub? Jetzt, da die Sonne sich höher schwang, bekamen die Steilhänge Konturen, das Spiel von Licht und Schatten schuf in scharfen Kontrasten eine unendliche Vielfalt von Formen im Fels. Aus Menschen- und Tiergesichtern wurden Städte und gestürzte Bäume. Da lag ein Schläfer, den Kopf auf einen günstig gelegenen Vorsprung gestützt. Im Vorbeifahren konnten wir verfolgen, wie das Gesicht verfiel, der Schlummernde wandelte sich zu einer geballten Faust und verschwand dann ganz. Die Sonne glühte jetzt und parodierte oder analogisierte im Stein ihre eigenen universalen Schöpfungsakte. Wahrlich, die Sonnenscheibe auszutilgen war eine schlimme Tat

Wir näherten uns dem fruchtbaren Westufer, das von einer starken Strömung umspült war. Buchten und kleine Vorgebirge aus Kalkstein ragten in den Strom und bildeten geschützte Buchten, in denen das Wasser und die Nilrosen kreisten. *Reis* Shasli ließ uns nach unten melden, daß wir gerade ein berüchtigtes Piratennest passierten. Es schien unbewohnt zu sein, nur ein kleines Ruderboot lag am lehmigen Strand.

Wir gingen an Deck und warteten auf den Staudamm von Asyut, der sehr eindrucksvoll war. Er besteht im wesentlichen aus einer Straße, die den Strom überspannt, und hundert Schleusen, die darunter aufgereiht sind. An einer Seite steht eine Art fahrbarer Kran, der aussieht, als stamme er aus einem Stabilbaukasten für Riesen, hoch wie ein viergeschossiges Haus und mit einer Öffnung im Erdgeschoß, durch die Laster fahren können.

Die gewaltige Konstruktion rollt auf Eisenbahnschienen rechts und links der Straße, die von einem Ende des Staudamms bis zum anderen reichen. Der Kran kann so von Schleuse zu Schleuse fahren und nach Bedarf die schweren Schleusentore einzeln justieren. Als wir näherkamen, sahen wir, daß der Fluß noch nicht gestaut war, denn durch sämtliche Schleusentore schäumten die Fluten. An der rechten Seite des Staudamms, von uns aus gesehen , warteten Motorschiffe und Frachtensegler. Das Durchschleusen war eine langwierige Angelegenheit. Alles in allem brauchten wir drei Stunden. »Wer den Nil befährt, muß Segel haben, die aus Geduld gewebt sind.« Das in dem Sprichwort für »Nil« verwendete Wort bedeutet »Meer«, vielleicht ist der Satz also auch ironisch gemeint. Wer will das entscheiden – in einer Sprache, die man nicht kennt?

Nachdem wir den Staudamm hinter uns hatten, brausten wir in rauchgeschwängerter Höchstgeschwindigkeit flußaufwärts, und sofort nahm eine Polizeibarkasse die Verfolgung auf. Ich wurde so nervös wie daheim im Auto, wenn ich trotz vorschriftsmäßiger Fahrweise von der Polizei angehalten worden bin.

Doch je weiter wir uns von Kairo entfernten, desto wundertätiger wirkte Alaas Polizeichef-Schutzbrief. Die Barkasse wollte sich nur erkundigen, ob wir etwas brauchten, Shasli, der sich nie eine Chance entgehen ließ, legte rasch an der Polizeistation an und nahm Wasser und Treibstoff an Bord.

Hinter Asyut ist der Nil merklich breiter. Die meisten Flüsse verbreitern sich erst in ihrem Unterlauf durch den Zustrom von Nebenflüssen. Aber nördlich von Khartum mündet kein Nebenfluß mehr in den Nil, so daß die Wassermenge nach 1500 Kilometern der Verdunstung und Bewässerung bis zum Delta ständig abnimmt. Damit habe ich mich allerdings einer argen Vereinfachung schuldig gemacht. Der Vorgang ist in Wirklichkeit sehr kompliziert und – sagen wir es ruhig – auch von den Experten noch nicht gänzlich durchschaut. So gibt es zum Beispiel Versickerungen in unbekannter Menge – unbekannt deswegen, weil das Sickerwasser manchmal beliebt, unterirdisch weiterzufließen und weiter nördlich wieder in den Nil zu münden, wodurch jede genaue Berechnung illusorisch wird. Um Kompliziertes noch komplizierter zu machen, gibt es noch das von den Geologen so genannte »juvenile« Wasser, aus dem Magma stammendes Tiefenwasser, das vielleicht irgendwie in die uralten afrikanischen Landmassen eingeschlossen wurde, ehe es Leben auf der Erde oder auch nur so etwas wie ein richtiges Meer gab. Dieses Wasser fließt – möglicherweise – unter der Sahara. Es ist vielleicht ganz gut, daß unseren Enkeln noch ein paar Geheimnisse zum Enträtseln bleiben, und sei es auch nur bei einer scheinbar so simplen Sache wie einem Fluß.

So war denn hier der Nil – aus welchem Grund auch immer – ein majestätischer Strom. Und als könne man Reichtum exakt an der Wassermenge messen, waren die Ufer übersät mit – für ägyptische Verhältnisse – prächtigen Villen. Das Wetter war, als habe man es hinter dem schäumenden Staudamm von Asyut gestaut, merklich wärmer geworden. Ich begann zu frohlocken, weil ich das Gefühl hatte, daß wir nun entschieden vorankamen. Doch während ich noch frohlockte, legten wir an einem Ort namens Abu Tig an. Niemand hatte mir etwas gesagt. Zu meiner Verwunderung aber luden Alaa und Rushdie mich zu einer Ortsbesichtigung ein. So gingen wir denn an Land. Was jeden Westler – Nördler – an einer ägyptischen Stadt überraschen wird, sind die überall herumwimmelnden Kinder. Auf mich machten sie – wie die Bevölkerung ganz allgemein – einen durchaus gesunden Eindruck. Es gab keine abstoßenden Krüppel, die am Wegrand bettelten, keine armseligen Würmchen, zu matt für jede Regung.

Die Kinder unterbrachen ihr Spiel, als wir uns näherten, und warteten. Sie belästigten uns nicht, musterten uns nur neugierig und aus einiger Entfernung. Dieser Wandel hat sich in den vergangenen zehn Jahren vollzogen. Das Verhalten der Kinder ließ sich nicht dadurch erklären, daß wir »Geleitschutz« durch Alaa und Rushdie hatten, die so ägyptisch aussahen, wie man es sich nur wünschen kann. Es war das Ergebnis einer groß angelegten staatlichen Offensive mit dem Ziel, den Ausländern die

Bakschischboys vom Hals zu schaffen. Vor zehn Jahren hatten wir sie als Plage empfunden, seit Generationen sind sie berühmt und berüchtigt. Doch nach meiner Erfahrung sind die Bakschischboys landauf, landab aus Ägypten verschwunden, so daß wir uns in Abu Tig ungehindert bewegen konnten. Die Straße war ein bißchen verschlampt, aber nicht schmutzig. Es gab kleine Läden mit dürftigem Warenangebot, abgesehen von dem Rauchwarenkiosk, der vollgepackt war mit allen nur denkbaren Tabakerzeugnissen. Die Ägypter machen ihre Wasserpfeifen aus einem Rohrstock und einem Stück Bambus. Wer sich die frühere, reichverzierte Wasserpfeife leisten konnte, raucht jetzt in westlichem Stil. Wenn der Durchschnittsägypter nicht an seinem Bambus zieht, pafft er eine Zigarette. Hasch raucht jeder hin und wieder. Eigentlich soll die Polizei das unterbinden, aber sie drückt ein Auge zu.

Hinter dem Kiosk lag der Nasser-Park, eine beachtliche Anlage für eine so kleine Stadt. Unter Bäumen schlängelten sich Fußwege, asphaltiert und sauber gefegt. In den Zweigen hingen elektrische Lichterketten. Es gab auch einen Zoo mit Tieren in recht beengten Käfigen. Die gefangenen Vögel wirkten deprimiert. Bemerkenswert fand ich die vielen Statuen, meist Reproduktionen von »Pharoni«-Werken. Sie waren aus dem passenden Stein – Granit, Basalt, Kalkstein, Quarzit –, aber nichtsdestoweniger Reproduktionen, die recht befremdlich wirkten, obschon ich Mühe hatte, meinem Befremden auf den Grund zu kommen. Außer in Kairo und Alexandria ist die Steinmetzkunst nicht weit verbreitet. Aus dem Stegreif wollte mir nur ein Versuch »moderner Kunst« auf diesem Gebiet einfallen, das Kriegerdenkmal in Asyut, das offenbar aus Aluminium war und meinem ungeschulten Auge äußerst unkünstlerisch erschien. Aber welches Kriegerdenkmal wäre das nicht? Vielleicht lag die absonderliche Wirkung dieser »Pharoni«-Plastiken darin, daß wir in den meisten westlichen Ländern die Originale besitzen und ägyptische Imitate mit den Kinopalästen der zwanziger und dreißiger Jahre assoziieren. Ich kann mir meine Verblüffung, einem Ramses oder Amenhotep im Maßstab eins zu vier in einem Strelitzienbeet zu begegnen, immer noch nicht hinreichend erklären. Die Standbilder lockten mich weiter, bis wir wieder an der Uferstraße angelangt waren, nur fünfzig Meter von unserem Boot entfernt. Kurz entschlossen und verbotenerweise kletterten wir über einen Zaun und gingen wieder an Bord. Es war noch früh. Ann blieb bei der Crew, um sich arabische Zahlen beibringen zu lassen, aber auch das verlor nach einer Weile seinen Reiz. Es war kurz nach sechs, die Dunkelheit brach herein. So blieb uns denn nichts anderes übrig, als unseren kärglichen Bestand an Lesestoff zu dezimieren und Tagebuch zu schreiben. Vor neun konnten wir uns nicht hinlegen, bis dahin hatte es noch gute Weile. Ich weiß bis heute nicht, warum wir in Abu Tig angelegt haben, und vergaß, Alaa danach zu fragen. Mittlerweile hatte mich wohl der ägyptische Fatalismus schon infiziert. Es war eine Niederlage.

Am nächsten Morgen sprang der Motor um viertel vor sieben an, aber wir standen erst eine halbe Stunde später auf. Der Nil führte reichlich Wasser, man hatte den Eindruck, daß die Hauptbewässerungskanäle schon hinter uns lagen. Die Luft fühlte sich noch ein bißchen wärmer an. Ich war versucht, mich dem Genuß der Sonne hinzugeben; das Sammeln von Wissenswertem schien nur noch lästige Pflicht. Shasli legte Tempo vor, noch immer zogen wir unseren pechschwarzen Schweif hinter uns her. Booten, die sich zu nah hinter uns hielten, verdarben wir gründlich den Tag, Fischer, deren Ruderboote durch unsere Bugwelle ins Schwanken kamen, mochten uns nicht. Ich gebe unumwunden zu, daß Ann und ich mittlerweile ein komfortables Hotel mit großen, sauberen Badezimmern und großen, sauberen Betten mit großen, sauberen Laken und Decken als den Gipfel des Sehenswerten ansahen. All dies winkte uns in Luxor, bis dahin aber war es noch weit. Indessen wandte ich meine Aufmerksamkeit pflichtschuldigst den Flußbooten zu – die immer noch fesselnder waren als Tempel oder gar Felsengräber. Die Gegend oberhalb von Asyut hatte offenbar eine gleichsam genormte kleine Feluke hervorgebracht, leicht gebaut (Fell auf Spanten?) und mit einem jener Lateinsegel, die sich so setzen lassen, daß sie das Fahrzeug drachenfliegergleich über die Wasserfläche wehen. Alle hatten sie die niltypischen Ruder, zwei grob behauene Klötze. Diese Fahrzeuge haben so gut wie keinen Tiefgang. Als Ruderboote sind sie ideal zum Fischen. Der Fischer senkt einen mit einer Konservendose markierten Stein in die Tiefe, rudert zum Ufer und zieht dabei ein Netz hinter sich her. Eine todsichere Sache. Die Fische fallen immer wieder darauf herein.

Inzwischen hatte unsere Besatzung – einschließlich Alaa – sich angewöhnt, alle Mahlzeiten in der »Messe« einzunehmen, und zwar ohne Zuhilfenahme von Tisch, Stuhl oder Hocker. Sie stellten bis zu zwölf Platten mit verschiedenen Eßwaren auf den Teppichboden, dann setzten sie sich im Schneidersitz hin und langten zu. Es sah exotisch und schmuddelig aus, fand ich, begriff aber nach genauerer Betrachtung dieser Reaktion, daß *ich*, der ich für das tägliche Geschäft des Essens eine breite Palette von Gebrauchsgegenständen benötigte und voraussetzte, der eigentliche Exote war. Die Besatzung war liebenswürdig, aber da ohne Alaas Dolmetschertätigkeit nur minimale Verständigungsmöglichkeiten bestanden, blieb sie fremd und andersartig. Sicher hätte ich mit mehr Initiative à la Moorehead oder Stark* mehr über sie erfahren können. Tatsache ist – und ich möchte das hier schwarz auf weiß festhalten –, daß ich schüchtern war. Bittet man einen Franzosen, das Wort »shy« in seine Sprache zu übersetzen, wird er »réservé« oder »timide« vorbringen – was beides den Kern der Sache nicht trifft. Der Grieche bietet einem »deilos», der Deutsche »scheu«, und auch das paßt nicht, weil das Element des »Ich würde schon, wenn ich könnte, aber ich bring's nicht fertig« fehlt, das dem Wort »shy« innewohnt. Einen Italiener braucht man nicht wegen einer Übersetzung zu bemühen, ihm ist der Begriff der Schüchternheit fremd. Da war ich nun seit einer Woche auf Tuchfühlung mit meiner Besatzung, ohne daß ich es vermocht hätte, kameradschaftliche Blicke mit ihnen zu wechseln oder auch nur – von Alaa einmal abgesehen – ein Wort von ihnen zu lernen. Statt dessen stand ich

* Britische Reiseschriftsteller. (Anm. d. Übers.)

stotternd und nickend am Rand der Dinge, während Ann sich zumindest arabische Zahlen beibringen und die Zubereitung von Fladenbrot erklären ließ. Aufschlußreich ist, daß ich das Gefühl hatte, von der ganzen Crew den Nubier Said noch am besten zu kennen. Seine Reaktion auf uns war schlicht und unverstellt. Wir waren Engländer und daher abzulehnen. Denken mochten das auch die anderen, doch waren sie zu kompliziert oder – wenn man so will – zu weltklug, um es auszusprechen.

Immerhin enthielt mein kleiner Bestand an arabischen Vokabeln jetzt die Worte für »Norden« und »Süden», und das war eine interessante Bereicherung. »Süden« ist »qibli«, ein Wort unbekannter Herkunft, als sei der Süden ohnehin ein Geheimnis. Norden aber ist *bahari*, was schlicht und einfach »zum Meer hin« bedeutet. Interessant ist dieser Begriff besonders deshalb, weil wir uns der großen Biegung näherten, die auf Landkarten so ins Auge springt, der Stelle, an der der Fluß scharf rechtwinklig abknickt, um dann wieder auf Kurs zu gehen, so daß er ein Stück weit nicht in Nord-Süd-, sondern in Ost-West-Richtung verläuft. Was eigentlich Osten war, hieß aber trotzdem »qibli«, und der Westen *bahari* oder zum Meer hin, obschon das nächste Wasser in dieser Richtung der über dreitausend Meilen entfernte Atlantik ist.

Gegen Mittag, während Rushdie uns einen Einführungskurs in die Hieroglyphenschrift gab – etwas irreführend, fürchte ich, die ägyptischen Kinder lernen in der Schule eine Liste »alphabetischer« Zeichen –, während wir uns also unsere Namen ohne Lautzeichen oder Determinative* aufschreiben ließen, brach abermals die Steuerleine. Shasli wiederholte die früheren Manöver, und wir bewegten uns teils durch Motorkraft, teils mit der

* Die ägyptische Schrift zerfällt in drei Arten von Zeichen: Wortzeichen (Ideogramme) geben ein bestimmtes Wort wieder ohne Rücksicht auf seinen Lautbestand (Rechteck mit Öffnung = Haus); Lautzeichen geben einen Konsonanten oder eine Folge von Konsonanten wieder; Deutzeichen (Determinative) sollen am Ende eines Wortes dessen Bedeutungskategorie anzeigen.

Strömung zum westlichen Ufer, wo wir auch besser aufgehoben waren, denn am Ostufer hatten sich während Rushdies Schreibstunde die Klippen wieder hoch und dräuend aufgetürmt. Direkt uns gegenüber lag ein Steinbruch, wir konnten sehen, wie unter viel Staub- und Geröllentwicklung die Sprengladung hochging, ohne freilich an der Klippe viel auszurichten. Wir machten uns mit einem Notruder auf den Weg, um bei einem vorbeifahrenden Motorschiff nach einem Drahtseil zu fragen. Das hatten sie zwar nicht, erklärten sich aber bereit, uns in Schlepp zu nehmen. Der einsatzfreudige Faroz, offiziell unser Putzer – aber auf der *Hani* gab es keine Abgrenzungen –, Faroz in seinem blauen Trainingsanzug mit den weißen Sternen und dem flotten blauen Turban griff sich unser einziges Tauende, hechtete über drei Meter Nil auf das Motorschiff und machte die Leine fest. Das war eine schöne, mutige Tat, nur hatte leider auf unserer Seite niemand die Leine festgehalten, so daß wir Faroz wieder einmal verloren hatten und unsere Leine noch dazu. Mit dem Notruder konnten wir nicht manövrieren, so daß das Motorschiff aushelfen mußte. Ich sah mir das Treiben halb amüsiert, halb irritiert an. Endlich kamen wir längsseits, machten fest und bekamen unsere Leine und einen zerknirschten Faroz zurück, der ja auch nicht mehr Schuld trug als die anderen. Er war ein sympathischer Junge und wäre, so fanden wir, eine Idealbesetzung des Aladin gewesen.

Die Polizei gab uns Geleitschutz bis Sohag – oder vielmehr bis zur Uferstraße und zur Polizeistation. Wären wir über Land gekommen, hätte uns Alaas Wunderbrief wahrscheinlich eine Motorradeskorte gesichert – ein Heidenspaß! Die Polizei war wirklich sehr hilfsbereit. Sohag ist eine Großstadt mit Wohnsilos und vielen Moscheen. Überdies besitzt Sohag eine Brücke, die den Fluß überspannt, so daß sich die Stadt an beiden Flußufern ausbreiten kann, wie später einmal Minya, wenn erst der Brückenpfeiler am Ostufer und das Mittelstück stehen. Abermals wurde deutlich, wie dürftig unsere Möglichkeiten waren, Kontakt zur Bevölkerung zu finden. An diesem Nachmittag las Rushdie stundenlang auf Arabisch »eine Räuberpistole von so einem libanesischen Trottel« vor, wie Alaa sich ausdrückte, der dabei den Kopf behaglich in Rushdies Schoß gelegt hatte. Ab und zu bogen sich die beiden vor Lachen, aber ich versagte mir die Frage, worum es ging; sie wäre zwecklos gewesen. Nichts ist so unzugänglich wie Lachen in einer Sprache, die man nicht versteht.

Um viertel vor fünf legten wir an; ich hatte mich indessen mit den verschenkten Stunden abgefunden. Diesmal gab es wenigstens einen vernünftigen Grund: den Versuch, ein passendes Drahtseil für die Steuerleine aufzutreiben. Fünf Minuten nach dem Festmachen waren Ann und ich allein auf dem Boot. Da half nur Geduld. Zum Trost durften wir zwei große Segelboote beobachten, die vor achterlichem Wind flußaufwärts auf uns zukamen. Die Lateinsegel waren an der Backbordseite weit ausgefiert, zum Ausgleich war an der Steuerbordseite ein Beisegel gesetzt. Die Boote waren hoch mit weißem Kalkstein beladen, das schwindende Licht fing sich in den Segeln, das Wasser war jetzt so glatt, daß während der langsamen Fahrt eine leichte Spiegelung entstand. Ich hatte das unbehagliche Gefühl, daß wir mit die Letzten waren, die hier noch den kommerziellen Einsatz von Segelbooten beobachten konnten, einen gewissermaßen *normalen* Einsatz, der nicht nur gelegentlichen Vergnügungsfahrten diente oder lediglich touristische Kulisse war. Denn daß die riesigen Motorgüterschiffe, die viele Hunderte Tonnen Steine oder Ziegel befördern können, über kurz oder lang die eleganten Segelboote vom Nil verdrängen werden, steht fest; mit Seglern wird man am Ende nur noch Touristen auf gefühlvolle Fahrt schicken. Noch aufregender dürfte der Anblick sein, wenn der Kamsin sich erhebt und die Boote mit Höchstgeschwindigkeit stromaufwärts kreuzen müßten.

Nach und nach trudelte die Besatzung wieder ein, allerdings ohne unseren Draht; überdies konnte die Polizei uns diesmal keinen Sprit verschaffen, sie hatten selbst keinen oder behaupteten das jedenfalls. So steckten wir denn in einem kleinen Dilemma. Shasli meinte, eins der Motorschiffe würde uns bestimmt Sprit ablassen, sobald die Polizei und die Stadt nicht mehr in Sicht waren. Merkwürdige Situation ... Immerhin aber hatten wir Wasser an Bord genommen und konnten uns waschen.

7 Am nächsten Morgen startete der Motor um viertel nach sechs, aber ich blieb liegen und versuchte, anhand der Geräusche zu erraten, was sich tat. Das war gar nicht so einfach. Als ich gerade dachte, wir wären jetzt so weit, schmauchend und lärmend flußaufwärts zu tuckern, kuppelte Shasli sekundenlang aus, dann manövrierte er vorsichtig und ruckweise unter ganz kurzem Einsatz der Schraube. Er ging wieder irgendwo längsseits. Ein lautes Rumsen bestätigte meine Vermutung. Ich stieg aus meiner Koje, zog einen Fenstervorhang zurück – und fuhr zusammen. Eine Armlänge vor meinem Gesicht erhob sich eine Kalksteinwand. Einen atemlosen Moment war ich auf das Schlimmste gefaßt. Doch dann erkannte ich, daß sich unter der Kalksteinwand ein Schiff verbarg, an dem wir mittlerweile festgemacht hatten. Das Schiff bewegte sich und wir mit ihm. Im Schlepp kamen wir schneller voran, als es uns aus eigener Kraft je möglich gewesen wäre. Jetzt zog ich mich doch an und ging an Deck, um festzustellen, was dort vorging. Die Kalksteinwand reichte etwa zwei Meter über das Schandeck und war mindestens zwanzig Meter lang. Der Ruderstand befand sich, wie in allen Schiffen dieses Typs, ganz vorn im Bug, während Motor, Maschinenraum und Maschinist im Heck untergebracht waren. Der Schiffs»telegraph« bestand aus einer lässig über den Steinen schlenkernden Schnur. Wenn man daran zog, läutete wohl im Heck eine Glocke, und es stand zu vermuten, daß der Maschinist die Signale auch zu deuten wußte. Als ich an Deck kam, war kein Maschinist im Maschinenraum, er steckte vorn am Ruderstand mit der Besatzung des Motorschiffs und dem größten Teil unserer Crew zusammen. Es ging locker und kameradschaftlich zu. Shasli feilschte um Treibstoff, besser gesagt: Beide Crews feilschten. Mir schien, als führten etwa zehn Mann gleichzeitig das Kommando. Ich war das einzige

männliche Wesen, das nichts Nützliches beizutragen hatte – kein Passagier, bloß ein besserer Klotz. Auf dem Achterdeck des Motorschiffs erschien Alaa.

»Ein schönes Klo«, sagte er. »Ganz simpel. Ein dickes Rohr, und direkt ab in den Fluß. Keine Probleme.«

Akhmet, unser Maschinist, schritt, ein Handtuch über der Schulter, auf dem Motorschiff nach achtern.

»Er will baden«, sagte Alaa. »Allerdings ist das Wasser nicht besonders heiß.«

Wir hätten wohl besser einen Frachtkahn chartern sollen. Man wurde handelseinig. Die beiden Besatzungen machten sich daran, die Boote so zu manövrieren, daß eine Treibstoffleitung gelegt werden konnte.

»Warum dauert es so lange?«

»Es ist schwierig«, sagte Alaa. »Sehr schwierig.«

Ich erinnerte mich an die Rückreise von Gibraltar. Fahrt 28 Knoten. Zerstörer *Orion*. Mäßiger Seegang. Wir gingen am Schlachttschiff *King George V* längsseits – oder war es die *Anson*? – es wollte mir nicht mehr einfallen – oder *Prince of Wales*, nein, der war damals schon versenkt. Egal, da lagen wir nun, und der Kapitän mußte millimetergenau peilen, um einen Zehnmeterabstand zu dem Stahlkoloß zu halten, während Post übernommen und eine Treibstoffleitung gelegt wurde. Der Kontrast war erheiternd.

Ich rief mir den Zweck meiner Reise in Erinnerung. Die tiefen Einblicke und profunden Gedanken konnte man bislang noch mit der Lupe – oder vielleicht besser mit der Schiffslaterne – suchen. Statt dessen war ich zu einem Beobachter des Trivialen geworden und hatte nur die Wahl, darüber zu berichten – oder mit leeren Händen heimzukehren. Der Augenblick schien günstig, Näheres über die *trams* genannten Motorgüterschiffe, die Arbeitspferde des Nils, in Erfahrung zu bringen. Ich begann mich umzuhören und war dabei bestimmt allen im Wege – aber da hier jeder jedem im Wege war, störte das nicht weiter. Die Führung des Schiffes obliegt nicht einem Kapitän oder einem Ausschuß, ja, es gibt nicht einmal einen Mehrheitsentscheid, sondern der Zufall regiert, aber alles läuft reibungslos – und darauf kommt es schließlich an. Der Kahn, an dem wir festgemacht hatten, gehörte der in Staatsbesitz befindlichen größten Zuckerfabrik des Landes. Ägypten produziert jährlich, wie wir inzwischen wußten, eine Million Tonnen Zucker, raffiniert aus Zuckerrohr in dem erstaunlichen Bauch jenes Betriebsleiters, der mir mit seiner Leidenschaft nicht mehr aus dem Kopf gehen wollte. Das Schiff war gerade dabei, die aus mehreren hundert Tonnen Kalkstein bestehende Ladung an ein halbes Dutzend Raffinerien in Oberägypten zu verteilen, die den Kalk zum Reinigen des Rohsaftes brauchten.

»Größer als die Fabrik, die wir besichtigt haben?«

»Viel größer. Moderner.«

Nach Löschung seiner Ladung würde das Schiff in Spezialtanks Melasse zurückbringen. Dem Unternehmen – also eigentlich dem Staat – gehörten zweihundert *trams*. Wer zahlte demnach letztlich unseren Sprit? Vermutlich der Steuerzahler, dachte ich.

Immerhin war ich jetzt um einiges klüger. *Fast* kam ich mir vor wie ein in die Tiefe recherchierender Journalist. Mir war jetzt auch der Unterschied zwischen den staatlichen *trams* klar, die grau gestrichen sind und leise vor sich hin rosten, und den privaten Motorgüterschiffen, die alles transportieren, was sie bekommen können, von Ziegeln über Getreide, Zucker und Stroh bis zu Fellachen auf Pilgerfahrt. Die privaten *trams* müssen auf sich aufmerksam machen und haben keinen garantierten Markt, deshalb sind sie bunt bemalt, geschmückt und beflaggt, über und über mit Anzeigen und frommen Sprüchen bedeckt, wobei sich das eine manchmal nicht so recht vom anderen unterscheiden läßt, denn »Gott ist groß« kann man in Ägypten an den unwahrscheinlichsten und vielleicht auch unpassendsten Stellen lesen. Kennzeichnend für die *trams* sind der Ruderstand im Bug und die Größe des Steuerrades. Da es ganz vorn ist, hat man immer freie Sicht, auch wenn sich die Ladung – Zuckerrohr beispielsweise – achtern türmt. Das hat andererseits zur Folge, daß die Entfernung zwischen Steuerrad und Ruder etwa fünfzig

Meter beträgt. Die Verbindung besteht aus kräftigen Ketten, und es ist einigermaßen mühsam, Rad und Kette und Ruderpinne zu bewegen. Deshalb ist das Steuerrad so groß wie bei einem Linienschiff, es hat einen Durchmesser von zwei bis drei Metern. Beim kleinsten Kurswechsel muß sich der Rudergänger mit seinem ganzen Gewicht ins Rad hängen, um es herumzuziehen. Er muß jeden mechanischen Vorteil nutzen, und den bringt ihm die Größe des Steuerrades. Eine maschinelle Steuerung wäre unwirtschaftlich; wie meist in Ägypten – abgesehen von der Bewegung großer Wassermengen – ist menschliche Muskelkraft billiger. Ich hatte auch schon ein Nachfolgemodell dieser *trams* gesehen, ein größeres Fahrzeug mit einem Ruderhaus achtern. Es war an einer im Bau befindlichen Brücke vertäut und eigens von der ausländischen Brückenbaufirma ins Land gebracht worden. Hier zeichnete sich die kommende Entwicklung ab, und ich war sentimental genug, dem Alten nachzutrauern. Auf dieser Strecke sahen wir mehrere große Touristenschiffe, die üblichen stromlinienförmigen Vierdecker, stromauf und stromab fahren. Nur einmal, als wir in einer kleinen Bucht lagen, sah ich, als ich mich zufällig umdrehte, ein Touristenschiff anderer Art an der Einmündung vorbeiziehen, groß, reich geschmückt und aus Holz; wahrscheinlich hatten sie darauf den Film *Tod auf dem Nil* gedreht. Der Eindruck war freilich so flüchtig, daß ich mich inzwischen schon gefragt habe, ob es vielleicht nur ein Traum war. Die für Tagesausflüge eingesetzten Motorboote mit Sonnensegel sind bei Ägyptern aus der Mittelschicht beliebter als bei den Touristen, die es vorziehen, ihre eigene Welt mitzunehmen und denen, wie wir gesehen hatten, ja auch kaum etwas anderes übrigbleibt. In den verschiedenen Provinzen – den früheren *nomes* – gibt es offenbar auch unterschiedliche Boote, als habe die natürliche Auslese hier endlich einmal das geleistet, was die Lehrbücher von ihr erwarten.

Doch fällt es schwer, eine echte Trennungslinie zwischen den Provinzen zu erkennen. Vom Fluß her verläuft sie – eigentlich mehr gedanklich – dort, wo die Arabische Wüste bis zum Wasser vorstößt und dann wieder abschwenkt, was die Verkehrswege sicherlich unterbricht oder zumindest erschwert; andererseits spielt sich seit prähistorischer Zeit Ägyptens Verkehr hauptsächlich auf dem Wasser ab.

Ich hielt angestrengt Ausschau nach nur irgend Vermerkenswertem, und sei es auch noch so banal. Die Strecke, auf der wir uns befanden, war einst ihrer Kargheit wegen berüchtigt. Der Reisende T.G. Bowles, der seine Meinung stets sehr dezidiert kundzutun pflegte, kam hier mit dem Postboot vorbei und hielt nicht viel von der Gegend.

»Die Reise selbst ist über die Maßen trübselig. Die trostlose Folge flacher, schlammiger Ufer, selten unterbrochen auch nur durch einen einzigen Baum, noch seltener durch ein Dorf, niemals durch einzeln stehende Häuser, ist recht bedrückend und bietet keinen Anreiz zu längerem Verweilen, während der Haufen halbnackter oder gänzlich unbekleideter Bälger, die bei jedem Halt nach Bakschisch jaulen, einem die Frage förmlich aufdrängt, was dies für ein Volk sein muß, das auf die Erbauer der Pyramiden folgte, und wie das System beschaffen sein mag, das die Bewohner des fruchtbarsten Landes der Erde derart entwürdigt hat.«

Das hatte sich nun in neuester Zeit grundlegend geändert. Die üppige Fruchtbarkeit des Bodens reichte bis zum Rand des Stroms heran, und die »Bälger« kickten mit Leidenschaft einen Fußball durch die Gegend, wo immer ein freies Fleckchen Erde zu finden war. Das Motorschiff, das uns schleppte, hatte den weichen Kalkstein aus den Steinbrüchen im Osten geladen. Daß er weich war, wußte ich, weil ich ein Stück abgebrochen hatte, das sich leicht zwischen zwei Fingern und Daumen zerkrümeln ließ. Kein Wunder, daß man Zucker damit reinigte. Es war ein Stoff, der nicht so sehr an Gestein als vielmehr an Gewürze, ja an eine *Eßware* erinnerte.

In Balyana machten wir von dem Motorschiff los, das dort Ladung zu löschen hatte. Shasli legte Tempo vor, er witterte offenbar den Stall von Qena. Sogleich verdunkelte sich die Landschaft unter unserem langen Schweif aus dichtem schwarzen Rauch. Ich gab es auf, Balyana zu betrachten, das im übrigen nicht mehr als einen Blick wert schien, und ging unter Deck. Dort erfuhr ich, daß Said sich eine Mandelentzündung zugezogen hatte. Die aufopfernde Putzlappensuche und die wilde Jagd in der Polizeibarkasse waren ihm nicht gut bekommen, dem Ärmsten. Er sah sehr elend aus. Ich machte bei diesem vorübergehend willfährigen Mitglied der Crew meinen ganzen Einfluß geltend, um es in die Koje zu schicken, was nicht bedeutete, daß Said sich vom Dienst abmeldete, denn diese Unterscheidung gab es auf der *Hani* nicht. Niemand – bis auf den Mann am Ruder – war je im Dienst, aber ausgesprochen dienstfrei hatte auch keiner. Jeder tat mehr oder weniger und in unterschiedlichem Tempo das, was gerade anlag. Der junge Faroz – Aladin – war offiziell unser Putzer, legte aber auch sonst überall mit Hand an, er reffte und steuerte, wenn man unter Reffen das Zusammenrücken der langen Polster verstehen will, die man in gemächlicheren Tagen auf dem Oberdeck für ruhebedürftige Passagiere auszulegen pflegte. Ebenso wie Akhmet, unser Maschinist, kochte er auch. Der arme Said stand, alt und krank wie er war, meist tatenlos herum und bekam hin und wieder, wenn wir in einer Stadt angelegt hatten, einen sinnlosen Auftrag. Es war ausgesprochenes Pech, daß er abhanden gekommen war und sich in der Polizeibarkasse den Unbilden der Witterung hatte aussetzen müssen. Shasli kümmerte sich nur um die Schiffsführung und erteilte Befehle, und das war auch gut und richtig so, denn er war ja der *Reis*. Rushdie steuerte, kochte, trieb Managementstudien, gab Elementarunterricht in Hieroglyphen, spielte Laute und sang. Er hatte noch weitere Talente, die nur noch nicht zutage getreten waren. Seemännischer Staat war mit einem derart zusammengewürfelten Haufen nicht zu machen. Zu sagen, daß die Leute tüchtig waren, hätte den Kern der Sache nicht getroffen. Tüchtigkeit verbot sich bei diesem Boot von selbst, das sie im großen und ganzen bis jetzt leidlich, wenn auch mit einigen Pannen am Laufen gehalten hatten. Zur Zeit hatte ich den Eindruck, daß Shasli den Motor entschieden überforderte. Unser Rauchschweif war vierhundert Meter lang und fast ebenso breit.

Alaa kam mit der Meldung vom Vorschiff, daß es dem Alten schlecht ging. Ich fragte, wie wir ihm in dieser Gegend helfen könnten, und erfuhr, daß es in Nag Hammadi und in Qena Krankenhäuser gab. Wenn sich sein Zustand nicht besserte, sagte ich, müßten wir ihn in einem dieser Orte ins Krankenhaus bringen und auf dem Rückweg wieder abholen. Ich machte mir sogar Gedanken darüber, ob wir ihm jemanden zur Betreuung dalassen sollten und überlegte, wer auf der *Hani* am entbehrlichsten war – allerdings mit dem Ergebnis, daß man am leichtesten noch auf mich würde verzichten können. Aus unerfindlichen Gründen machte uns Rushdie einen üppigen Lunch.

Als ich nach dem Essen das jetzt fruchtbare Ostufer betrachtete – die falbe Wüste hatte sich wieder fortgestohlen –, erlebten wir eine erstaunliche Szene, eine Art Heimkehr des Odysseus. Ich sah eine etwa drei Meter hohe Lehmböschung, ein paar Bäume, dazwischen ein lang auseinandergezogenes Dorf. Unter den Bäumen zog eine Prozession buntfarbig-ägyptisch gewandeter Menschen dahin. An ihrer Spitze, umtanzt von Kindern, schritt ein eleganter junger Mann in flottem, hellgrauen westlichen Straßenanzug, die Hosen mit modischem Schlag, und schön frisiertem Haar. Er trug einen kleinen Koffer, einen zweiten brachte ein kleiner Junge hinter ihm her. Kein Zweifel, hier kehrte der Sohn der Scholle aus fremden Landen zurück, wo er, so stand zu hoffen, sein bescheidenes Glück gemacht hatte, vielleicht als Arbeiter auf den Ölfeldern, und schickte sich an, im Dorf ein großer, reicher Mann zu werden.

Er war bildhaft wie eine Buchillustration, dieser kurze Blick auf einen Vorgang, auf den Heimkehrer mit den Stadtschuhen, die schon voll Staub sind, dieweil der Bus, mit dem er kam, am Ufer davonrollt. Da hast du sie nun also gesehen, dachte ich bei mir, diese historische Entwicklung, die sich anschickt, nicht nur Ägypten, sondern die ganze arabische Welt so oder so zu verwandeln, möglicherweise zum Besseren, denn schlimmer kann es wohl kaum werden. Aber konnte ich dieser Szene in meinem ungeschriebenen Buch die Bedeutung geben, die sie verdiente? Wahrscheinlich nicht. Ich erinnerte mich an jenen anderen Araber in der Halle des Sheraton. Er war gerade aus der Wüste gekommen, man sah es deutlich, aber aus einer modernen Wüste mit Landrovern, Straßen, Flughäfen und importiertem Wasser. Zum Einkaufen war er gekommen und kehrte nun mit seinen Erwerbungen zurück, einen Teil davon hatte er in dem Koffer, den er bei sich trug. Der Koffer war aus schimmerndem Gold.

In Nag Hammadi kamen wir zur nächsten Staustufe, die genauso aussah wie die in Asyut, hundert Schleusen mit einem Schleusentor auf der Westseite. Die Schleuse kam rasch näher, Shasli wollte noch hinein, ehe sie für die Nacht geschlossen wurde. Beim Einfahren in die Schleusenkammer wurde unter unserem Heck ein ohrenbetäubendes Klopfen laut. Stundenlang – so schien es – lagen wir in der Schleuse, ohne daß jemand es für nötig hielt, unten nach dem Rechten zu sehen. Auch die Ausfahrt erfolgte zu der geräuschvollen Begleitmusik unserer unglücklichen Schiffsschraube. Mich bewegten zu gleichen Teilen Wut über die stümperhafte Schiffsführung, die letztlich unsere Reise verkürzen würde, und düstere Befriedigung darüber, daß sich meine Voraussage erfüllt hatte. Dem Klang nach schien das Übel irgendwo zwischen Schraube und Motor zu sitzen, und da gab es viele Möglichkeiten. Unter lautem Klopfen und Rattern manövrierte uns Shasli zu einem Liegeplatz. Die Besatzung machte sich daran, im Motor herumzustochern, und nach einer Weile brachte Alaa die Nachricht, die »Lager seien hin«. Endstation, dachte ich. Wir werden einen Wagen nehmen müssen. Aber nein, Shasli wollte weiter und ließ sich von dem Klopfkonzert nicht stören. Die Heimat lag jetzt für die ganze Besatzung zum Greifen nahe, wer würde sich da noch aufhalten lassen, nur weil so ein lächerlicher Schiffsmotor in seiner Lagerung tanzte? An diesem Punkt kam es fast zum Zerwürfnis zwischen Alaa und mir. Diesmal sei es keine harmlose Panne wie sonst, erklärte ich. Wenn wir jetzt die Fahrt fortsetzten, konnten wir das Boot ruinieren. Shasli ließ mir ausrichten, das solle nicht meine Sorge sein, es sei ja nicht mein Boot. Nach einem heftigen Wortgefecht schlossen wir einen Kompromiß. Alaa würde den Eigner in

Kairo anrufen und vorschlagen, auf dem Luft- oder Landweg neue Lager nach Nag Hammadi zu schicken. Also machte sich Alaa auf die Suche nach einem Telefon, Ann und ich blieben sprachlos zurück.

Alaa kam wieder. Weiterfahren und abwarten, ob es schlimmer wird, hatte der Eigner gesagt. Die Entscheidung war gefallen. Wir konnten nur in die Koje kriechen, wo es wenigstens allmählich wärmer wurde. Am nächsten Morgen schien der Chor vor Sonnenaufgang ausdauernder als gewöhnlich zu sein, ich hatte den Eindruck, daß er auf die große christliche Kirche abzielte, vor der wir lagen. Der *Reis*, den es jetzt mit aller Macht ins heimische Qena zog, war vor allen anderen auf und fuhr im Halbdunkel los, was ihm auch an anderen Tagen gut möglich gewesen wäre, hätte er nicht die bewußten aus ägyptischer Geduld gewebten Segel gehabt, die jetzt aber offenkundig Abnutzungserscheinungen zeigten. Die Propellerwelle dröhnte und rumpelte in erschreckender Lautstärke unter unserer Kabine. Ich schaute aus dem Heckfenster, wo es aber außer dem gewohnten schwarzen Qualm nichts zu sehen gab. Wir hielten ein Rekordtempo, etwa zehn Knoten; noch war völlig offen, ob die Propellerwelle oder der Motor zuerst zu Bruch gehen würde. Ich dachte in düsterer Vorahnung an das Schiff, dessen Schraube mitten auf dem Atlantik gebrochen war, das sich mit dem gebrochenen Ende aufgespießt hatte und langsam in die Tiefe gesunken war. Wir konnten von Glück sagen, daß wir, der albernen Bezeichnung für den Nil zum Trotz, nicht auf See waren. Die Schraubenwelle klapperte mit den Zähnen, als sei ihr nicht heiß, sondern kalt, und versuchte sich, gewissermaßen zum Aufwärmen, an einer von Liszts *Ungarischen Rhapsodien*, dem letzten *prestissimo*. Ich stand auf. Ann versuchte zu schlafen und sich anderswohin zu träumen, vielleicht nach Hause – oder jedenfalls tat sie so –, aber es wurde wohl nichts Rechtes daraus. Als wir schon dachten, wir müßten das Boot verloren geben, nahm der *Reis* ein, zwei Knoten weg, aus dem *prestissimo* wurde ein Galopp, der schwarze Rauch achteraus wurde zu einer weißen Dampfwolke. Der *Reis* habe Fahrt weggenommen, sage ich, halte es aber für ebensogut denkbar, daß der Motor von sich aus in einem verzweifelten Versuch der Selbsterhaltung sein Tempo gedrosselt hatte. Gleich darauf verlangsamte er – oder der *Reis* – die Fahrt noch ein wenig. Beide versuchten sich auf eine Geschwindigkeit einzupendeln, die möglichst wenig Schaden anrichtete und den *Reis* trotzdem noch nach Hause brachte. Es war dies eine Schwingungszahl, bei der die Maschine weder in Schüttelfrost erbebte noch mit den Zähnen klapperte, sondern diese wie in ständiger Qual fest zusammenbiß. Für uns war das vermutlich besser, aber man spürte, wie das Boot litt.

Ich wandte mich entschlossen von den Nöten unseres Bootes ab. Vorläufig war da nichts zu machen. Wenn wir in Qena oder in Luxor noch flott waren, fand sich vielleicht eine Werft, auf der sich der Schaden beheben ließ. Indessen konnte man die Fahrt nur insofern nutzen, als man weitmöglichst die grauenhaften Schwingungen ignorierte, die durch die Sohlen drangen, und weiterhin die Aufmerksamkeit auf Fluß und Landschaft gerichtet hielt. Auf diesen Fischer beispielsweise, dessen beneidenswert schwingungsfreies Boot zwischen hohen, blühenden Schilfstauden lag. Als wir vorbeifuhren, holte er gerade seine Reuse ein, die aussah wie ein durchbrochen gearbeiteter Abfalleimer aus dünnem Draht, und leerte einen kleinen Fisch aus. Dann kamen wir zu Anglern in Ruderbooten, immer zwei und zwei hintereinander, die lange, dünne Ruten ins Wasser hielten und – wie Angler in aller Welt – nichts fingen. Ich hatte – und habe auch später – nie erlebt, daß jemand mit einer Angel Fische gefangen hätte. Der Angler ist *stasis*, permanente Geste, Meditation. Man nehme die Haken von den Leinen: Ist es nicht, als schreite man einer Reihe von Buddhas entlang? Auf dieser Strecke wurde merkwürdigerweise überhaupt nicht mit Netzen gefischt. Es muß einen Grund dafür gegeben haben, der sich mir aber nicht erschloß. Rushdie erschien mit dem Frühstück. Brot, Käse, kalte Wurstscheiben, Mineralwasser zum Herunterspülen. Noch ehe wir fertig waren, brachte er zwei Tassen Tee, an dessen Oberfläche ein dichtes Interferenzbild schwamm.

Wir packten uns warm ein, gingen an Deck und genossen

Sonne, Wind und Wasserglitzern. Wir wandten uns gen *gibli*, das heißt gen Süden, der eigentlich Osten war. *Bahari* oder Norden war zunehmend westlich von uns, denn wir näherten uns jetzt dem großen Nilknie, das auf der Karte so deutlich zu erkennen ist. Ich darf hier anmerken, daß an diesem Vormittag unser WC von seiner Verstopfung geheilt wurde und wir Flußwasser durchpumpen konnten. Die Schwingungen unserer leichtfertig schnellen Fahrt hatten vollbracht, was weder uns noch der Besatzung gelungen war. Glück im Unglück, wie es so schön heißt. So saßen wir denn an Deck und nahmen mehr und mehr Kurs auf *gibli*, die Morgensonne im Gesicht. Der Wind war zum sanften Säuseln geworden, so daß wir uns mit der gebotenen Vorsicht auspackten. Keine Frage, mit der Einfahrt in das Knie bahnte sich eine Wetteränderung an. War dies der Punkt, an dem endlich der warme Süden begann? Das uns näherliegende östliche – ich meine nördliche – Ufer war sehr belebt und gewährte mitunter intime Einblicke. Um diese Jahreszeit tragen die Ägypter Unterhemden und lange Unterhosen unter der Galabiya. Die langen Unterhosen haben keinen Schlitz. Wenn ein Ägypter sein morgendliches Geschäft verrichten will, streift er die Unterhosen bis zu den Knien herunter, hockt sich hin, breitet die Galabiya um sich aus, und ab geht die Post. In seinem Zelt hat er auch am hellichten Tage und vor den Augen seiner Mitmenschen keinerlei Hemmungen. Manche tragen unter dem oberen Gewand noch eine zweite Galabiya. Von Ann lernte ich, daß unser *Reis*, weltgewandt und der Führung von Touristenschiffen für würdig befunden, eine Galabiya aus modernem Rayongemisch sein eigen nennt, Schultern und Ärmel – laut Ann – modern geschnitten. Von hier ab wandelte sich allmählich die Kleidung der Frauen, man sah zunehmend enge knöchellange Hosen unter wadenlangen Röcken. Die Farben wurden greller, die Gesichter dunkler. Auch Vogelscheuchen sahen wir hier, echte Vogelscheuchen meine ich, keine metaphorischen. Entweder fielen sie mir hier erst auf, oder es waren die ersten zwischen Alexandria und Qena, was mich gewundert hätte, denn ein Agrarland müßte doch eigentlich im Kampf um sein Fruchtland alle Tricks kennen. Vielleicht ist die Bevölkerung stromabwärts und im Delta so dicht, daß die Vögel keine Chance haben. Im Nilknie schien einiger Wohlstand zu herrschen, man sah große Villen, einige hatten sogar Stufen, die zum Wasser führten.

Zum ersten Mal, seit wir Kairo hinter uns gelassen hatten – von der Terrasse des Yachtklubs in Ma'adi erkennt man gerade noch die äußerste Spitze der Cheopspyramide und weiß daher um die Wüste –, zum ersten Mal seit Kairo also konnten wir jetzt erahnen, daß sich hinter den Feldern am Westufer eine Westliche Wüste verborgen gehalten hatte. Denn jetzt stieg im Süden (also eigentlich im Westen) das gewaltige bräunlichgelbe Gebirge Thebens über dem Horizont auf. Gleich darauf überspannte vor uns die große Brücke von Qena den Strom.

Akhmet, der Maschinist, eilte an Deck; ich machte mich auf eine Katastrophenmeldung gefaßt, aber er griff nur ins Ruderhaus und ließ unsere Sirene heulen. Das Signal gab mir Rätsel auf. Verständigten sich vielleicht auf diese Weise – ähnlich wie bei uns – Vorfahrtberechtigte und Nichtvorfahrtberechtigte miteinander? Aber warum der Maschinist?

Wieder einmal lieferte Alaa die Erklärung. Akhmet war an »seinem« Dorf vorbeigekommen und hatte seine baldige Ankunft bekanntgegeben. Als dann die Vororte von Qena am linken Ufer vorbeizogen, gab auch Shasli Laut – mit einem langgezogenen Tuten. Die anderen beiden, Said und Faroz, saßen im Vorschiff und blickten nach vorn zu den Höhen von Theben, in denen Faroz' Dorf lag und die Saids ferne Heimat ahnen ließen. Als Said kurz einmal in die Messe kam, fragte ich ihn, ob er sich besser fühle. O ja, sagte er, es sei ja nicht mehr so weit nach Hause. Shasli nahm Tempo weg und manövrierte uns an eine breite Treppe. Oben standen Bäume, in deren Gezweig Lichterketten und Lautsprecher hingen. Zuschauer sahen neugierig auf unser Bötchen herab, denn an dieser Anlegestelle machten sonst die schwimmenden Touristenhotels fest. Dort oben war ein Park, und aus den Lautsprechern in den Bäumen scholl fromme Musik. Shasli war auf und davon, ehe ich ihn irgend etwas hatte fragen können.

Die Maschine, die noch im Leerlauf getuckert hatte, stoppte jetzt. Faroz und Akhmet erschienen, nur mit Badehosen bekleidet. Vor meinen entsetzten Augen wateten sie von den Stufen aus in die trüben Fluten und schwammen um unser Heck herum. Jetzt mußten sie jeden Augenblick zusammenbrechen, den Geist aufgeben , gräßlich anschwellen und einschrumpfen, schreiend und Blasen spuckend untergehen. Aber nichts dergleichen geschah. Faroz griff nach dem Propeller und rüttelte daran. Man hörte die Welle im Lager klappern. Ich ging nach unten. Said hatte ein Bodenbrett aufgenommen, in den Bilgen stand Wasser. Ich fragte Alaa, wo die beste Werft sei und wie schnell wir die neuen Weißmetallager beschaffen oder zumindest den Schaden von einem Fachmann begutachten lassen könnten.

Er lachte. »Sie planen schon wieder.«

8 Wir lagen erst wenige Minuten fest, als eine feierliche Prozession die Stufen hinabgeschritten kam: Der Direktor für Kulturelle Angelegenheiten, der Direktor des Kulturpalastes, ein Polizeiinspektor, ein Polizist, eine Schauspielerin und ein Theaterdirektor. Die Polizei erledigte pflichtgemäß ihren Papierkrieg und zog wieder ab. Wir wurden an Land gebeten. Dann absolvierten die Herren vom Kulturressort Begrüßung und Verabschiedung und machten sich davon. Blieben die Schauspielerin und der Theaterdirektor, die, wie der Zufall so spielt, Bekannte von Alaa waren.

Ich hatte einen ganz bestimmten Plan. Wenn man an Ägypten denkt, hat man ein langes, schmales Tal vor Augen, das sich vom Delta aus nach Süden erstreckt und völlig von der Außenwelt abgeschnitten ist. Durch zwei Bilder läßt sich diese Vorstellung mit Leben erfüllen. Da ist einmal der lange Zug schwindsüchtiger viktorianischer Damen der Gesellschaft, die schonungsvoll nilauf bis nach Luxor befördert wurden, wo sich die armen Seelen Heilung von einer Krankheit erhofften, deren Auslöser, wie wir jetzt wissen, ein Bazillus ist. Das zweite Bild – es scheint ein anderer Planet – zeigt auch wieder Damen der Gesellschaft, diesmal auf dem Weg nach Indien, deren Schiff in Ägypten anlegt, durch den Suezkanal gleitet und sich dann auf die lange Reise durch das Rote Meer begibt. Mir war es sehr wichtig geworden, die physische Schranke zwischen diesen beiden unterschiedlichen Welten zu erfassen, die erschreckende Ödnis zwischen Nil und Rotem Meer, das falbe Tier, das sehr dürr, sehr erschrecklich unseren Strom beäugt, sich zögernd davongeschlichen und immer wieder angenähert hatte.

Es gab Pisten durch die Wüste, ich hatte sie auf der Karte verfolgt. Die Entfernung zwischen Qena und dem Roten Meer beträgt knapp 150 Kilometer. Einen Bogen von dem süßen –

wenn auch zugegebenermaßen trüben – Wasser des Nils zu den warmen, salzigen Fluten des Roten Meers zu schlagen, das müßte, so dachte ich, eine verblüffende Assoziation, eine nahezu einmalige Hundertfünfzig-Kilometer-Strecke sein, eine Reise durch den Raum, kurzgeschlossene Distanz. Jetzt erkundigte ich mich, ob ein solches Unternehmen, eine Fahrt in östlicher Richtung durch die Wüste von Qena aus möglich sei. Alaas Bekannte nickten. Ja, das ließe sich machen, wenn mir daran läge. Ich ging kühn in Einzelheiten. Auf der Karte hätte ich gesehen, daß sich eine Straße an der Küste des Roten Meers entlangzog und eine zweite Piste durch die Wüste etwa 30 Kilometer oberhalb von Qena auf die Nilstraße traf. Wäre eine solche Rundfahrt machbar? Ja, durchaus. Mit dem Auto? Gewiß.

So wurde es denn verabredet. Reisebeginn morgen früh bei Anbruch der Dämmerung.

Wir gingen zum Boot zurück. Rushdie lag krank in seiner Koje. Said war, nachdem er die Bodenbretter aufgenommen hatte, ebenfalls krank. Ann räumte ein, daß sie sich nicht recht wohl fühlte. Ich hielt mich wacker, Alaa hielt sich wacker, desgleichen Faroz und Akhmet, die bereitwillig in die Fluten des Nils getaucht waren. Ich setzte mich auf Deck in die Sonne. Alaa pflegte unsere Kranken. Ann saß neben mir und überlegte, wie lange es dauern würde, bis sie sich auch würde legen müssen.

Ein prächtiger Anblick wurde uns zuteil. Akhmet kam an Deck, verabschiedete sich und stieg lässig die Stufen hinan. Er hatte einen kleinen Koffer bei sich und trug, wie stets, einen westlichen Anzug. Er war, wie man so sagt, ausgesprochen scharf angezogen, – ein Wunder, daß er sich nicht schnitt oder unvorsichtige Passanten ritzte. Es war eine exakte Wiederholung der Szene, die wir in dem Dorf weiter unten beobachtet hatten: Der Sohn der Heimat samt Duft der großen weiten Welt, mit dem er den Daheimgebliebenen zu imponieren gedenkt. Im Geiste sah ich die Prozession vor mir und die kleinen Jungen, die sich darum rauften, seinen Koffer die letzten paar hundert Meter vom Bus zu den Lehmhütten am bröckelnden Ufer zu tragen.

Akhmet war kaum außer Sicht, als Faroz erschien und unseren Maschinisten mit einem Schlag vergessen machte, ein Faroz, der nicht mehr im Trainingsanzug steckte und an Aladin gemahnte, sondern geradezu fürstlich anzusehen war. Als Untergewand trug er eine hellblaue Galabiya, darüber ein vorn offenes Gewand in dunklerem Blauton, als Krönung einen azurblauen Turban. Er spreizte sich vor uns mit der unschuldigen Selbstzufriedenheit eines Pfaus, dann entschwebte er die Stufen hinauf. Da er nicht hier ansässig war, stand zu vermuten, daß er einen ganz bestimmten Teil von Qenas Bevölkerung zu beglücken gedachte.

Ich glaube, Ann sah ihn zuerst, oder vielleicht sahen wir ihn gleichzeitig – einen wunderschönen schwarzweißen Vogel, der das Wasser am Ufer absuchte und der sich jetzt, da wir und er Ruhe hatten, sogar bereit fand, unmittelbar vor den Stufen zum Park und dem Kiosk zu jagen. Wir erkannten ihn, es war ein Graufischer, Verwandter des europäischen Eisvogels. Das schwarzweiße Gefieder war so scharf abgegrenzt und so regelmäßig gemustert, daß er wie kariert wirkte. Körper, Flügel und Kopf waren typisch Eisvogel, ganz unverkennbar, bis hin zu dem geraden, kräftigen Schnabel. Nur der Schwanz war anders, ebenso lang wie der Körper, zum Flug fächerförmig ausgestellt, ebenfalls schwarzweiß. Wir blieben regungslos sitzen, und er jagte am Ufer dahin. Dabei beschrieb er etwa fünf Meter vom Ufer entfernt eine bogenförmige Fluglinie, immer wieder zum Wasser hinunterstoßend und wieder hochziehend. An den Endpunkten des Bogens, gewissermaßen Aufhängepunkten der Flugkette, verharrte er schwebend, spähte nach unten und vollzog das für ihn typische Manöver, das unserem heimischen Eisvogel mit seinem Stummelschwanz unmöglich ist. Immer schwebend, mit wiederholtem Schnippen des ausgefächerten Schwanzes, drehte er sich um die eigene Achse, nach unten und nach allen Seiten äugend, dann beschrieb er einen weiten Bogen, landete auf einem günstig gelegenen Ast oder – ebensooft – auf seiner Beute. Wenn der Graufischer sich fallen läßt, schlägt er mit einer schweren, fast tolpatschigen Bewegung auf dem

Wasser auf, es klingt wie der Fall einer kleinen Axt. So drehte er seine Loopings in der Sonne, an unserem Boot und den Stufen und dem Ufer entlang, schwebend, kreisend, niederstoßend, gleichsam glitzernd in seinem blitzsauberen Schwarzweiß. Allein um diesen Anblick hätte sich unsere Reise gelohnt.

Alaa kam und machte Meldung über seine Patienten. Rushdie ging es nicht besonders, aber Said war entschlossen, sich nicht ins Krankenhaus verfrachten zu lassen, sondern irgendwie zu seiner Familie in Assuan zu gelangen. Ich sagte, daß wir mit unserer lädierten Maschine unmöglich weiter als bis Luxor kommen würden. Dann, meinte Alaa, könne Said ja die Fahrt hier unterbrechen und mit einem Gemeinschaftstaxi heimfahren.

Reis Shasli ließ es sich nicht nehmen, uns einen Tee zu spendieren. *Reis* Shasli war ein wohlhabender Mann, Hausbesitzer in Qena. In dem Haus wohnte seine Frau, eine seiner Frauen. Er hatte zwei. Gewöhnlich wohnte eine in Qena, die andere in Kairo. Von der einen Frau hatte er zwei Kinder, von der anderen drei. Beide Frauen stammten aus Qena und hatten einige Jahre anstandslos zusammen in einem Haus gelebt. Er selbst war freilich viel unterwegs. Als er die Strecke Alexandria-Kairo und dann die Strecke Kairo-Assuan gehabt hatte, war es sehr praktisch gewesen, eine Frau in Kairo und eine in Qena zu haben. Das könnten wir uns gut vorstellen, sagten wir. Während Alaa übersetzte, verbeugte sich der *Reis* unentwegt in die Runde, als verteile er Gunstbeweise.

Wir verbrachten eine schlimme Nacht. Als es dämmerte, hatten wir noch kein Auge zugetan, und ich fühlte mich den Fährnissen der Wüste eigentlich nicht gewachsen, wollte es aber auf einen Versuch ankommen lassen. Ann verzichtete vernünftigerweise auf die Fahrt. Wir anderen waren um halb sieben gestiefelt und gespornt, und diese gänzlich unägyptische Pünktlichkeit schien mir das Gewagte unserer Expedition noch zu unterstreichen. Freilich waren alle völlig normal angezogen. Der Wagen war klein und leicht und machte mir nicht den Eindruck, als ob er Fels und Sand besonders gut würde bewältigen können.

Auch war er eigentlich nicht groß genug für uns alle. »Alle« – das waren der Theaterdirektor Bassem, die Schauspielerin Azza, Alaa, meine Wenigkeit und Said – zumindest zwei, drei Kilometer weit. Wir setzten ihn am »Taxibahnhof« ab, wünschten ihm gute Reise und begannen unser eigenes gefahrvolles Unternehmen. Wir quälten uns durch Qena, eine große und überaus häßliche Stadt. Eine Nebenstraße brachte uns hinaus aufs offene Land, kahl und flach wie die Ebene von Achetaton. Bassems Wagen hatte merkliche Mühe mit seiner Fracht, und ich überlegte, wie es weitergehen sollte, wenn das Auto in unwegsamerem Gelände den Geist aufgab. Neben der Straße verlief ein Eisenbahndamm, aber nach einer Weile waren keine Schienen mehr darauf zu sehen, nur noch Steine. Die Hügel rückten rechts und links näher an die Straße heran, flach und nicht sehr eindrucksvoll. Hin und wieder rumpelten in beiden Richtungen schwere Laster an uns vorbei, die mit ihren riesigen Reifen freilich weit besser für die Wüste gerüstet waren. Wir passierten eine Tankstelle, neben der ein liebevoll gewässertes Bäumchen stand. Der Eisenbahndamm verlor sich im Nichts.

Sei nicht albern, sagte ich mir. Die Straße hatte nur eine ganz leichte Steigung und mäßige Kurven. Wir kamen an zwei Baracken und irgendwelchen Maschinen vorbei, vielleicht einer Ölbohrstelle. Neben den Baracken lag eine Parzelle mit liebevoll gewässertem Gemüse. Wo das Wasser herkam, war nicht ersichtlich. Ich konnte ohne Mühe die Karte verfolgen, bisher verlief unsere Reise schwingungsfreier als die Fahrt im Boot. Die Temperatur war angenehm. Auf der Karte las ich »Bir« mit irgendeinem Zusatz. »Bir« heißt Brunnen.

Wir schlängelten uns, flankiert von Hügelkuppen, die beileibe nicht imposanter werden wollten, durch Ödland, eine völlig plane Ebene aus getrocknetem Schlamm. Wie auch könnte sonst der Schlamm abtrocknen, wenn das Wasser sich verlaufen hat? Deutlich ließ sich aus dieser Landschaft ablesen, wie Ägyptens gelegentliche Naturkatastrophen sich abgespielt hatten.

Nach einer sandigen Strecke ging es ein wenig steiler in die Berge hinein. Endlich einmal war die Straße in Bewegung geraten. Jetzt näherten wir uns einem sehr bescheidenen Paß, und hier begegnete uns die einzig auffallende »geologische Erscheinung« dieser Fahrt. Die Gesteinsschichten waren plötzlich umgestülpt und – nicht durch Regen, sondern durch Wind – zu phantastischen Gebilden verwittert, die an die manuelinischen Bauten Portugals, in Batalha beispielsweise, erinnerten. Vorbei an dieser gewachsenen Märchenarchitektur wanden wir uns wieder bergab und siehe, dort unten lag das Rote Meer, ruhig, reizlos, ereignislos – eine ebene Fläche jenes Stoffes, aus dem Meere gemacht sind, und nicht einmal sehr farbenfreudig. Während ich es im Näherkommen mit leiser Wehmut betrachtete, mochte ich nicht ausschließen, daß eine unschuldige Kindheitsphantasie mein Unterbewußtsein auf ein Meer vorbereitet hatte, das tatsächlich rot war. Die Steigung flachte ab, wir rollten gemächlich auf ein offenes Tor zu, ein Verkehrspolizist hielt uns an und inspizierte Alaas Papiere, die in Ordnung waren. Das war unser erster Kontakt mit Port Safaga am Roten Meer.

Port Safaga ist, leider muß es gesagt werden, ein trübseliges Nest, ein Lager für Matrosen, von hohem Stacheldraht umgeben, praktisch Kasernengelände. Inzwischen war mir einiges klargeworden. Die Piste durch die Arabische Wüste gab es schon seit eh und je, jetzt aber hatte sie sich zu einer erstklassigen Heerstraße gemausert, die es den Ägyptern ermöglichte, Truppen und Nachschub nach Port Safaga zu bringen und somit einen Teil ihrer Marine im Roten Meer direkt gegenüber der Einfahrt zum Golf von Suez und zum Golf von Akaba zu stationieren. 1984 schienen mir freilich die meisten Hafenanlagen heruntergekommen oder so schlecht gepflegt, daß sie praktisch unbrauchbar waren. Immerhin waren die Flakgeschützstellungen am Hafen bemannt und nach Osten ausgerichtet. Nachdem Israel und Ägypten Frieden geschlossen hatten, waren die Arbeiten eingestellt worden, die Wüstenpiste stand nun jedem frei, den die Neugier trieb, sie zu benutzen. Nur die Flakstellungen waren noch bemannt – vorsichtshalber und weil bekanntlich die Streitkräfte auch in Friedenszeiten Beschäftigung brauchen. So saßen sie denn an ihren Geschützen oder exerzierten mit mäßigem Erfolg hinter dem hohen Stacheldrahtzaun.

Mehr aus Pflichtgefühl schlenderten wir, hier und da einen Kiesel aufhebend, über den Muschelstrand, dann fuhren wir weiter. Sie waren doch nicht ganz ohne Wert, diese ermüdenden Meilen, diese Mengen an Leere, an Verlassenheit. Es war in dem Sinn eine Fahrt durch den Raum, als es da einen Punkt gab, der sich nicht greifen ließ. Man tat etwas und tat doch nichts.

Wir wandten uns ins Binnenland, wo wir über eine andere Strecke ins Niltal zurückfahren wollten. Wir kamen zu einer Goldmine aus moderner Zeit, die auf der Karte nicht verzeichnet war. Nasser hatte sie, wie so viele andere Einrichtungen, geschlossen, und zwar einfach deshalb, weil sie in ausländischem Besitz gewesen war. Der Wachmann schickte uns auf unserer Suche nach der Mine aus der Römerzeit noch ein Stück weiter, bis zum nächsten Brunnen. Das Dorf Bir Umm Fawakhir, bestehend aus einem einsamen Haus am Straßenrand und einer Schutzhütte für einen Polizeiposten gegenüber, lag fast genau im Zentrum einer weiteren Schlammebene. Etwa hundert Meter dahinter erhob sich eine Steinkonstruktion, die von fern an einen Luftschutzbunker erinnerte. Vielleicht ein von der Altertümerverwaltung zum Schutz des alten römischen Brunnens errichtetes Bauwerk? Der Bau war tatsächlich zum Schutz des Brunnens gedacht, aber errichtet hatten ihn die Römer, die scheinbar gerade erst abgezogen waren, denn sein Alter war nicht zu schätzen. Wir stärkten uns zunächst mit Orangensaft in dem Haus, das nebenbei auch als Café fungierte, dann begaben wir uns zu dem Brunnen. Der Brunnen von Umm Fawakhir hinterläßt einen im Wortsinn tiefen Eindruck. Der Schacht, etwa fünf Meter im Durchmesser und 100 Meter in der Tiefe, ist sorgfältig ausgemauert, daneben ist ein schmaler Schacht in den Stein gehauen, in dem eine Wendeltreppe nach unten führt. Alle 15 Meter fällt durch einen Durchbruch zwischen den Schächten Licht auf die Füße des unerschrockenen und zunehmend erschöpften Begehers, denn der Abstieg ist fast so mühselig wie der Aufstieg, den ich antrat, nachdem ich etwa die Hälfte der

Strecke bewältigt hatte. Ich halte mich zwar nicht für einen Brunnenkenner, fand aber diesen hier ganz besonders aufwendig und ungewöhnlich. Alaa, der bis unten gewesen war, versicherte mir, daß am Grunde noch Wasser stand. Und dann sagte er noch mit einiger Bitternis, daß so gut heute in Ägypten niemand mehr zu bauen vermöchte. Freilich hatten ja auch damals hier nicht die Ägypter, sondern die Römer gebaut. Jetzt wurde mir auch klar, warum die Römer diese massive Schutzmauer errichtet hatten. Ohne sie hätte eine plötzliche Überschwemmung den Brunnen mit Schlamm gefüllt. Wir gingen zurück zu dem Café, denn ein Brunnen ist ein Brunnen ist ein Brunnen, mag er auch noch so gut gebaut sein, und ließen uns Tee aufbrühen, mit Wasser, das gewissermaßen von den alten Römern stammte.

Noch standen meine antike Goldmine und die Sklavenhütte aus. Der Sohn des Hauses war ein hübscher, aber dreckiger kleiner Junge. Wasser war offenbar nur zum Trinken da. Er trug einen riesigen Turban und hatte böse Schrammen auf einer Gesichtshälfte. Er war gegen Steine gestoßen, als er auf seinem Fahrrad eine Antilope gejagt hatte. Sagte er. Immerhin erklärte er sich bereit, uns die Goldmine und die Hütten zu zeigen. Wir fuhren los. Weiter, erklärte der Junge, immer noch weiter. Mir kam das nicht recht geheuer vor, aber wir mußten uns jetzt auf unseren Führer verlassen. Nach zwei, drei Kilometern hieß er uns anhalten und bot uns statt der Goldmine und der Hütten Graffiti zur Besichtigung, was nicht ganz Zweck der Übung gewesen, aber nicht uninteressant war. Einige waren »pharoni« – hieroglyphische Hinterlassenschaften der Regimenter, die unter der Herrschaft dieses oder jenes Pharaos dort stationiert gewesen waren, unberührt wie der Brunnen, gleichsam heute erst entstanden, vielleicht in der Kühle des Morgens. Mir schienen sie – aber das müssen wohl die Ägyptologen entscheiden – von weniger Bildung zu zeugen als die reiche Ausbeute, die wir vor Jahren in Assuan auf den Felsen der Insel Sehel gesehen hatten. Auch Kritzeleien auf Griechisch und Latein fanden sich, meist Namen von Reisenden. Hier und da standen dazwischen und manchmal darüber moderne Schmierereien, aber wer mag von Vandalismus sprechen angesichts einer dreitausendjährigen Graffitikunst in steinerner Einöde? Wann hat ein Haus weder Holz noch Stein? Wenn es ein Schneckenhaus ist, sagt das Scherzrätsel. Wann wird aus Vandalismus Archäologie? Noch am selben Tage, so schien es mir. Diese Touristen! Hatten auch sie den törichten Drang verspürt, den Bogen zwischen Niltal und Rotem Meer zu schlagen, die zu ihrer Zeit – oder vielmehr am Morgen dieses Tages – einander noch ferner gewesen waren als zu der unseren?

Der Junge wollte uns zu der nächsten Graffiti-Fundstelle lotsen, aber wir blieben hart. Entweder die Goldmine und die Sklavenhütten oder gar nichts. Der kleine Gauner hieß uns wenden und geradewegs zu dem römischen Brunnen von Umm Fawakhir zurückfahren, stieg aus und deutete mit großer Geste. Die Hütten, um die es mir ging, seien knapp zweihundert Meter weiter. Ich setzte mich in Bewegung, aber der Junge wollte uns jetzt unbedingt das Weiße Haus zeigen, das habe sich einst der Besitzer der modernen Goldmine gebaut, aber der sei »weggegangen«. Wir weigerten uns, und der Junge wandte sich ab und sagte, die Hütten und die Mine, die ich hatte sehen wollen, lägen eineinhalb Kilometer weiter im Tal, aber es sei sinnlos, sie anzusehen, die schauten auch nicht anders aus als das, was vor uns lag. Dann trollte er sich mit dem, was wir ihm halb erbost, halb belustigt, aber nicht ohne Bewunderung in die Hand gesteckt hatten. Er hatte seine Autorität sehr geschickt genutzt und dürfte es noch einmal weit bringen, sofern er sich nicht bei der Antilopenjagd den Hals bricht oder von einem Touristen umgebracht wird. Das Denkwürdigste an dieser Wüstendurchquerung blieb der prächtige Brunnen von Umm Fawakhir. Ein Tag in der Wüste – selbst auf gut ausgebauten Straßen – läßt einen ermessen, wie wichtig Brunnen sind.

Wir fuhren noch 60 Kilometer, passierten die Brunnen von Hammat und von El Laqeita, und ich quetschte das arabische »q« so tief in meinen Hals hinein, daß ich mir schier eine Halsentzündung dabei holte. Der Schnalzlaut der Kaffern oder das implosive »p« sind ein Kinderspiel gegen dieses »q«. Doch dann entließ uns die Wüste in ein Land aus Grün und Gold, mit reifem Zuckerrohr, Palmen und von glitzerndem Wasser umspülten Feldern. Nach der braunen Welt der Wüste mit ihrem Felsgewirr, dem getrockneten Schlamm und den wie zufälligen Sandverwehungen fiel die pingelig-exakte Felderwirtschaft Ägyptens besonders ins Auge. Von jeher läßt der Ägypter seinen Äckern – und mögen sie noch so klein sein – die gleiche liebevolle Pflege angedeihen, die ein Engländer oder Holländer auf seinen Vorgarten verwendet. Noch etwa 20 km ging es am Nil entlang; nachmittags gegen drei waren wir wieder in Qena. Die frühe Ankunft macht deutlich, wie unkompliziert diese Fahrt zum Roten Meer ist. Wer aber als Europäer grüne Felder als Normalzustand betrachtet, wird Gewinn von dem Ausflug haben, denn er läßt ihn erfahren, was Dürre ist und welche Bedeutung den Brunnen zukommt.

Dieser Wunderbrunnen von Bir Umm Fawakhir war natürlich eine Kapitalanlage. Heute versorgt er eine Familie und einen Polizisten. Damals hatte er die Goldmine zu versorgen, und man hat seinerzeit gewiß Berechnungen angestellt, die sich nur nicht in der klassischen Literatur niedergeschlagen haben. Soundso viele Sklaven, so mögen sie gemurmelt haben, die soundso viel Wasser verbrauchen; berücksichtigt aber auch plötzliche Überschwemmungen, die Wasserversorgung ist unter allen Umständen sicherzustellen, wie tief wir auch graben, wie mühsam wir Stufen in den Fels schlagen müssen, von einer sicheren Mauer um den Brunnen herum gar nicht zu reden. Kein Wasser, kein Gold. Der Bir Umm Fawakhir war damals das, was heute eine Ölquelle ist. Anders als andere Relikte kolonialer Herrschaft – Wasserleitungen, Dämme, Eisenbahnen, Straßen –, aus denen auch spätere Generationen noch Nutzen ziehen, wenn die Zuchtmeister abgezogen und ihre größte Leistung, Gesetz und Ordnung, in Chaos und Gewalt zusammengebrochen sind, war die Daseinsberechtigung des Brunnens dahin, als die Goldvorkommen sich erschöpft hatten, und dahin waren auch die Sklaven, die das Gold bis zur Erschöpfung ans Tageslicht gefördert hatten. Die Arbeit in den Minen war das Schlimmste, was einem Sklaven widerfahren konnte. In der Gier nach Erz verzehrte sich jedes menschliche Gefühl, und die Sklaven wurden in einen Tod getrieben, der Erlösung aus verzweiflungsvollem Elend und ständiger Gefahr gewesen sein muß. Und so steht denn dort dieser antike Brunnen, voll funktionsfähig und in all seiner Perfektion ein anschaulicheres, traurigeres Denkmal der Habgier und Gleichgültigkeit als jede Statue des Ozymandias.

Als wir zur Uferstraße zurückkamen, sahen wir, daß Shasli das Boot verlegt hatte. Wir erfuhren später, daß ein großes Touristenschiff vorbeigerauscht war, dessen Bugwelle uns gegen die Stufen geschleudert hatte. Da der *Hani* weitere Schicksalsschläge nun wirklich nicht mehr zuzumuten waren, hatte Shasli sie vernünftigerweise fünfzig Meter von ihrem ersten Liegeplatz entfernt mehr oder weniger außer Reichweite der Bugwellen vertäut. Der Graufischer kreiste und flirrte und tauchte immer noch um das Boot herum. Ann saß einigermaßen regeneriert auf dem Oberdeck in der Sonne. Rushdie allerdings war noch krank gemeldet.

Das Auto hatte die Reise gut überstanden, und alle waren dafür, am nächsten Tag – diesmal mit Ann – noch einmal loszufahren. Auch wenn der Wagen sich gut gehalten hatte, war er doch gebrechlicher – wenn auch nicht älter – als wir. Eine schonendere und nicht so lange Fahrt schien angezeigt. Wir fragten, ob es möglich sei, einen kleinen Einblick in das Leben der Fellachen aus dieser Gegend zu bekommen.

9 Bassem und Azza holten uns am nächsten Morgen um viertel vor sieben ab. Ann, Alaa und ich bestiegen den kleinen Wagen, und los ging die Fahrt. Es sollte ein Tag der Töpfe werden, was nicht viel mit Fellachen zu tun hat; es ist mir nicht gelungen, die Ägypter davon zu überzeugen, daß ich wirklich gern einen Mann kennengelernt hätte, der einen halben Morgen Land und keine Kuh sein eigen nennt. Vielleicht wußten sie besser als ich, wie unmöglich – selbst über einen Dolmetscher – die Verständigung gewesen wäre. Vielleicht aber gibt es auch diese Fälle gar nicht, von denen wir so viel gehört hatten, diese Männer, Frauen und Kinder, die kaum das Nötigste zum Leben haben. Schämten sich meine Führer der Armut, wollten sie den Mangel vor mir verbergen? Meinten sie – was ihr gutes Recht gewesen wäre –, daß er mich nichts anging, da ich ja doch nichts Konstruktives dagegenzusetzen hatte? Krüge waren eine Sache der Handwerker und nicht der Bauern.

Wir fuhren zunächst zu einem Töpfersacker. Erhängte sich nicht Judas auf einem Töpfersacker? Ich habe zwar kaum einschlägige Erfahrungen, glaube aber, daß es ihm hier schwergefallen wäre, einen passenden Baum zu finden, denn dieser Acker war baumlos, graslos und öde wie eine Wüste. Er lag in einem Vorort von Qena, und zunächst sah man nur Berge von Scherben, die sich im Lauf der Jahre angesammelt hatten. Als wir parkten, kam mir dann der Begriff »Das Haus der Töpfe« in den Sinn, der, soviel ich weiß, nicht aus der Bibel stammt, sondern möglicherweise aus *Tausendundeiner Nacht*. Woher auch immer – er traf die Sache genau. Hier, auf dem Töpfersacker, stand ein Haus der Töpfe neben dem anderen, denn aus Töpfen waren die Häuser gemacht – nicht aus Scherben, sondern aus unversehrten oder nahezu unversehrten Tongefäßen. Ob Handwerker an der Töpferscheibe oder am Brennofen oder nur Handlanger und mit der knechtlichen Tätigkeit befaßt, Ton so zurechtzukneten, daß geschicktere Hände ihn nach Bedarf formen konnten – jedermann wohnte hier in einem Haus aus Töpfen, genauer gesagt Krügen von 18–20 Litern Inhalt. Wir lernten den Leiter der Töpferei kennen, und ich fragte sofort, weshalb sie ihre Häuser aus Krügen und nicht aus Lehmziegeln oder gebrannten Ziegeln bauten, da doch das Geschäft offenbar florierte. Der Mann erläuterte, daß sie als Baumaterial nur Krüge verwendeten, die beim Brennen Sprünge oder Löcher bekommen hatten. Ganz gebliebene, fehlerlose Krüge wären durch die krassen Unterschiede zwischen Tag- und Nachttemperatur schnell geplatzt. Deshalb würden wir unter den vielen Reihen übereinanderstehender Krüge, aus denen die Wände bestanden – wir sollten einmal ganz genau hinsehen –, auch nicht ein Gefäß finden, das nicht eine Lüftung gehabt hätte, und zwar nicht in das Haus hinein, sondern vom Hausinneren durch den Krug hindurch ins Freie. Was wir vor uns sahen, stellte Ann fest, war also praktisch die erste Hohlblockmauer der Welt, kühl im Sommer, warm im Winter, den Unterschied zwischen Tag und Nacht ausgleichend. Mit einem Strohdach versehen, war so ein Haus aus Krügen die beste Wohnstätte, die man sich nur wünschen konnte, wenn man sich nicht gerade eine Villa in den Kopf gesetzt hatte. Diese Häuser waren zwar nicht viel mehr als Hütten, aber die ungewöhnliche Konstruktion, die Unregelmäßigkeit und zwangsläufige Individualität, die Gruppierung zu einem Dorf verlieh ihnen ein sehr charakteristisches Gepräge, ja, ausgesprochenen Charme. Wenn man von den seltenen Überschwemmungskatastrophen absah, bei denen kein Haus der Wucht der schlammigen Wassermassen aus den Wadis standzuhalten vermochte, erfüllten sie in diesem Klima, unter einem so selten bewölkten Himmel, durchaus ihren Zweck, denn sie besaßen alle ein Dach. Das ist ein sehr wichtiger Gesichtspunkt. Sie hatten solide hölzerne Dachbalken, und über den Balken lag eine dicke Schicht Zuckerrohrstroh. Als ich vor zehn Jahren Häuser – oder besser Hütten – ohne Dach gesehen hatte, glaubte ich, Dächer seien in einer regenlosen Gegend überflüssig. Ich stellte mir vor, wie die glücklichen Ägypter – oder Nubier, wie wir die Einwohner dieser Gegend und weiter südlich nun wohl zunehmend nennen mußten – in ihren Hütten unter dem gestirnten Himmel schliefen, so wie angeblich die Beduinen ihre Nächte verbrachten, im Licht heller Sternbilder um das Lagerfeuer geschart und mit der Erfindung der Astronomie beschäftigt. Völlig falsch! Jeder Ägypter (Nubier, Beduine) hätte gern ein Dach, und sei es nur eine Zeltplane. Schon im Boot hatten wir gemerkt, wie an einem heißen Tag nach Sonnenuntergang der klare Himmel die Hitze aufschluckte und wir anfingen zu frieren. Dabei hatten wir ein hölzernes Deck zwischen uns und dem eisigen Strahlen der Sterne. Wieviel schneller, wieviel gefahrbringender mußte die Abkühlung bei armen Teufeln vor sich gehen, die bestenfalls ungenügend ernährt und leicht bekleidet die Nacht unter einem von keiner Wolke verhüllten Himmel verbringen mußten. Wenn der Nubier oder Ägypter kein Dach über dem Kopf hat, liegt das schlicht und einfach daran, daß er es sich nicht leisten kann. Holz war in Ägypten schon immer ein kostspieliges Gut. Es gibt dort keine bewaldeten Randgebiete, es gibt nur Ackerland oder Wüste. Die Fellachen aber sind offenbar zum Teil so arm, daß sie nicht einmal die paar Kröten für eine Ladung Schilf oder Binsen zum Abdecken einer Lehmhüttenecke übrig haben. Eine so bittere Armut ist schwer vorstellbar, und es war dieser Aspekt Ägyptens, zu dem ich Zugang suchte und den ich – das sei schon an dieser Stelle gestanden – nicht fand. Die bedachten Krughäuser zeugten von erheblichem Wohlstand. Die Ägypter sind seit jeher zu Recht berühmt für ihre Meisterwerke aus Stein, aber als ihr natürliches, als das ihnen zugewachsene heimische Material muß Lehm oder Schlamm gelten.

In einer der Hütten führte uns ein Töpfer bereitwillig seine zauberische Fertigkeit vor, die ihre Wirkung auf den Betrachter – und vielleicht auch auf den Schöpfer – nie verfehlt: das Wachsen, Knospen, Blühen, Früchtetragen und Vergehen eines Samens aus Lehm, das sich wie von selbst zu vollziehen scheint, nur gestützt und vorteilhaft zur Geltung gebracht durch die

Hand des Töpfers, vergleichbar der Hand einer Mutter, die behutsam ihr Baby hält, indes sie es vorzeigt. Wir rissen uns los (oder wurden losgerissen) und besichtigten den großen Brennofen, der – zumindest an der Außenseite – ebenfalls aus Krügen gemacht war. Beim Anblick des Bergs alter Tonscherben fielen mir Begriffe wie »Cocking Troop«* und »Kerameikon« ein, und ich fragte, ob der Scherbenberg einen besonderen Namen habe, aber auch hier war das Arabische nicht besonders eloquent. Auf Arabisch hieß er einfach »der Haufen«. Man hatte mir gesagt, im Arabischen gäbe es so viele verschiedene Bezeichnungen für einzelne Gegenstände – sechzig für ein Schwert, wenn ich mich recht erinnere –, daß der Lernende sich sogleich hilflos in der Vielfalt verlieren könne, und auch deshalb habe ich nie versucht, die Sprache zu meistern. Nach meinen Erfahrungen in Ägypten neige ich jetzt zu der Ansicht, daß die Wörter, da ihrer so viele sind, nackt und bloß ins Leben hinausgeschickt werden. Auch einen Brunnen bekamen wir zu sehen, ohne steinerne Schutzmauer und ohne Stufen, die in die Tiefe führten, dafür sahen wir hier zum ersten Mal aus nächster Nähe die angeborene Begabung des Ägypters für die Bearbeitung von Holz, sofern ihm dieses Material zur Verfügung steht. Die Winde hatte keinerlei Metallteile, weder am Lager noch am Griff. Die Lager waren aus Holz, aber sehr widerstandsfähig. Die Trommel, um die das Palmblattseil lief, war ein Käfig aus ineinander verschränkten Latten. Das Ding wirkte windschief und gebrechlich, als müsse es jeden Augenblick auseinanderfallen, in Wirklichkeit war es ein uralte, offensichtlich bewährte Konstruktion. Diese Mischung aus Zufälligem und Zielgerichtetem, dieser äußere Anschein des Klapprig-Baufälligen ist kennzeichnend für bäuerliches Handwerk in Ägypten. Der Gedanke, mit einem zwar primitiven, aber wohltuend symmetrischen mechanischen Hilfsmittel könne es sich angenehmer arbeiten, liegt ihnen ganz fern. Hauptsache, so die Devise, das

* Englischer Ortsname; ursprüngliche Bedeutung »Ort mit Scherbenfunden« (aus römischer Zeit). (Anm. d. Übers.)

Ding funktioniert; und daß dies hier funktionierte, war augenfällig, denn in diesem Augenblick drehte ein Mann die Trommel und wickelte das Seil auf, an dessen Ende – nein, kein Eimer, sondern ein Korb mit etwa einer halben Tonne Lehm zum Vorschein kam, den sie über Nacht feucht und kühl gelagert hatten. Wir bedankten uns und fuhren weiter durch die Vororte und dann durch ein Gewirr kleiner Straßen nach Garagus, einem Dorf, das allen anderen ägyptischen Dörfern glich, die ich gesehen hatte und noch sehen würde – nicht so sehr schmutzig als unordentlich, denn wen stören schon ein paar getrocknete Kuhfladen, ein bißchen dürres Stroh? Die heiße, tropennahe Sonne hatte das alles desinfiziert, oder so kam es uns jedenfalls vor.

Die Häuser waren sichtlich nach einer Art Wegwerfprinzip errichtet, daß heißt, man wohnte darin, bis sie zusammenfielen, was etliche bereits getan hatten, manche auf einen Schlag, die meisten aber stückweise, hier ein Riß, dort ein Loch in der Mauer, weiße Geröllhalden als Attribute des Dorflebens vor oder auch im Haus, kein Unflat wohlgemerkt, sondern sauberer Schutt, für die Einwohner offenbar etwas ganz Selbstverständliches. Auf die Idee, daß man Schutt auch wegräumen könnte, schien kein Mensch zu verfallen. Wie überall liefen auch hier scharenweise Kinder herum, vergnügt und an den Fremden interessiert, überdies sahen wir Scharen von Erwachsenen und womöglich noch größere Scharen von Tieren aller Art. Ägyptens Fruchtbarkeit erstreckt sich offenbar auf alle Ebenen. Anderswo würde man so ein Dorf Stadt heißen. Nicht nur Kairo, sondern sämtliche Städte in sämtlichen Provinzen platzen aus allen Nähten, das Durchschnittsalter dieser dicht an dicht lebenden Bevölkerung scheint sehr viel niedriger zu sein als bei uns. Entweder waren – was wahrscheinlich ist – meine diagnostischen Fähigkeiten unzureichend, oder die berühmt-berüchtigten ägyptischen Krankheiten waren tatsächlich weit und breit nicht auszumachen.

Es war, wie gesagt, ein Tag der Töpfe. Ein Töpfer, der sich äußerlich in nichts von den anderen Dorfbewohnern unterschied, nahm uns in Empfang. Er trug eine Galabiya und einen eng gewundenen Turban und war koptischer Christ. Während er uns durch einen schmalen Durchgang zu seiner Werkstatt führte, startete eine Fliege von der rechten Wand, umkreiste seinen Kopf und setzte zur Landung wieder an der Wand an. Ich erwähne das, weil es mich auf etwas brachte, was in unserem Erfahrungsschatz bislang fehlte: die verrufene Fliegenplage Ägyptens. Wir hatten jetzt Ende Februar, waren aber andererseits nicht allzu weit von den Tropen entfernt. Einigermaßen verblüfft wurde ich gewahr, daß wir noch keine Fliegen und herzlich wenig andere Insekten – einschließlich der notorischen Haustierchen – gesehen hatten. Die Luft war frei von jenen Schwärmen, die hier angeblich den Kopf oder andere Körperteile sämtlicher lebender Wesen umschwirren. Ich konnte nur vermuten, daß dies auf den Ge- und Mißbrauch des DDT und anderer Neuerungen zurückzuführen war. Und daß weniger Fliegen und Flöhe die eine Seite jener Medaille sind, auf deren andere Seite der Niedergang des Heiligen Ibis geprägt ist. Dieselbe Erfahrung hatte ich vor einem Vierteljahrhundert in Griechenland machen müssen. Wahrlich ein prekäres Gleichgewicht, um das wir uns da bemühen! Indessen hatte sich die rare Fliege wieder an der bröckelnden Wand etabliert, und wir hatten die Werkstatt des Töpfers betreten. Seine Regale standen voller Waren, der Boden war aus Beton, nicht aus gestampfter Erde, die Regale aus dem so kostbaren Holz. Mehr noch – auf einer Seite des Durchgangs, der, wie ich jetzt sah, eine Sackgasse war und zum Privatgrundstück des Töpfers gehörte, stand ein elektrischer Brennofen. All das war sein Eigentum, und der an seiner Galabiya und seinem Turban klebende getrocknete Lehm bewies, daß er tatsächlich hier arbeitete. Er sprach ein paar Worte Englisch, aber besser Französisch. Man brachte Stühle und Tee. Im Dorf wohnten mehr Kopten als Moslems. Er zeigte uns sein Lager. Unter den dicht an dicht stehenden Töpferwaren auf den Regalen befanden sich auch christliche Heilige und das Kreuz, kein östliches oder westliches, sondern – »pharoni«! – das altägyptische Henkelkreuz, auch Ankh oder Lebensschleife genannt. Wir sahen vielerlei Töpfe und Krüge und Figürchen, teilweise sehr gekonnt gemacht. Bis auf das Ankh muteten weder Technik noch Themen sehr ägyptisch an. Alle Gegenstände waren aus rohem roten Ton und hatten Glasur und zweiten Brennvorgang noch vor sich. Das zumindest partiell gedolmetschte Gespräch verwirrte mich. Zunächst waren mir die häufigen Hinweise auf »die Väter« und »die Fremden« unverständlich, aber nach einer Weile klärte sich einiges. Jesuiten hatten in dem Dorf missioniert, vor dreißig Jahren waren einige »französische Fremde« gekommen und geblieben, Töpfer von Beruf, die – offenbar auf Geheiß der Jesuiten – die Einheimischen ihr Handwerk gelehrt hatten. Es war also nicht bodenständig, daher die unägyptischen Stilelemente, die paar Brocken Englisch und Französisch. Said – so hieß der Töpfer – erklärte, die Fremden seien »weggegangen«. Die Einrichtung der Schule hatten sie an die Dorfbewohner verkauft. Und dann? Dann hatte das Dorf die Schule weitergeführt. Gehörte Said der Schule an? Nein, nicht mehr, er sei lieber sein eigener Herr, habe sich selbständig gemacht, habe auch einen Lehrling, aber die Jugend von heute sei sehr schwierig. Würden wir ihm die Freude machen, uns etwas aus seinem Lager auszusuchen? Da war sie wieder, die unumgängliche und äußerst heikle Geschenksituation. Etwas Wertvolles, das man ohnehin nicht mit in die Maschine nehmen und erst recht nicht in Ägypten herumschleppen kann, möchte man sich nicht schenken lassen. Wie aber reagieren? Ich wußte mir nicht anders zu helfen, als Lobeshymnen auf den kleinsten und billigsten Artikel zu singen, den ich sah, ein Ankh-Kreuz aus rotem Ton. Said enteilte und überreichte mir wenig später ein Duplikat, bereits zum zweiten Mal gebrannt und blau glasiert. Während ich dies schreibe, liegt es vor mir auf dem Schreibtisch, mit einiger Mühe kann ich den Namen »Garagus« entziffern. Ein »Gruß aus Garagus« also, oder aber ein Gruß von den alten Ägyptern, stilecht aus rotem Ton mit blauer Farbe, durch freundliche Vermittlung der Jesuitenpatres und der »Fremden«.

Said führte uns weitere Handwerksbetriebe vor. Ein Schreiner brachte uns in sein Haus, wo seine Tochter Teppiche webte. Sie benutzte sehr dickes Material, und die Teppiche waren schwer. Erleichtert überlegte ich, daß man uns von diesen guten Stücken wohl keins aufdrängen würde. Zum Teil, aber nicht durchweg, verwendete die Schreinerstochter alte Muster. Man hatte sie ermutigt, ihre Phantasie spielen zu lassen, und so entwarf sie ihre Muster selbst, ausgedachte und solche nach Abbildungen: Schiffe, Flugzeuge, Automobile oder interessante, wenn auch unverständliche Ereignisse aus den Zeitungen, die sie nicht lesen konnte. Wer den Webstuhl gebaut hatte, wollte ich wissen, und natürlich war er ein Werk des Schreiners. Eilfertig führte er uns durch die drei dunklen Räume und zeigte uns die Möbel, Stück für Stück. Wie Gottvater hatte er alles selbst gemacht, wohl auch das Haus. Dann brachte er uns zu einem kleinen Gelaß, das in eine Grube auslief. Über der Grube erhob sich ein Webstuhl, und darunter saß eine Frau. Der Webstuhl war nach dem gleichen Prinzip gebaut wie die Winde des Brunnens am Haus der Töpfe, das heißt, nicht aus gesägten Brettern, sondern aus roh behauenem Holz, das verzapft und verdübelt war. Es war ein durch und durch zweckmäßiges Stück, und da die Toleranzen viel enger waren als bei der Brunnenwinde, wirkte es gefälliger, ja, geradezu elegant. Diese Eleganz hatte sich gleichsam auf die Frau übertragen. Sie war in mittleren Jahren, hatte ungeschminkte, scharf geschnittene Züge und prächtigen silbernen Nasenschmuck. Über dem Haar lag ein purpurner Schleier, das Kleid war grün und rot und purpurn, an Armen und Knöcheln baumelten silberne Kettchen. Sie kauerte in der Grube unter dem Webstuhl und ließ unter dem Hin- und Hergehen ihrer Hände den Webstuhl sein Zauberwerk tun. Dicke Docken gefärbter Seide hingen an einem Balken über ihrem Kopf. Mir schienen die Farben greller – leuchtender, wenn Sie so wollen – als Pflanzenfarben, freilich war ich kein Kenner auf diesem Gebiet. Pflanzenfarben wären für diese hinreißende Darbietung einer Handwerkskunst, bei der vom Webstuhl über das verwebte Garn bis zur Weberin alles bodenständig war, das Tüpfelchen auf dem i gewesen. Ich erkundigte mich, wo sie den Webstuhl gekauft hatten, und bekam die Antwort, die ich erwartet hatte: Er war ein Werk des Schreiners. Mittlerweile hatte sich so ziemlich das ganze Dorf in den Durchgang gezwängt und drängte zur Grube. Es war ein Nehmen und Geben: Für die Dörfler waren wir ebenso exotisch wie für uns die Weberei in diesem Ambiente. Alle waren glücklich und zufrieden. Auf dem Rückweg bedeutete man mir, durch eine Tür zu schauen. Hier saß eine hochbetagte Frau an einem ebenfalls vom Schreiner gefertigten Spinnrad. Man nehme ein Bündel Anschürholz, spitze die Enden an, bohre ein paar Löcher, stecke alles zusammen – und fertig ist eine Maschine zur Herstellung von Garnknäueln oder Docken aus Haufen bunt gefärbter Wolle. Auch das mußte man gesehen haben, um es würdigen, um es glauben zu können. Was sonst wie von selbst oder mit Hilfe der Elektronik in die Verkaufsregale gelangte, konnte man hier auf dem Weg vom Rücken der Wollspender über das Spinnrad der Alten und die zauberisch hin und her gehenden Hände der Schreinerstochter verfolgen, bis es – o Wunder – zum Teppich geworden war, dem Fliegenden Teppich aus dem Märchen. Nie mehr werde ich mit dem früheren Gleichmut auf einem Teppich stehen können. Ich fragte den Schreiner und das ganze Dorf, das uns getreulich gefolgt war, wie lange man hier schon webte und wo sie das Weben gelernt hatten, und alle lachten. Das Handwerk ging zurück bis in die Pharaonenzeit, denn so übersetzte ich die Rufe »Pharoni! Pharoni!«, und mag man mich auch einen Romantiker schelten, so war ich (obzwar verunsichert durch die Geschichte der hiesigen Töpferei) durchaus bereit, den alten Skeptiker in mir zu überwinden und ihnen zu glauben.

Jetzt übernahm wieder Said die Führung. Er brachte uns zu der Schule, in der er selbst sein Handwerk gelernt hatte, und stellte uns Mustapha, seinen Meister, vor, der vier Lehrlinge hatte. Es seien mehr gewesen, aber die anderen seien weggegangen. Die Schule läge im Sterben.

»Im Sterben?« fragte ich. »Sie meinen, die Schule ist tatsächlich am Ende?« Jawohl, so sei es, leider. Mustapha sprach gut

Französisch, die Antwort war unzweideutig. Die Impulse, starke Impulse, waren von den Jesuitenpatres und von den »Fremden« ausgegangen. Er zeigte uns die hervorragenden Bauten, die komplizierten Maschinen, die beiden Brennöfen, die westlichen Töpferscheiben. Jetzt gab es keine Impulse mehr. Dies waren die letzten Lehrlinge. Bald würde niemand mehr da sein, um das Werk weiterzuführen.

Ich mußte akzeptieren, was ich nicht begreifen konnte. Ohne die Ausländer, ohne die Jesuiten war dies alles zum Untergang verurteilt. Man empfand eine seltsame Malaise, als ob Jahr für Jahr eine kräftige Spritze neuen Lebenswillens benötigt würde. Ich dachte an die unvollendeten Häuser, die ich gesehen hatte, die fix und fertig bereitliegenden, aber nicht verwirklichten Pläne, von denen gesprochen wurde, als seien sie bereits ausgeführt. Was war das? Hatte ich eine Entdeckung gemacht, oder bildete ich mir das nur ein? Verhielt es sich vielleicht so, daß auch der wohlmeinendste Ausländer dem sanften, indolenten Fellachen nur eine Zivilisation aufzwingt, die er nicht will und nicht braucht?

Die Töpferwerkstatt hatte ein wohlsortiertes Lager. Ja, manchmal schickten sie die Sachen nach Kairo zum Verkauf. Was hätte ich gern? Ich sah viele lustige Figuren, die aber als Geschenk viel zu kunstvoll waren. Der heilige Georg auf seinem Pferd senkte seinen Speer in einen sich windenden Teufel. Etwas an diesem Teufel kam mir sonderbar vor.

»Mais, Monsieur, votre diable est feminin!«

»Eh, Monsieur, pourquoi pas?«

Wieder wählte ich den kleinsten Gegenstand, den ich entdekken konnte, ein winziges, durchaus geschmackvolles Tongefäß. Wir bedankten uns und gingen. Was wollten wir jetzt besichtigen? Da wir uns in einem vornehmlich koptischen Dorf befanden, wollte ich gern eine koptische Kirche sehen. Dieser Wunsch war leicht erfüllbar. Die koptische Kirche war ein ganz normales Haus, nicht viel größer als die anderen und in die übrige Häuserlandschaft hineingebaut – oder die Häuserlandschaft um sie herum –, weißgekalkt und bröckelnd wie alles hier. Wir traten ein, während unsere islamische Begleitung höflich draußen wartete. In der kleinen Kirche fiel vor allem ein Dutzend Bilder mit – natürlich frommen – Sujets auf, die alle von Einheimischen stammten. Gut die Hälfte war gewebt. In Unkenntnis oder gleichgültig gegenüber der Tatsache, daß der Vatikan den heiligen Georg zur Unperson erklärt hatte, war auf den meisten Abbildungen eben jener Heilige mit seinem Drachen oder Teufel dargestellt. Das Gewebe war – anders als die Keramik – zu grob, um eine Geschlechtsbestimmung des Dämons zuzulassen – oder vielmehr des Opfers, denn danach sah er/sie/es eher aus. Ich hatte das Gefühl, als schicke der heilige Georg sich auf den Bildern an, eine Jungfrau aufzuspießen, statt sie zu erretten – ein Perseus, der Jungfrau und Seeungeheuer verwechselt hat, was mich zu möglicherweise übertrieben weitgehenden Folgerungen im Hinblick auf den Status der Frau in Oberägypten verleitete. Der ägyptische Mann ist in aller Unschuld nach wie vor der Ansicht, eine Begrenzung der Rolle der Frau in der Gesellschaft sei *nur zu ihrem eigenen Besten.*

Ob es am Ort noch mehr Kirchen gäbe, wollte ich wissen. Aber ja, erwiderte Mustapha, die katholische Kirche mit der angeschlossenen Poliklinik. Interessant! Offenbar war an der missionarischen Tätigkeit nur das Religiöse nicht mehr gefragt. Wir gingen zu der Kirche, vor der Kinder der zugehörigen Schule Pausenfußball spielten. Eine neapolitanische Nonne, die perfekt Englisch sprach, nahm uns in Empfang und zeigte uns die Kirche. Zu meiner Verblüffung hing im Sanktuarium das koptische Kreuz, und ich hätte schwören mögen, daß es aus Saids kleiner Töpferwerkstatt stammte – roter Ton und ein Hauch von blauer Glasur, genau wie das kleinere Exemplar, das in meiner Tasche steckte. Ich fragte die Ordensschwester danach. Ja, dies sei eine koptische Kirche und eine katholische Kirche. Offiziell die koptisch-katholische Kirche, keine bloße Gemeinschaft, sondern eine regelrechte Vereinigung. Zum Teil bedienten sie sich der alten koptischen Sprache, also eigentlich des Altägyptischen, in ihrer Liturgie. Allmählich ging mir ein Licht auf, und ich empfand allergrößte Hochachtung vor der umfassenden, wahrhaft grenzenlosen Subtilität der katholischen Kirche und ihrem politischen Gespür. Ohne Falsch wie die Taube und klug wie die Schlangen, oder auch: getrennt marschieren, vereint schlagen; das Ganze zweifellos gefällig verpackt in geistlich-erbauliche Formulierungen. Praktisch hatte man damit geschickt Nassers zu zögerlichen Schlag unterlaufen. Die koptische Kirche, von einem Apostel gegründet, wurde toleriert (eine Brüskierung der zahlreichen koptischen Christen Oberägyptens hätte man sich nicht leisten können). Hinein also in die koptische Kirche! Und so hatte denn die Koptisch-Katholische Kirche Bestand, und das Dorf Garagus verdankte ihr Schule, Poliklinik und Kirche.

Wir liefen noch ein bißchen in der Umgebung dieses Siebentausend-Seelen-»Dorfes« herum. Am Straßenrand saß ein Greis, der laut Alaa hundertdreißig Jahre zählte. Es mußte eine sehr gute Poliklinik sein. Die Felder waren liebevoll gepflegt, man hatte fast das Gefühl, es müsse mehr Mühe machen, das Wachstum dieser schier uferlosen Fülle einzudämmen, als sie hervorzubringen. Selbst der Klee stand in großen grünen Büschen stramm und aufrecht da, statt artgerecht über den Boden zu kriechen. Die Palmen reckten sich in unsichtbare Höhen, so daß sich über uns ein grüner Himmel wölbte.

Das, so dachte ich mir, dürfte das Ende unseres Tages bei den Fellachen gewesen sein. Allmählich hatte ich das Gefühl, daß es so etwas wie arme Fellachen entweder nicht mehr gab oder daß man sie mir vorenthielt. Wir gingen zurück zum Dorf, mit seiner fast unvorstellbaren Fruchtbarkeit. Haine und Alleen dickstämmiger Palmen umstanden Weizen, Zuckerrohr, Klee, Spinat, Zwiebeln, Bohnen, Kohl und ein Dutzend anderer Feldfrüchte, die ich nicht zu identifizieren vermochte. Wo nur, wo waren die Orte und Menschen mit ihrem unerträglichen Schmutz, von denen wir aus Büchern und von amerikanischen Freunden wußten? War ich nach ihren Maßstäben selbst schmutzig und daher nicht in der Lage, ägyptischen Schmutz zu erkennen? Wir fühlten uns – Ann empfand das genauso wie ich – durchaus wohl in diesem Dorf. Gleichwohl hatten wir von

Soziologen gehört, die nach zwei Tagen kapituliert und die Rückreise an ihre Hochschulen angetreten hatten, weil sie sich dem »Dreck und Elend« eines ägyptischen Dorfes nicht gewachsen fühlten. Was hier unordentlich in der Gegend herumlag, atmete nicht Fäulnis und Verfall, sondern war schlicht und einfach kaputt. Auf einem etwa zwölf Quadratmeter großen Platz hatten sich alte Frauen, Kinder, Hühner, Hunde, eine Kuh, zwei Esel und ein Kamel versammelt. Auf der Straße stolperte man über Schmutz und Schutthaufen, getrocknet und desinfiziert unter der heißen Sonne. Das Dorf sah aus, als habe man es nach einem leichten Flieger- und Artilleriebeschuß der Sonne und der Zeit zur Heilung überlassen und als warteten nun die Einwohner in aller Ruhe ab, was daraus werden sollte.

Jetzt, dachte ich, geht es gewiß zurück zu unserem Wagen. Weit gefehlt! Es stellte sich heraus, daß Said, unser erster Töpfer, uns zum Essen eingeladen hatte. So sollten wir denn jene Prüfung über uns ergehen lassen, der sich Mr. Fisher von »Fisher's Island« verweigert hatte. Wir bogen in eine Lücke zwischen zwei Häusern ein, die ich für einen Durchgang hielt. Als ich sah, daß der Weg versperrt war, wollte ich umkehren, aber Alaa zischelte: »Das ist sein Haus.« Ich blieb. Der schmale, dachlose Zugang war Wohnzimmer und Küche zugleich. Rechter Hand waren an einem langen, niedrigen Tisch Frauen, Kinder und – ja, scheinbar auch Babys mit Vorbereitungen zum Mahl beschäftigt. Links führten ein paar Stufen zum Dach, dahinter war eine niedrige Tür, durch die wir in relative Düsternis tappten. An zwei Wänden standen drei Betten, in den Winkel dazwischen schob Said einen Tisch und brachte, zusammen mit einem jungen Verwandten, Stühle herbei. Auf der anderen Seite des Zimmers, dem Tisch gegenüber, stand noch ein Bett, aus Ziegeln gemauert und sichtlich als Ablage für allen möglichen Trödel aus der Töpferwerkstatt dienend, der an einem Ende schon überbordete und sich über etwa zwei Quadratmeter Lehmboden zu der uns schon vertrauten Geröllhalde ausgebreitet hatte. Wir setzten uns auf Stühlen und Betten um den Tisch herum, und zwei junge Männer, vielleicht aus Saids Familie, brachten Schüsseln, einen Krug und Servietten. Der eine hielt die Schüssel, der andere goß nach biblischer Sitte Wasser über unsere Hände, dann brachten er und die anderen das Essen. Es war ein üppiges Mahl: eine große Schüssel mit Huhn, Soßen, Suppe, Nudeln, sonnengetrocknetes und Fladenbrot aus dem Ofen. Wir aßen, so gut es uns auf diese ungewohnte Art möglich war. Said stellte einen einzigen Becher Wasser auf den Tisch, aber Ann und mir gelang es, ihn zu übersehen, ohne daß es unangenehm auffiel. Von dem süßen Tee, der gereicht wurde, tranken wir.

All das klingt malerisch und war es auch, aber die Begleitumstände waren es nicht. Abfall, Schutt und Schrott, wohin man sah, Sprünge und Flecken und Asymmetrie. Kein Kot und Unflat, dafür aber die Lethargie, die Schludrigkeit ganzer Generationen. Auf dem gemauerten Bett häuften sich zerbrochene Töpfe, getrocknete, ungebrannte Tonklumpen, verrostete Werkzeuge und ein Berg staubiges Geröll – Dinge, die seit der Abwanderung der Jesuiten kein Mensch mehr angerührt hatte. Im Dorf hatten wir die Beobachtung gemacht, daß nichts repariert wurde, was auch nur ein Minimum an technischem Wissen erforderte. Nackte Kabel hingen herum, Stecker, einmal aus der Wand gerissen, blieben in alle Ewigkeit in diesem Zustand. Wir bedankten uns und traten hinaus in den Durchgang, wo die Frauen gewartet hatten, bis wir fertig waren, um sich dann über die Reste herzumachen. Das klingt schlimmer, als es war, denn getreu den Gesetzen der Gastfreundschaft hatte Said weit mehr aufgetischt, als wir hatten essen können. Überdies hatte er uns mit einem Diskurs über Gastlichkeit unterhalten. Vielleicht hatte er den Eindruck, daß wir, als Ausländer, ihn gebrauchen konnten.

Wir wuschen uns an einer Handpumpe in der nächsten Gasse. Diese Pumpen, die das Wasser aus einigen Metern Tiefe holen, werden einmal einen unschätzbaren Beitrag zur Volksgesundheit leisten. Vielleicht ist es ihnen zu verdanken, daß wir nicht so viele ersichtlich Kranke im Dorf gesehen hatten wie offenbar Reisende früherer Zeiten. Die Kinder von Garagus waren allem

Anschein nach gesund und quicklebendig und konnten so, wie sie aussahen, leicht hunderdreißig Jahre werden. Unsere Besatzung schien anfälliger für Leiden aller Art zu sein als die dörfliche Bevölkerung, der wir an Land begegneten. Für statistische Zwecke freilich – gesetzt den Fall, ich glaubte an Statistik – wäre die Erhebungsauswahl zu klein gewesen. Schon stichhaltiger mag der Hinweis sein, daß sich zu meinen Lebzeiten ein Phänomen abgezeichnet hat und noch abzeichnet, das ich nie begriffen habe und das, soviel ich weiß, auch noch nie gezielt angesprochen worden ist. Es ist dies ein anti-ökonomisches Phänomen, das Prognosen jeder Art ad absurdum führt. Je mehr ein Land verarmt, desto besser geht es ihm. Unser Land ist ärmer geworden, und es geht uns besser. Das gleiche gilt für Frankreich, Italien, Griechenland und Ägypten, für Länder also, deren Entwicklung ich einigermaßen angelegentlich verfolgt habe. Wenn das kein Paradox ist ... Oder vielleicht haben wir die Erklärung darin zu suchen, daß die Volkswirtschaftslehre als theoretische Wissenschaft – mit Hingabe betrieben, umstritten, umkämpft, tiefsinnig erforscht, umfassend dokumentiert – sich eines Tages auf einer Liste der Wissenschaften mit vergleichbarem Wahrheitsgehalt wiederfinden mag, als da sind die Phrenologie, die Chiromantie, die Lehre von der Erde als Scheibe und die Zukunftsdeutung aus den Gedärmen.

Wir gingen zurück zum Wagen. Es war früher Abend. Kinder, Männer und Frauen saßen auf der harten, trockenen Erde der Straße, webten Matten und drehten Seile aus getrockneten Schilfblättern. Hier und da sah man – offenbar dort, wo die betreffende Maschine ihr Leben ausgehaucht hatte – Maschinenteile herumliegen. Maschinen lebten offenbar gefährlicher als Menschen. Wenn sich nun Bassems Wagen eine Infektion zugezogen hatte? In der Begleitung von Einheimischen waren wir privilegiert, so daß uns die Bevölkerung höflich, mit gemäßigter und vielleicht belustigter Neugier beobachtete. Niemand schien uns übel zu wollen – von dem hundertdreißigjährigen Greis bis hinunter zu dem kleinen Mädchen, das den exotischen Namen Rosalind trug – nach Mrs. Jimmy Carter. Das Anderssein des

Dorfes lag in seiner lässigen Einstellung den Sachen, dem gegenständlich Greifbaren gegenüber, in dem gleichmütigen Schlendrian, der in den Rang eines fünften Elementes, eines freundlichen Chaos, erhoben worden war. Wir verabschiedeten uns von unserem töpfernden Gastgeber und rumpelten in unserem kränkelnden Gefährt in einen Sonnenuntergang hinein, der den ganzen Himmel überlohte. Als wir wieder auf dem Boot waren, saßen wir uns eine ganze Weile auf unseren Kojen gegenüber, ohne etwas zu sagen. Und dann gestanden wir einander, daß wir beim Anblick unserer beengt-spartanischen Kabine den gleichen Gedanken gehabt hatten: In welcher Ordnung und Sauberkeit, in welchem schieren Luxus haben wir das Glück zu leben!

10

Die Entfernung Qena – Luxor beträgt etwa 60 Kilometer.

Wir fuhren am nächsten Morgen gegen sechs los. Die Luft flimmerte. Höher und höher erhoben sich die Berge Thebens. Shasli jagte das Boot wieder, der Motor tanzte in seinem Bett, die Propellerwelle vollführte Zuckungen, die eines Derwischs würdig waren. Von Gewöhnung an diesen Radau konnte keine Rede sein. Lärm und Schwingung waren eins, ob man das unentwegte Vibrieren durch die Ohren oder durch die Füße spürte, ließ sich nicht entscheiden. Es trieb uns an Deck. Der Nordwind wehte wie gewohnt, jetzt aber von achtern. Hinter Qena schwenkt der Fluß wieder auf seinen früheren Kurs, und »bahari« ist tatsächlich Norden. Die Sonne stieg höher, und sehr schnell waren wir wieder in subtropischem Klima. Plötzlich gierten wir geradezu nach Luxor, heißen Bädern, sauberer Bettwäsche, Muße, Raum, Privatsphäre. Wir gingen nach unten, ungeachtet des tanzenden Decks, holten einen großen Koffer herunter, füllten ihn mit Wäsche, zogen uns um, packten weitere Sachen in einen zweiten Koffer. Wir planten eine Reinlichkeitsorgie und beteten, das Boot möge wenigstens noch so lange halten, bis es uns in Luxor, auf einem Fleckchen unserer eigenen Kultur, abgesetzt hatte. Dann gingen wir, diesmal nicht ganz so warm verpackt, nach oben und trieben das Boot mit der Kraft unseres Willens voran. Rechts rückten die Thebanerberge näher, links tauchte eine große Zuckerfabrik auf. Wieder rechts, in knietiefem Wasser, lagen zwei imponierend große Touristenschiffe, echte rechte Musikdampfer – und beide ausgebrannt. Bei dem einen war das Oberdeck zusammengedrückt und eingefallen, das andere schien noch ganz, war aber bis auf das nackte Metall verschmort und verfleckt. Es sah aus wie ein Kinderspielzeug, das versehentlich ins Feuer gefallen ist und das man am nächsten Tag zusammen mit der Asche aus dem Kamin gekratzt hatte. Keine gute Werbung für den Fremdenverkehr, fand ich, und überlegte, warum man die Schiffe – sie waren beide noch flott – nicht in eine Werft oder zum Verschrotten geschafft hatte, aber die Frage konnte mir niemand beantworten. Sie seien durch Schäden an der Elektrik in Brand geraten, erklärte Alaa, und es habe keine Verletzten gegeben.

Luxor war kaum wiederzuerkennen. Über eineinhalb Kilometer war die Uferstraße durch Wasserfahrzeuge aller Art verdeckt, unter denen Touristenschiffe dominierten, Schwesterschiffe der ausgebrannten Wracks. Was sich die Passagiere bei deren Anblick denken mochten, blieb offen. Dazu kam eine bunte Mischung kleinerer Boote: Fähren, offene Motorboote, ein, zwei Privatjachten, Barkassen der Flußpolizei, Feluken in mehreren Größen. Auch die großen Frachtensegler lagen dort bereit, um Passagiere, die Lust und Zeit dazu hatten, noch weiter flußaufwärts, nach Esna, Edfu und Assuan zu befördern. Doch diese Segelboote, die ich auch vor zehn Jahren schon gesehen hatte, waren nur von der Konstruktion her den Arbeitskähnen am Unterlauf des Nils ähnlich. Von blätterndem Anstrich, geflickten und verschlissenen Segeln, einer abgerissenen Besatzung konnte hier keine Rede sein. Die Crew besteht gewöhnlich nur aus einem Reis in eleganter Galabiya und einem bildschön herausstaffierten Schiffsjungen in rosenfarbener Galabiya und farblich abgestimmtem rosenfarbenen Turban, der die Touristen erschreckt und entzückt, indem er in dieser Gewandung auf hölzernen Sprossen die äußerste Spitze der hohen, schlanken Rah erklimmt. Seine Aufgabe während der Fahrt ist es vermutlich, dem lässig hingelagerten Touristen Sorbet, Bier, Wein oder sonst ein Getränk seiner Wahl zu kredenzen. Der Uferstreifen selbst war, wie wir feststellen konnten, nachdem wir neben der Polizeistation an einem Ponton festgemacht hatten, von Grund auf restauriert. Hier und da erkannte man Ansätze dekorativer Begrünung, doch den größten Teil der eigentlichen Corniche nahmen jetzt Restaurants, Cafés und Nachtklubs ein. Es war ein beachtlicher Wandel, der sich hier in zehn Jahren vollzogen hatte, doch wir hielten uns nicht lange mit solchen Betrachtungen auf. Kaum hatten wir festgemacht, eilten wir auch schon in vielleicht unziemlicher Hast an Land und in das Old Winter Palace Hotel. Alaa hatten wir gesagt, die Besatzung könne von uns aus ein, zwei Tage tun, wozu sie Lust habe. Und dann gaben wir uns die größte Mühe, das Boot zu vergessen. Wir ergatterten ein Zimmer mit Blick auf den Nil und die Berge. Es hatte ein Badezimmer, in dem das Wasser in nur fünf Minuten heiß wurde. Wir nahmen beide ein Bad vor dem Lunch.

Es wurde ein langes Bad und ein langes Mahl. Danach machten wir einen kleinen Rundgang. Neue Hotels waren entstanden, Hochhäuser, die die Corniche und die Tempel beherrschten. Dankend lehnten wir die uns angebotenen Karten für die Ton- und Lichtschau ab, obgleich sie sehr gut sein soll, und verbrachten fast den ganzen Tag in dem Park hinter dem Hotel, der jetzt wohltuend gepflegt ist. Hier in der Sonne, windgeschützt, umgeben von dem Gesumm der Bienen in den Februarrosen, in Malven, Stiefmütterchen und Ziertabak, Thymian und Wicken, konnte man den Nil vergessen. Und auch aus diesem Grund waren unsere viktorianischen Vorfahren hierher gekommen.

Ein zweiter Grund, der sie in das Old Winter Palace Hotel und ins Old Cataract Hotel in Assuan geführt hatte, war die Gesundheit. Wer es »auf der Brust« hatte oder – weit ernster – »an der Auszehrung« litt, kam erstaunlicherweise nach Luxor, um Heilung zu suchen. Wenn man mit den europäischen Frauen spricht, die heute in Luxor leben – mit Archäologinnen oder den Ehefrauen von Künstlern oder Archäologen –, erfährt man, daß sie ständig Bronchialgeschichten haben, die sich erst mit ihrer Abreise legen. Bei unserem ersten Besuch bekam Ann einen häßlichen Husten, der sämtliche Europäerinnen voll Hilfsbereitschaft auf den Plan rief. Ausnahmslos hatten sie alle den gleichen Husten gehabt, und jede hatte ein Fläschchen mit einer speziellen Medizin bei der Hand. Die Vorstellung, jemand könne um seiner Gesundheit willen nach Luxor gereist sein und dort Heilung gefunden haben, erschien mir absurd. Wenn in Oberägypten der Wind von Norden weht, ist er kalt, kommt er aus einer anderen Richtung, ist er voller Staub. Ich glaube, die Ärmsten mit einer »schwachen Brust« oder einer »zehrenden Krankheit« sind hier, fern der Heimat, ganz schlicht und einfach den Leiden erlegen, die sie mitbrachten.

Diesmal aber waren wir beide gesundheitlich ziemlich auf der Höhe. Vor dem Abendessen schlenderten wir noch einmal über die Corniche. Der Tempel von Luxor hatte nicht gewonnen, fand ich. Noch immer vermittelt er den Eindruck eines Möbels, dessen die Stadt schon längst überdrüssig ist und das nur noch auf die Männer vom Sperrmüll wartet. Der dunkelbraune Stein ist von gleicher Wirkung wie die vielberedete »samtig-braune Dichterstimme«, und der ganze Kasten hat nicht einmal so viel zweifelhaften Anspruch auf Berühmtheit wie der Gigantismus des Tempels von Karnak. Dreierlei hat sich gebessert in Luxor. Erstens ganz ohne Zweifel die *calèches*. Hier hat der orientalische Hang zu Ausschmückung und Zierat endlich einmal das passende Objekt gefunden. Unter den Lichtern der Corniche blinken und blitzen die verschlungenen Muster der Messingbeschläge an Kutschen, von denen manche wahre Museumsstücke sind, elegant trotz ihrer protzigen Aufmachung. Die Pferde schienen weniger klapprig und zeigten sich in *parures* aus Messing, vielleicht auch Silber. Zweitens nahmen wir erfreut zur Kenntnis, daß die Bakschischboys verschwunden waren, die früher auf der Corniche zu einer wahren Landplage wurden, sobald sie einen offensichtlichen Touristen erspäht hatten. Drittens muß lobend das neue Museum der Stadt erwähnt werden. Wer in Luxor in Zeitnot ist, halte sich nicht mit dem Tempel auf, sondern konzentriere sich auf das Museum. Es ist das beste ägyptologische Museum, das ich je besucht habe. Die Exponate sind offenbar ebensosehr mit Blick auf ihren ästhetischen wie auf ihren archäologischen Wert ausgewählt, sie sind hervorragend plaziert und beleuchtet. Es kann gar nicht genug betont werden: Für den Besucher von Luxor ist das Museum ein Muß.

Gesäubert, gesättigt und frisch gewandet machten wir im Vorbeigehen einen Abstecher zum Boot. Dort waren indessen

Bassem und Azza sowie ein weiterer Kulturdirektor aus Qena eingetroffen. Ihr Auto war nach wie vor einsatzfähig und stand uns am nächsten Tag zur Verfügung. Es war schon ein sonderbarer Gedanke, daß diese 60 km zwischen Luxor und Qena zu Lande im Vergleich zum Wasserweg ein Katzensprung waren. Wir verabredeten gleich einen Ausflug zum anderen Ufer, wo ich mir einiges ansehen wollte, was mich interessierte, was aber nicht zur normalen Reiseroute gehört. Ich konnte nur hoffen, daß der immer gebrechlicher werdende Wagen durchhalten würde. Angeblich war ja die Straße am westlichen Ufer gut ausgebaut. Als wir ins Hotel zurückkamen, stand in unserem Zimmer ein duftender Rosenstrauß – vermutlich aus dem Hotelpark. Dann gingen wir zum Abendessen. Kein Zweifel, 1984 war kein gutes Jahr für den Fremdenverkehr. Wir sahen viele unbesetzte Tische. Danach legten wir uns mit Hochgenuß in herrlich kühler, sauberer Bettwäsche zur Ruhe.

Zwanzig nach sieben standen wir auf und gaben unsere Wäsche ab. Wenige Minuten nach meiner Bestellung war das Frühstück da. Das Old Winter Palace Hotel hat sich sehr gebessert und ist ebenso bewahrenswert wie die anderen archäologischen Sehenswürdigkeiten des Ortes. Über dem Nil lag Nebel, der sich gegen neun verzog. Über die Art des Nebels war ich mir nicht recht im klaren, bestimmt aber schwebte auch Staub darin. Eine Art Smog also. Smog in Luxor! Und mir kam der Gedanke, daß 1984 womöglich als ein in gänzlich unerwarteter Weise bedeutungsvolles Datum in die Geschichte eingehen würde, als das Jahr, in dem die Welt einen kritischen Punkt erreicht hatte, und daß sich die Erdatmosphäre in einer einzigen Nacht geändert und ihre Verschmutzung offenbart hatte – jählings geändert, wie die Farbe einer Flüssigkeit bei der Titration*. Als wir

* *Titration* (lt.-frz.): Durchführung einer maßanalytischen Bestimmung, bei der man eine Reagenzlösung mit bekanntem Gehalt in die zu bestimmende Flüssigkeit einleitet, bis die Reaktion beendet ist. Der Titrationsendpunkt (Umschlagspunkt) wird entweder durch geeignete Indikatoren angezeigt oder, wie bei der Elektro-Titration, durch sprunghafte Änderung der elektrischen Leitfähigkeit. (Anm. d. Übers.)

dann aber bereit zur Abfahrt waren, hatte sich der Nebel verflüchtigt, und meine absonderliche Angst war vergessen. Denn dies war ein wichtiger Tag für mich aus Gründen, die weit zurückreichten, mit vielerlei Dingen zu tun hatten: den roten Ziegeln, die fruchtbaren Boden verschlangen, und den Lehmziegeln, die sich so mühelos beschaffen ließen; dem nicht existenten urdenklichen Winkel; der windschiefen ägyptischen Architektur; mit vielem, vielem. Dies alles wird sich im weiteren Verlauf noch weisen.

Im Wagen waren nun fünf Fahrgäste unterzubringen: Ann und ich, Alaa sowie Bassem und Hassan, ein Neuzugang. Die beiden letzteren waren als Kulturkundige für uns von der Altertümerverwaltung abgestellt. Das fand ich insofern ganz lustig, als ich gedachte, die Altertümer eher kursorisch zu behandeln oder notfalls ganz links liegenzulassen. Wir setzten mit der antiquierten Autofähre über den Fluß. Ich wollte nicht ins Tal der Könige, sondern ein Stück weiter in die Thebanerberge hinein.

Dort liegt, an den Hang geklammert, inmitten von Höhlen, Simsen, Spalten und Geröllhalden, das Dorf Gourna. Seine Bewohner, die Gournawis, gehören zu den interessantesten, wenn auch nicht unbedingt den sympathischsten Vertretern des ägyptischen Volkes. Sie sind Nachfahren mittelalterlicher Grabräuber und hausen dort als Sippe seit dem 13. Jahrhundert. Es wäre wohl etwas hoch gegriffen, wollte man ihr Gewerbe als eine Art Nekrophilie bezeichnen. Gerüchte aber - sehr substantielle Gerüchte, von zahlreichen professionellen Ägyptologen bestätigt – behaupten, die Gournawis wüßten sehr viel mehr über die Gräber am Westufer, als sie zu sagen bereit seien. Weiteren – auch wieder sehr substantiellen – Gerüchten zufolge kommen immer wieder *objets* auf den Markt, deren Herkunft sich nur dadurch erklären läßt, daß die Gournawis Zugang zu bislang offiziell noch nicht entdeckten Gräbern haben, die sie gezielt ausplündern. Vor allem aber gibt es Gerüchte, die Gournawis hätten, um das Geheimnis dieser Gräber zu bewahren, Häuser über ihnen errichtet, in denen sie nun wohnen, indes der

Familienschatz in einer Art antikem Keller verwahrt ist. Je mehr ich über die Gournawis las, desto mehr fesselten mich diese Menschen, die im Interesse eines gesicherten Einkommens bereit waren, in Schmutz und Elend auszuharren. Hinzu kam, daß sie gewissermaßen als Versuchskaninchen hatten herhalten müssen und die aufgegebene Versuchsanordnung meiner Erinnerung nach auf dem Westufer lag, in der Nähe der singenden Memnonsteine. Da ich jetzt mit Alaa über einen Dolmetscher verfügte, wollte ich mit ihnen sprechen. Es ging um hochmoralische Fragen und gewaltige Heucheleien. Viel würde ich kaum erfahren, ich wollte nur mit dem einen oder dem anderen reden und ein Gefühl für den Ort bekommen. Schon damit waren meine Hoffnungen recht hoch gesteckt, aber einen Versuch war die Sache immerhin wert.

So fuhren wir denn hinauf zu diesem gottverlassenen Flecken aus Fels, Geröll und Staub. Wieder einmal hatte Alaa, während Ann und ich im Old Winter Palace schwelgten, ein Stück Pionierarbeit geleistet und wußte, wo wir anzuklopfen hatten. Fünf, sechs Häuser gaben sich durch aufdringliche Reklameschilder als Fertigungs- und Verkaufsstätten von Replikas berühmter Kunstgegenstände zu erkennen. Und natürlich wollte das Gerücht wissen, in all diesen Häusern würden im geeigneten Augenblick heimlich und verbotenerweise auch »Originale« zum Kauf angeboten. Man bat uns hinein, führte uns ins Besucherzimmer, wo ein niedriger Diwan sich an den Wänden entlangzog, und brachte uns Tee, während der Ortsvorsteher von Gourna geholt wurde. Der Ortsvorsteher, hochgewachsen und imposant, beturbant und in der landesüblichen Galabiya, sprach sogleich eine Einladung zum Essen aus, die Alaa in unserem Namen ablehnte, ohne daß man dies übelnahm. Man bat uns hinaus in die Diele, Sessel wurden herbeigeschafft, ein Handwerker demonstrierte die Alabasterbearbeitung, wieder brachte man Tee. Es zeigte sich, daß der Dorfälteste ein Hadsch war – ursprünglich die Bezeichnung für einen Mekkapilger, jetzt eine Art Ehrentitel für jeden älteren Mann von hinreichendem Ansehen. Vielleicht hat das, was einst eine Auszeichnung war, durch die Flugtouristik an Wert verloren. Der Hadsch fragte nach meinem Anliegen. Ich hätte vielerlei über die Gournawis und ihre Probleme gehört und würde dem Handwerker gern ein paar Fragen stellen. Der Hadsch erklärte sich einverstanden.

»Wo kommt dieser Alabaster her?«

»Es gibt da einen Ort, fünf Tagereisen von hier, mit dem Esel. In der Wüste.«

»Haben die Pharaonen ihren Alabaster von dort geholt?«

»Ich weiß nicht.«

»Ist es kompliziert, dorthin zu kommen?«

Der Mann hob die Schultern und breitete die Hände aus.

»Könnte ich dorthin reisen? Oder sagen wir dieser junge Mann, Alaa, wenn er wollte?«

»Ja, aber nur, wenn jemand mitginge, um ihm den Weg zu zeigen. Es ist keine bequeme Reise, während des Kamsins ist sie gefährlich.«

»Benutzen Sie immer dieses Stahlwerkzeug?«

»Ich benutze immer dieses Werkzeug.«

»Es heißt, daß die Pharaonen keinen Stahl für Werkzeuge zur Verfügung hatten. Wissen Sie, wie man damals diese Gefäße gemacht hat?«

»Sie haben wohl anderes genommen. Holz. Stein.«

»Wer holt diesen Alabaster?«

Der Mann kicherte. »Ich.«

»Ist das Vorkommen geheim?«

Er kicherte wieder. »Nein.«

»Gefällt es Ihnen in Gourna?«

»Natürlich.«

»Weit und breit wächst hier nichts, nicht mal eine Zwiebel. Alles muß vom Fluß hochgeschafft werden.«

Der Hadsch fuhr dazwischen. »Es würde uns besser gehen, wenn der Staat nicht wäre, der macht uns nur Schwierigkeiten.«

»Der Staat hat Sie schon vor Jahren umsiedeln wollen. Man hat ein Dorf für Sie gebaut, unten am Fluß. Es ist fruchtbares Land. Aber keiner wollte hin. Oder die paar, die dort waren, sind gleich wieder hierher zurückgekommen, in die Öde, und das neue Dorf ist wie ausgestorben.«

»Das ist lange her«, sagte der Hadsch. »Außerdem waren die Häuser minderwertig.«

»Inwiefern?«

»Sie waren aus Lehmziegeln.«

»Was haben Sie gegen Lehmziegel?«

»Die sind nur was für sehr arme Fellachen.«

»Was für Häuser hätten die Gournawis zur Umsiedlung bewegen können?«

»Richtige Häuser«, sagte der Hadsch. »Häuser aus Beton und roten Ziegeln, wie in den Städten. Keine Lehmziegel.«

»Ich habe gehört, Sie seien nicht zur Umsiedlung bereit gewesen, weil Sie dann dieses Gewerbe nicht mehr hätten ausüben können.«

»Gewerbe? Was für ein Gewerbe?«

»Die Herstellung von Gegenständen aus Alabaster.«

»Das hätten wir überall machen können. Die Touristen wären zu uns gekommen. Aber die Regierung siedelt uns jetzt wirklich um. In richtige Häuser.«

»Das ist mir neu.«

»Die Schule für unsere Kinder ist schon im Bau.«

»Wann soll sie fertig werden?«

»Wer weiß. Seit fünfzig Jahren heißt es, sie wollen eine Brücke über den Fluß schlagen. Kommen Sie, ich zeige Ihnen die Schule.«

Ann, ich, Hassan, Alaa, Bassem und der Hadsch zwängten uns in den kleinen Wagen und rollten über die kahle Ebene. Es war dies der höchste Punkt eines *armant*, einer geologischen Formation, benannt nach einer genau gleichen, weiter nördlich gelegenen, zwei drei Quadratkilometer groß und nicht so hoch wie das Thebanergebirge, aber deutlich höher als die fruchtbare Ebene am Fluß. Weit und breit kein Krümchen Muttererde. Neben der schmalen Straße verlief eine Reihe von Gruben, vielleicht frühere Grabstätten. Die Hochebene, die Gruben und die Straße waren mit bis zu dreißig Zentimeter großen Steinbrocken übersät. Im Grunde war diese Wüstenei ein Fall für ein geländegängiges Fahrzeug, die Gegend war noch unwegsamer als bei Beni Hassan oder Tell-el-Amarna. Bassem fuhr uns geradewegs in dieses Schlamassel hinein. Der Wagen schwankte und holperte, Steine schlugen gegen die Ölwanne und platzten wie Bomben. Der Auspuff fiel ab. Bassem und Alaa stiegen aus und banden ihn mit einer Schnur fest. Der Wagen rumpelte weiter, der Auspuff fiel wieder ab. Jetzt mußte sich sogar Bassem geschlagen geben. Einen halben Kilometer vor uns erhob sich inmitten der Steinwüste tatsächlich das Gerippe eines Betonbaus, an dem ein paar rote Ziegel zu erkennen waren: die Schule. Weit und breit sonst keine Bautätigkeit! Die Schule war nicht fertig, sie war kaum angefangen.

»Wie lange baut der Staat schon an der Schule?«

»Ein Jahr.«

»Und wie sollen die Kinder herkommen?«

»Mit einem Schulbus.«

»Auf diesen Wegen?«

Der Hadsch deutete mit großartiger Gebärde auf die Einöde. »Das wird hier alles geräumt.«

Es war ein Vorhaben, das dem Bau einer Pyramide gleichkam. Hier erübrigte sich jedes weitere Wort.

Wir rumpelten zurück nach Gourna, bedankten uns bei dem Hadsch und verabschiedeten uns. Er gab uns eine Erklärung mit auf den Weg: »Wir wären jederzeit bereit, hier wegzugehen. Wir wissen , daß es der Wunsch der Regierung ist. Jedes Jahr denken sie sich Vorschriften aus, die uns das Leben noch schwerer machen. Wir dürfen nichts neu bauen, und was gebaut ist, daran dürfen wir nichts ändern. Der Staat verbietet uns sogar, ein Loch für einen Abtritt zu graben. Was kann man da machen?«

Er streckte die Hände aus und lächelte breit. »Müssen wir eben warten, bis sie uns ein neues Dorf aus roten Ziegeln und Beton um die neue Schule herum gebaut haben.«

Es wirkte alles sehr abgeklärt. Zeitlos, wie es manchmal so schön heißt. Der Hadsch begab sich gemächlich zurück zu seinem Haus. Hassan kaufte süße Brötchen. Ich betrachtete lange Alt-Gourna, die wie zufällig über den kahlen Hang verstreuten Behausungen. Bei einigen dieser »Häuser« war sogar die Bezeichnung Hütte noch zu hoch gegriffen. Sie sahen eher aus wie jene eilig errichteten Verschläge, mit denen Goldgräber ihre Claims zu sichern pflegten. Für ägyptische Verhältnisse war das Dorf wohlhabend, aber seine Gebäude waren zum Teil elender und hoffnungsloser als alles, was ich auf den Hunderten von Kilometern meiner bisherigen Reise gesehen hatte. Unwiderstehlich drängte sich die Überlegung auf, was sich wohl in diesen morschen Verschlägen verbergen mochte. Es war ein eigenartiges Kräftefeld, in das ich, wenn auch mit erheblichen Bedenken, einzudringen versucht hatte. Daß ich dort, wo den Gerüchten zufolge eine Verbindung zwischen dem Dorf und der internationalen Welt geschmuggelter und gefälschter Antiquitäten bestand, nicht weiterkommen würde, stand für mich fest, die Mauer des Schweigens war an dieser Stelle undurchdringlich. Überdies hatte ich im Streit um Für und Wider dieser Aktivitäten keine ausgeprägte eigene Meinung, für mich ist das Fälschen von Antiquitäten nicht so sehr unrecht als ungesetzlich. In einer anderen Richtung aber – und das war es, was mich eigentlich interessierte – hatte die Halsstarrigkeit dieser Handvoll Einwohner von Alt-Gourna oder, wenn Sie so wollen, ihre Weigerung, sich gewaltsam aus ihren Häusern vertreiben zu lassen, ein ganzes Land in Mitleidenschaft gezogen, hatte in Ägypten ein großes Projekt zu Fall gebracht, das Werk eines Mannes zurückgeworfen, der bei all diesen windschiefen Gebäuden mit ihren erratischen Winkeln, ihren grellroten Ziegeln, ihrer schreienden Geschmacklosigkeit Wandel hätte schaffen können. Ein verbissener Kampf war um diesen kahlen Hang geführt worden, wo die unwissenden, habgierigen Gournawis sich an das ihnen Vertraute klammerten. Es ist durchaus denkbar, daß nicht einmal archäologisch gesehen, will sagen, um der Entdeckung des einen oder anderen, vermutlich bereits seiner Schätze beraubten Grabes willen, die Umsiedlung den Aufwand lohnen würde. Die Gournawis müssen aber bei ihrem Widerstand Hilfe an höchster Stelle gefunden haben, bei Männern, die an den Schalthebeln der Macht saßen, die viel zu verlieren hatten, die sich auskannten in der Manipulation der verblüffenden Hinhaltetalente ägyptischer Bürokratie.

»Wohin jetzt?« fragte Alaa.

»Ich möchte mir gern ansehen, was von Hassan Fathys Werk geblieben ist.«

11

Hassan Fathy entstammt der ägyptischen Oberschicht. Zweierlei habe er sich als Kind erträumt, so erzählt er; einmal, auf einer Jacht mit vollem Orchester an Bord eine Weltumsegelung zu unternehmen, zum zweiten, ein Dorf für Fellachen zu bauen, das ihnen ein Leben in Komfort, Schönheit und Sauberkeit ermöglichen würde. Sein Vater besaß große Güter, hatte aber nichts für das Landleben übrig und mied es nach Möglichkeit. Hassan Fathy selbst behauptet, er habe bis zu seinem siebenundzwanzigsten Lebensjahr die Ländereien seines Vaters nie betreten. Er studierte Architektur und übernahm nach dem Examen die Ausführung eines Schulneubaus in Talkha, einem Dorf im Delta. Das dort herrschende Elend ging ihm nicht mehr aus dem Kopf. Eins der väterlichen Güter lag ganz in der Nähe; er fuhr hin und war entsetzt.

Nun war er entschlossen, ein für die Fellachen erschwingliches Bauverfahren zu entwickeln. Das Material durfte so gut wie nichts kosten. Gebrannte Ziegel wären zu teuer gewesen und sind – welch glücklicher Zufall! – überdies noch häßlich. Hassan Fathy begann mit sonnengetrockneten Lehmziegeln zu experimentieren und kam dahinter – was seit Jahrtausenden bekannt, aber den Architekten offenbar entfallen war –, daß sie als Baumaterial in einer trockenen Klimazone unübertroffen sind. Außerdem ist in Ägypten für jeden Bauern ein unerschöpflicher Vorrat des Ausgangsmaterials auf seinen Feldern und am Flußufer greifbar.

Hassan Fathy war sich darüber klar, daß er, wenn er auf Lehmziegel auswich, den wertvollen roten Ton des Niltals schonte. Theoretiker, der er war, begann er nun philosophische Betrachtungen über den Bau einfacher Häuser aus Lehmziegeln anzustellen. So zu bauen bedeutete, eine Brücke zu den einfachen Dingen zu schlagen, zu Sonne, Wasser, Erde, bedeutete, aus eben jenen Elementen, die den Menschen umgaben, ein ästhetisches Heim zu schaffen.

Als es dann darum ging, diese ästhetischen Vorstellungen in die Praxis umzusetzen, sah er sich vor scheinbar unüberwindliche Schwierigkeiten gestellt. Er baute zwar Landhäuser aus Lehmziegeln – aber für die Reichen! Diese Häuser waren nur wenig billiger als solche aus gebrannten Ziegeln. Das Paradox erklärt sich aus den besonderen Gegebenheiten eines Landes, in dem seit jeher Mangel an Bauholz herrscht. Wir hatten die traurigen Versuche der ärmeren Fellachen gesehen, die bröckelnden Ecken ihrer Lehmhütten mit Binsenbündeln zu überdachen. Fathys Häuser waren nur für die Reichen, weil das Holz für Decken und Dächer so teuer war. Was er sich für die ärmsten Bevölkerungsschichten ausgedacht hatte, drohte zu einem exklusiven Modetrend für die Oberschicht zu werden. Wie sollte der Bauer, selbst wenn er seine Wände aus Lehmziegeln errichtete, das Holz, die Dachbalken bezahlen, die über diese Wände gelegt werden mußten? Manchmal konnte er nicht einmal die lächerliche Summe für den Kauf und die Anlieferung von Binsen aufbringen. Ebensogut hätten die Dachbalken aus Gold sein können. Dann kam der Zweite Weltkrieg, und Holz war in Ägypten nicht einmal um Geld und gute Worte zu haben.

Es klingt fast grotesk – aber Hassan Fathy entdeckte den Bogen neu. Bei Assuan in Oberägypten, in dem nubischen Dorf Garb Aswan am Ersten Nilkatarakt, hatte er funktionsfähige, intakte Bögen gefunden.

Nachdem sich so der Bogen als tragfähige Lehmziegelkonstruktion erwiesen hatte, erledigte sich das Problem der teuren hölzernen Dachbalken praktisch von selbst. Fathy beschloß, an den Vorteilen dieser Bauweise festzuhalten und ein für allemal Schluß zu machen mit dem Elend der dachlosen Bruchbuden, in denen Männer, Frauen und Kinder die ganze Nacht über froren und an der Kälte starben, wenn sie nicht schon durch das dreckige Wasser des Nils und seiner Kanäle vergiftet waren.

Dann geschah etwas, was er wohl für einen großen Glücksfall halten mußte. Durch königliches Dekret wurde das Land, auf dem Alt-Gourna stand, verstaatlicht. Anlaß war ein Grabraub von so eklatanter Dreistigkeit, daß er sich nicht einmal in Ägypten übersehen ließ. Ein anschließender Ministerialerlaß verfügte auch die Enteignung sämtlicher Häuser des Dorfes, so daß die Gournawis gezwungen sein würden, das alte Gräberfeld zu räumen. Auf eine Million Ägyptische Pfund belief sich der Voranschlag für den Bau eines neuen Dorfes nach herkömmlichen Verfahren, das heißt in Beton- und Ziegelbauweise. Hassan Fathy gelang es nachzuweisen, daß Lehmziegel billiger waren. Man berief ihn als Architekten, ein Komitee bestimmte einen neuen Bauplatz in sicherer Entfernung von den Gräbern und auf fruchtbarem Schwemmland unten am Fluß, das mittels Zwangsverkauf vom Vorbesitzer erworben wurde.

Fathys Ideen waren so gut, wie es seine Absichten waren. Von der anderen Seite des Roten Meeres hatte er eine Konvektionslüftung für Lehmhütten mitgebracht; sie arbeitete nach dem System der Windtürme oder -schächte, die im Zeitalter der Segelschiffe zur Belüftung der Großsegler in den Tropen gedient hatten. Einen See wollte er anlegen, um die Kinder von dem verseuchten Wasser fernzuhalten. Die Häuser sollten um gemeinsame Plätze herum angeordnet werden, weil dies dem ägyptischen Bauern Gemeinschaftsgefühl vermittelt – auch wenn er es nicht so ausdrücken kann. In seinem neuen Dorf, das für siebentausend Menschen, hauptsächlich Analphabeten, gedacht war, baute Fathy ein Theater. Weiterhin waren geplant eine koptische Kirche, ein türkisches Bad, eine Polizeistation, eine Apotheke, ein Frauentreffpunkt und ein Marktplatz, der *khan*.

Wieviel davon ist je fertig geworden? In seinem Buch zum Thema sind manchmal die Zeitbestimmungen etwas vage; ich fühlte mich ein wenig an den Generalsekretär erinnert. Zumindest die Fotos zeigen eine Vielzahl bezaubernder, geschmackvoller Bauten. Doch er hatte es nicht mit normalen ägyptischen Bauern zu tun, sondern auf der einen Seite mit den Gournawis und auf der anderen mit gewissen Leuten, die es juckte, eine Million Pfund in die Finger zu bekommen. Auf Schritt und Tritt warfen ihm der Staat, die Bauunternehmer, die Arbeiter und nicht zuletzt die Gournawis Knüppel zwischen die Beine; letztere schreckten schließlich auch nicht vor aktiver Sabotage zurück. Hassan Fathy ließ zum Schutz vor den Nilfluten Neu-Gourna eindeichen. Trotz aller Verzögerungen und Durchstechereien, trotz Böswilligkeit, Ignoranz und Schlamperei war er endlich doch ein Stück weiter gekommen. Der Hof hatte Interesse zu erkennen gegeben, was damals von großem Gewicht war. Der König ließ ihn kommen und sich Theorie und Praxis des Projekts erläutern. Auf dem Rückweg von der Audienz fiel Fathys Blick auf eine fette Schlagzeile: »Der große Sumpf«. Es war nur ein Filmplakat, aber »ein ungutes Gefühl beschlich mich«. Zu Hause erwartete ihn eine Nachricht: Der Deich war gebrochen, das Lehmziegel-Gourna überschwemmt. Er eilte nach Luxor. Eine etwa acht Meter breite Lücke klaffte im Deich. Wie sich zeigte, hatten die Gournawis sich geweigert, den Deich sichern zu helfen. Als man sie »dazu gezwungen hatte«, hatten sie die Bruchstelle mit den Füßen erweitert, statt mit den Händen bei der Reparatur anzupacken. Maßgeblich war, wie Fathy schreibt, das Wort der Familienchefs, und die waren Grabräuber. »Es fiel ihnen gar nicht ein, ihre schönen, gewinnbringenden Elendsquartiere auf dem Gräberfeld aufzugeben, unter denen sich noch so prächtige Schätze heben ließen, um in ein neues, hygienisches, ansehnliches Dorf weit weg von den Grabstätten zu ziehen.«

Man erkennt Neu-Gourna auf den ersten Blick. Unübersehbar trägt es den Stempel von Fathys ureigener Vision: Überall der ausgeklügelte Einsatz von Lehmziegeln, Bögen und Kuppeln, überall ein Gefühl von Anmut und Stimmigkeit.

Wir wurden zur Besichtigung in ein Haus gebeten. Der Hausbesitzer – oder besser wohl Hausbesetzer, denn eigentlich dürfen sich hier nur Gournawis niederlassen, und dieser Mann kam aus Kairo – führte uns in einen der Räume, die Fathys architektonische Einheit, seine Erfindung sind. Die Decke ist ein Gewölbe, kein einfacher Bogen, sondern eine halbe Ellipse. Diese Einheiten lassen sich nach Lust und Laune vervielfachen, ein einziger Mann kann sie buchstäblich aus dem Lehm zu seinen Füßen schaffen. Dieses Haus bestand aus einer Reihe von vier Wohneinheiten auf der einen Seite und vier weiteren Räumen gegenüber. Eine dieser Wohneinheiten genügt für einen armen Mann durchaus, Holz ist nicht vonnöten. Wenn sich später seine Umstände gebessert haben, kann er eine zweite Einheit anbauen. Die vier Räume waren, soweit ich das erkennen konnte, nicht alle bewohnt, in dem ersten lagerten große Mengen von Bauholz. Unser Gastgeber führte uns durch einen ebenfalls zum Haus gehörenden Hof mit sechs Palmen und einer Handpumpe für die Wasserversorgung über einige Steinstufen zu einem Flachdach auf der Höhe der Palmwipfel, wo uns über ein Feld hinweg die Memnonskolosse anschauten. Es wimmelte dort von Touristen, aber keiner blickte in Richtung Neu-Gourna. Dieses Dach, das sicherlich auf Balken ruhte – sonst hätte es unser Gewicht nicht getragen –, war bezaubernd, ein Platz, an dem es sich tagsüber bei Hitze – vielleicht unter einer Markise – herrlich ruhen ließ. Das Haus, eine Erweiterung von Fathys ursprünglicher Wohneinheit, war fraglos eher auf eine Großfamilie oder einen wohlhabenden Mann als auf einen armen Fellachen zugeschnitten. Der Weg führte an drei Seiten oben an der Hofmauer entlang zu einer Art Penthouse, einem kleinen Wohnzimmer, in dem wir wohl die »Gute Stube« zu sehen hatten, denn es enthielt vielerlei Dinge, die der Familie sichtlich teuer waren. Die Frau des Hauses und ihre Schwester (oder vielleicht die zweite Frau des Hauses) begrüßten uns voller Stolz und zeigten ihre Schätze her: die farbenfreudigen Polstermöbel, einen Beistelltisch aus Rosenholz, einen Koran in prächtigem Einband und Schuber, Bilder und Nippes. Es war das Gegenteil von Hassan Fathys Schönheitsideal, aber auch der Kitsch in diesem Zimmer vermochte die stille Schönheit des Hofes mit seinen Palmen und der genialen Idee eines Umgangs auf der Hofmauer nicht zu beeinträchtigen. Für den Tee gab es ein Service mit Tassen und Untertassen aus Porzellan. Für einen Fellachen war unser Gastgeber ein reicher Mann.

Auf halbem Wege zwischen Fathys Häusern und den Memnonskolossen haben die Behörden eine neue Schule gebaut. Für einen Zweckbau aus Beton und verputzten Ziegeln ist sie gar nicht übel – langweilig, hausbacken, aber ordentlich. Immerhin hat sie lotrechte Wände und mehr oder weniger korrekte rechte Winkel. Zweihundert Meter weiter steht die von Fathy ganz aus Lehmziegeln errichtete Schule, ein harmonischer, bescheidener, ansprechender Komplex. Für mich hat ein Fathy-Bau so deutlich eine ganz spezielle, undefinierbare Ausstrahlung, daß ich mir lange überlegt habe, wieviel davon auf das Konto des Materials und wieviel auf das Konto des Menschen geht. Mein Fazit: Das Material ist der Stil ist der Mensch, und die Wahl, die er trifft, sein persönliches Genie. Trotzdem steht seine Schule leer. Eine Außenmauer sei feucht, behaupten die Behörden, und stünde auf Wasser, ein höchst unerwartetes Phänomen in ägyptischem Schwemmland. Seit dem Bau des Hochdamms von Assuan gibt es aber in diesem Gebiet gar keine Überschwemmungen mehr. Trotzdem gaben die Behörden – Geste monumentaler Gaunerei oder aber schierer Dummheit – sogleich die alte Schule auf und zogen den Neubau in einem Tempo hoch, das sich – man war schließlich in Ägypten! – nur aus der Erleichterung erklären läßt, ein Bauwerk loszuwerden, das sich so ideal der Umgebung anpaßte.

Das, was Fathy in Neu-Gourna erreichte, blieb so weit hinter seinen ehrgeizigen Vorstellungen zurück, daß er das Projekt als Fehlschlag bewertete. Ich aber meine, daß es das so lange nicht sein kann, wie sein Werk unter all den anderen Monumenten dieser außerordentlichen Ebene seinen Platz hat und für jene, die Ohren haben zu hören, seine klare Botschaft verbreitet.

Kein Zweifel – wir waren, was die Architektur betraf, äußerst wählerisch geworden. Bei Luxor liegen viele interessante Trümmer in der Gegend herum, aber für meinen Geschmack ist nicht viel Gelungenes darunter. Jetzt wandten wir uns von Fathys gescheitertem Lehmziegeldorf ab und dem zweiten Meisterwerk in dieser Wüstenei von bearbeitetem und unbearbeitetem Stein zu, dem mit seinen horizontalen und vertikalen Schichtungen am Hang gelegenen Tempel der Hatschepsut.

Es ist dies einer der wenigen »Pharoni«-Bauten, die auf die Landschaft Rücksicht nehmen, ein Bauwerk, das sich bescheiden in ein gigantisches Felsmassiv einfügt und es nachbildet, ohne es ausstechen zu können. Die Pyramide von Gise, die Pyramide des Djoser und die Pyramide von Meidum sind die anderen. Bei den Pyramiden von Gise war eine gewisse Klobigkeit wohl unvermeidlich, in diesem unendlichen Raum hätte Kleineres mit Sicherheit kümmerlich gewirkt. Im übrigen kann man, wenn man zwischen Kairo und dem Hunderte von Kilometern weiter südlich gelegenen Hochdamm die Höhen an sich vorüberziehen läßt, immer wieder eine Andeutung der Pyramidenform in dem natürlichen Hangwinkel erkennen. Manchmal senken sich Talkessel vom Kamm der Berge herab und bilden einen tausend Fuß hohen Winkel, der genau dem der Cheopspyramide entspricht. In gleicher Weise war hier, im Tempel der Hatschepsut, die zweite physische Komponente des kahlen Landes, die alluviale Gesteinsschichtung, nachgebildet und zur geometrischen Andeutung reduziert. Dies war ein weiblicher Ansatz und sympathisch.

Wir rollten oder vielmehr ratterten auf den Tempel zu. Bassems Wagen ließ an einen Boxer denken, der den Fight nach Punkten bereits verloren hat und möglicherweise nicht mehr über die vollen fünfzehn Runden kommen wird. Als wir den Tempelvorplatz erreicht hatten, auf dem sich die Souvenirverkäufer tummelten, stellte Bassem fest, daß der Rückwärtsgang nicht mehr funktionierte. Das war insofern mißlich, als Alaa indessen ausfindig gemacht hatte, daß die Verkaufsstelle für die Eintrittskarten zum Tempel etwa eineinhalb Kilometer hinter uns an der Straße lag, über die wir gekommen waren. Er, Bassem und Hassan drehten den Wagen vermittels Muskelkraft um, indes Ann und ich, durch unsere fortgeschrittenen Jahre privilegiert, uns auf eine längere Wartezeit einrichteten. Hassan, der des Englischen nicht mächtig war, traf Bekannte, mit denen er ins Gespräch kam, Alaa und Bassem ratterten davon, um die Karten zu holen. Ann und ich saßen in der Sonne auf der niedrigen Mauer des *temenos**, die allerdings nicht so sehr heilige Gefühle als Reproduktionen von *antikas* umschloß. Eine Prozession von *antika*-Verkäufern suchte uns heim; es war ein lohnendes Erlebnis. Sie ließen alle Künste spielen. Einer nach dem anderen kramte mit Verschwörermiene *echte* Antiquitäten heraus. Der erste zog den Tonkopf eines Fürsten aus dem Ärmel und hob als besonderen Echtheitsbeweis die der Büste anhaftende Schmutzkruste hervor. Der nächste versuchte es mit einem übergroßen Skarabäus aus Speckstein, in dem deutlich die Schnitte einer Stahlfräse zu erkennen waren. Danach wurde uns jede Menge blauer Perlen offeriert, die, wie ich zufällig wußte, aus Deutschland eingeführt und in Luxor aufgefädelt werden. Am besten erwehrt man sich dieser Verkaufstaktiken, indem man sie wie einen gelungenen Witz behandelt, den man gemeinsam mit dem Verkäufer belacht. Den letzten und für mein Gefühl bei weitem wirkungsvollsten Versuch unternahm ein Mann, der sich geradezu konspirativ an uns heranschlich und ein Stück Pappmaché aus dem Gewand zog. Die Kantenbrüche wirkten authentisch, aber in der Mitte war noch genug Platz für ein Bild des Pharao und seiner Gemahlin. Dieses Kunstwerk hielt mir der Mann unter die Nase und zischelte: »Riecht nach Mumie.«

Der Wagen blieb lange aus. Wir schlenderten herum und besahen uns weitere Objekte. Als der Wagen zurückkam, hatte niemand Lust, den Tempel zu besichtigen, nicht einmal wir. Es gibt ein psychologisches Limit dessen, was man in einem Tag sehen, bedenken, aufnehmen kann. Aber da die Karten nun einmal da waren, machten wir beide uns auf den Weg zu einem kurzen, lustlosen Besuch. Der halbe Tempel war wegen polnischer Ausgrabungs- oder Restaurierungsarbeiten gesperrt – die Restaurierung ist in der Tat sehr merklich! –, und ich hatte ein kurzes, sinnloses Wortgefecht mit einem Führer oder Wächter, dessen ich mich noch nachträglich schäme und das mir unerklärlich ist. Als wir zurückkamen, waren wir uns darüber einig, daß

* Abgegrenzter heiliger (Tempel-)Bezirk im altgriechischen Kult. (Anm. d. Übers.)

man den größten Gewinn vom Tempel der Hatschepsut hat, wenn man ihn aus der Ferne betrachtet, wo die Beziehung zu dem gewaltigen Gebirge besonders augenfällig ist. Da der Wagen nicht zu sehen war, begaben wir uns zu Thomas Cooks Rest House, wo wir einen Orangensaft nach dem anderen konsumierten, bis unser unglückseliges Gefährt angeklappert kam. Jetzt hatten sie auch noch einen Platten gehabt. Was wünschten wir noch zu sehen?

Der Orangensaft hatte uns wieder etwas gekräftigt. Als ich verkündete, ich hätte nicht die Absicht, das Tal der Könige zu besichtigen, erhellten sich die Mienen. Aber ich sei noch nie im Tal der Königinnen gewesen – die Mienen bewölkten sich wieder –, und im Interesse der Gleichberechtigung müsse man auch den Frauen das Recht zugestehen, ihre Gräber angaffen zu lassen. Damit aber, versprach ich, sei dann endgültig Schluß für heute. So karrte denn der Wagen ächzend und stöhnend seine müde Fracht durch die steinige Landschaft am Fuß des herrlichen Gebirges bis ins Tal der Königinnen hinein, wo kein einziger Tourist und nur ein einsamer Billetverkäufer zu sehen war. Die Gräber waren gesperrt bis auf zwei, die wir pflichtschuldigst besichtigten. Eins enthielt wirklich prachtvolle Wandgemälde, allerdings hatte ich das Gefühl, sie aus weiter Ferne zu erblicken. In dem anderen hätte ich nicht geschenkt begraben sein mögen. Ich habe vergessen, welches welches war. Immerhin – wir waren im Tal der Königinnen gewesen.

Als wir den Rückweg antraten, klang das Motorengeräusch ganz ähnlich wie im Boot, als das Lager zu Bruch gegangen war. Bei leicht abfallender Straße verlief die Fahrt einigermaßen glatt, wenn auch geräuschvoll. Ich glaube, wir hatten erneut den Auspuff verloren und nicht wieder angebunden. Ein Rauchschweif – Emblem Goldings in Ägypten? – verpestete das Tal der Königinnen. Es war ein Glück für uns, daß es bis zur Fähre fast nur bergab ging, denn zwei kleine Steigungen machten deutlich, daß dem Wagen nun unwiderruflich das letzte Stündlein geschlagen hatte. Es war wie ein Kampf gegen die Strömung, der Qualm wurde immer dichter. Ich erwartete jeden Moment, aus der Schwärze einen Streifenwagen auftauchen zu sehen, in dem Said eine Handvoll Putzlappen schwenkte. Nichts ist der Frivolität so förderlich wie ein Tag auf einem Gräberfeld. Ganz langsam und vorsichtig manövrierte Bassem den Wagen in Richtung Fähre. Als er bremste, zitterte der Wagen weiter vor sich hin. Wir zwei, sagte Alaa, sollten schon immer übersetzen. Sie würden warten, da der Wagen mangels Rückwärtsgang auf die Fähre und wieder herunter geschoben werden müsse. In unserem Alter weiß man sich in eine solche Situation mit Anstand zu schicken. Kurzum - in vollem Bewußtsein des Traumas, das die drei erwartete, überließen wir sie ihrem Schicksal.

Wenn man bedenkt, wie wenig wir hatten laufen müssen, war der Tag erstaunlich anstrengend gewesen. Wir genossen den Hotelkomfort in vollen Zügen. Wir badeten, dinierten und saßen auf der Terrasse, wo der Duft der Rosen durch die warme Abendluft zu uns hinaufstieg. Das Erlebnis Ägypten wurde immer facettenreicher. Wie das alles unter einen Hut bekommen? Schmerzlich vermißte ich einen gemeinsamen Grundton. Kaum war ich wieder im Old Winter Palace, beschäftigte sich meine Phantasie nicht mehr mit den alten Ägyptern, sondern mit der viktorianischen und der edwardianischen Epoche, als es in diesen malerisch-weitläufigen Hotels von Menschen gewimmelt hatte, die so – so *anders* gewesen waren. Dann war da das neue Museum mit seiner einsamen Mumie, die Kindheitsängste und -phantasien in mir weckte. Langsam, aber sicher wurde der neben dem Museum gelegene Tempel von Salzen aufgefressen, die aus dem aufgefüllten Cañon mit seinen Lehmen und Erden und Kiesen und Kieseln und Evaporiten aufstiegen. Und Hassan Fathy, den Schlüssel zu einem besseren ägyptischen Leben in der Hand, aber auf Schritt und Tritt behindert durch eben das, was ägyptisch an den Ägyptern war... Und dann Nubien, dessen Dörfer ich sehen, dessen Menschen ich kennenlernen wollte und das zusätzliche Wirrsal bringen würde.

12

Am nächsten Tag hatte ich mich wieder gefangen. Bassems Wagen war in der Werkstatt, die Besatzung der *Hani* besuchte entweder Verwandte oder hockte vor der Propellerwelle, um ihr einen Gummikragen zu verpassen! Ann wollte gern den Tag im Hotelpark verbringen. Also bestellte ich einen Mietwagen für Alaa und mich und machte mich erneut daran, die eine oder andere Lücke auszufüllen. Ich kannte den Tempel vom Kom Ombo noch nicht, den ich mir – wenngleich ich inzwischen alles andere als ein Tempelfan war – seiner angeblich besonders schönen Lage am Wasser wegen nicht entgehen lassen wollte. Diese Besichtigung ließ sich gut mit einem Besuch in einem der Dörfer verknüpfen, die man für die Nubier gebaut hatte, als die ansteigenden Fluten des Nasser-Sees ihre Häuser verschlangen. Eins dieser Dörfer hatte ich früher einmal von weitem gesehen. Mit einigem Glück fand ich jetzt, mit Alaa als Dolmetscher, dort Gesprächspartner. Der nächstgelegene, wenn auch nicht der größte dieser Orte war Kalabsha, etwa hundert Kilometer flußaufwärts von Luxor gelegen. Wir brachen gegen zehn auf. Der erste interessante Punkt auf unserer Fahrt war eine Phosphatfabrik ähnlich der Anlage, die wir jenseits der Wüste am Roten Meer gesehen hatten. Als Ausgleich für den Schlamm, der sich nicht mehr über Ägypten ergießt, sondern auf den Grund des Nasser-Sees sinkt, soll also Kunstdünger eingesetzt werden. Im Augenblick ist man noch dabei, die Gewinn- und Verlustrechnung für den Hochdamm und den Nasser-See aufzumachen, und niemand weiß, was dabei herauskommen wird, aber ich tippe auf ein knappes Ergebnis. Der Nasser-See ist erschreckend groß; bei einem Dammbruch oder absichtlicher Zerstörung würden die Fluten das Niltal – mit anderen Worten ganz Ägypten – ins Mittelmeer reißen. Schon jetzt hatte das Wasser die Heimat von Hunderttausenden von

Nubiern unter sich begraben, die man alle anderswo hatte ansiedeln müssen.

In Esna erlebten wir den berühmten Kamelmarkt. Hunderte von Kamelen werden hier angeboten, einige als Arbeitstiere, die meisten allerdings für die Schlachtbank. Die wartenden Lastwagen kamen bis aus Kairo und Alexandria. Wie in allen Ländern der Dritten Welt kümmerte auch hier das Wohlergehen der Tiere die Händler und ihre Kunden herzlich wenig. Das Ärgste, was ich diesmal sah, waren zwei gefesselte Tiere in einem Laderaum, der zu klein für sie war, so daß sie weder stehen noch knien konnten. Doch waren sie wohl praktisch schon als Metzgerware abgeschrieben.

Wenig später begegneten wir einer großen Herde (wenn das bei Kamelen der korrekte Sammelbegriff ist), die nach Norden getrieben wurde. Sie hatte einen der längsten Trecks hinter sich, die es heute noch gibt, von unterhalb Khartums quer durch die Wüste. Die Treiber waren sehr authentisch wirkende Wüstensöhne, die geradewegs in ein Geschichte von P. C. Wren hätten hineinreiten können, alle auf Kamelen sitzend und lange Stöcke schwingend – anstelle der langen Flinten, die man ihnen an der Grenze abgenommen hatte. Ihr Anführer bot einen wahrhaft prachtvollen Anblick. Er und seine Kamele hielten, obgleich sie neben der Straße herzogen, den ganzen Verkehr auf. Bald hatte sich eine lange Schlange von Automenschen gebildet, die eifrig die Kamelmenschen knipsten, woraufhin der prachtvolle Anführer vorpreschte und den Fotografen mit lauter Stimme Beleidigungen an den Kopf warf. Er war ein »edler Wilder« und jagte allen immerhin so viel Angst ein, daß sie sich wieder in die Autos verzogen.

Gegen zwölf kamen wir nach Kalabsha, einem aus zehn Dörfern bestehenden Ort mit einem Verwaltungszentrum. Der Komplex war 1963 vom ägyptischen Staat eingerichtet worden. Wir hatten Glück.

Es war der Geburtstag des Propheten, ein Feiertag für jedermann, und der Bürgermeister oder Vorsteher des Ortes war gern zu einem Gespräch bereit. Wir saßen in seinem Büro und tranken Tee. Er hatte eine Reihe von Beratern zugezogen, darunter einen Lehrer, der leidlich Englisch sprach. Ich fragte, wie hoch der Anteil der Bevölkerung sei, der zu jung war, um noch eine Erinnerung an Nubien zu haben – denn die unter Zwanzigjährigen würden sich schwerlich auf den Zug stromab in ein neues Land besinnen können. In der Tat sei die Zahl der Einwohner groß, die keine Erinnerung mehr an das Land ihrer Väter hätten, erwiderte der Vorsteher, er habe allerdings keine statistischen Angaben zur Hand. Aber ich hätte ja die vielen Kinder gesehen, nicht wahr? Tatsächlich schien mir Kalabsha noch kinderreicher als die ägyptischen Dörfer. Ich fragte, ob die älteren Leute mit Bedauern an ihre Dörfer zurückdächten, auch wenn der Staat ihnen ja nun nagelneue gebaut hätte. O ja, sagte der Vorsteher still, die älteren Leute dachten mit großem Bedauern an ihre Dörfer zurück. Aber dann waren die Fluten gestiegen – er legte eine Pause ein und machte eine weit ausgreifende Bewegung –, gestiegen waren sie und gestiegen, und da war eben nichts zu machen. Nichts. Der Lehrer stimmte zu. Ein Jammer, sagte er, aber da könne man nichts machen. Wasser ließ sich auf keine Diskussionen ein. Und dann war ja da auch der Staat. Er und der Vorsteher nickten feierlich. Ja, der Staat... Sie kritisierten nicht, das Wasser war nun einmal da, der Staat ebenfalls. Ich fragte, ob sie in den nubischen Dörfern eine Wasserleitung gehabt hätten. Nein, sagte der Vorsteher, die Frauen hätten Wasser vom Nil geholt. Aber ich hätte recht daran getan, die Frage zu stellen, er wisse, was ich meinte. Der Staat sei gut zu ihnen gewesen, und sie seien sehr dankbar. Kalabsha und die umliegenden Dörfer hätten, wie ich sehr richtig bemerkt hatte, eine Wasserleitung. Das Wasser, sauberes Wasser, käme aus dem Wasserturm von Kom Ombo. Es gäbe viele Pumpen, manche Leute hätten sich Wasser bis ins Haus legen lassen. Sauberes Wasser, sagte ich, müsse doch ein wahrer Segen sein. Den ganzen Nil aufwärts hätte ich die Frauen beobachtet, die zum Fluß kamen, sie hätten dort nicht nur Wasser geholt, sie hätten im Fluß gewaschen und Geschirr gespült, ich könne gar nicht alles aufzählen, was die Frauen dort gemacht hatten...

Darüber mußten alle lachen. Nun ja, sagte ich, jedenfalls hätte ich gesehen, daß das Flußufer ein Treffpunkt für die Frauen gewesen sei. Zum Teil auch ihr Arbeitsplatz, aber offenbar überdies ein Platz zum Austausch von Klatsch und Neuigkeiten, ein Platz zum Spielen für die Kinder, an dem die Mütter sie im Auge behalten konnten, kurzum, ein überaus wichtiger Platz im Leben einer Frau. Diese Pumpen und die Wasserleitungen bis in die Häuser hinein – sei dadurch den Frauen nicht auch ein Verlust entstanden?

Wieder wurde gelacht. Frauen sind Frauen, sagte der Vorsteher, und nubische Frauen finden überall einen Platz zum Klatschen. Der einzige Unterschied ist, daß sie jetzt an den Pumpen oder an der Haustür zusammenstehen. Und es ist wohl kein Verlust, daß sie nun nicht mehr mühsam die gefüllten Krüge vom Fluß zurückzutragen brauchen. Außerdem haben wir eine große Gemeinschaftshalle, da können die Frauen zusammenkommen, wenn sie wollen. Ob sie wollen? Aber sicher doch!

Ich fragte, wie es in der Bevölkerung mit Arbeit, Handwerk und Gewerbe aussah. Fünfzig Prozent der Leute, sagte der Vorsteher, seien Handwerker, fünfundzwanzig Prozent bestellten das Land, das der Staat ihnen gegeben habe. Hatten sie genug Land? Genug Land kann man nie haben. Aber im Ernst, der Staat habe ihnen nicht genug gegeben. Außerdem läge das Ackerland nicht am Haus oder auch nur in der Nähe. Wer Glück habe, brauche nur ein, zwei Kilometer mit dem Esel zu seiner Parzelle zu reiten. Für andere, die Pech gehabt hatten, sei es ein Ritt von sieben Kilometern. Ich hätte ja gesehen, wie nah die Wüste sei, nicht wahr? Es gab einfach nicht genug Ackerland in der Nähe der Siedlung. Von den Alten seien etliche schon aus Kalabsha weggezogen und hätten sich auf dem höher gelegenen Land in der Nähe ihrer alten Dörfer angesiedelt. Erstaunlicherweise wollten viele von den Jungen, die Nubien nie kennengelernt hatten, jetzt gern dorthin zurück.

Ich fragte, ob das im Leben der Nubier ein ernst zu nehmender Faktor sei. Ja, sagte der Vorsteher, es seien bereits zwei nubische Gesellschaften entstanden, die versuchten, Leuten zur Rückkehr nach Nubien zu verhelfen, allerdings sei das schwierig. Aber ist denn nicht das Land überflutet? Der Nasser-See ist Hunderte von Kilometern lang und viele Kilometer breit... Nein, nein, sagte der Vorsteher, es sei nicht so, wie es auf der Karte aussähe. In Nubien habe es viel fruchtbares Land gegeben, und auch jetzt sei noch genug da. Kurzum, hier seien sie eingeengt. Man habe ihnen nicht genug Land gegeben. Das sei die Wurzel allen Übels. Ich solle mir dagegen einmal die in den Sudan umgesetzten Nubier ansehen...

Allmählich dämmerte mir, daß man die Nubier nicht nur innerhalb Ägyptens verpflanzt hatte.

»In den Sudan? Sehen Sie sich demnach eher als Nubier denn als Ägypter?«

Es gab eine Pause, der ich selbst ein Ende machen mußte.

»Entschuldigen Sie bitte. Natürlich sind Sie Ägypter *und* Nubier, so wie ich Engländer *und* Brite bin.«

Dennoch wurde deutlich, daß die Nubier ein ausgeprägtes Nationalgefühl haben. Die Verpflanzung war keine Migration, sondern Diaspora.

»Wie ist es den Nubiern ergangen, die in den Sudan umgesiedelt worden sind?«

»*Die* wollen nicht zurück. *Denen* ist es gut ergangen, sie haben so viel Land bekommen, wie sie brauchten.«

Durch die Türöffnung konnte ich jenseits der Straße die Wüste sehen. Die Neugier hatte mich hergeführt und zu aufdringlichen Fragen verleitet – dies und ein mir selbst unverständlicher Drang, ein Überbleibsel vielleicht, ein ferner Anhauch aus jenen Tagen, da ein Viertel der Weltkarte rot gewesen war? Das Erstaunliche, das ich allmählich an den Nubiern entdeckte – und das galt auch für Said, ja, hatte recht eigentlich mit Said angefangen, dem Alten vom Boot, der mir von Fisher's Island erzählt hatte und den ich bis an mein Lebensende in Erinnerung behalten werde, wie er in der Polizeibarkasse die blödsinnigen Putzlappen schwenkt –, das Erstaunliche an den Nubiern ist die Tatsache, daß sie einem auf Anhieb so sympathisch sind. So auch hier. Unerschütterlich ihre Heiterkeit, auch wenn sie von der schnöden Behandlung erzählen, die sie erfahren haben. Sie beklagten sich nicht, stellten nur Tatsachen fest. Im Grunde war es peinlich. Wenn ich mir die Frage vorlegte, was ich hier zu suchen hatte, lautete die befremdliche Antwort, daß ich mich an einem Interview versuchte. Ich, der ich Interviews verabscheute und in meiner Verzweiflung schon die verdrießlichsten Apophthegmen erfunden habe: »Behandle einen Interviewer stets als Gast, aber denke immer daran, daß er keiner ist.« Ich, der ich Interviews nur ertrug als etwas, was dem Literaten nun einmal zu tragen aufgegeben ist! Wie viele Interviewer hatte ich in Verlegenheit gebracht, abblitzen lassen, vertröstet? Der Vorsteher und seine drei Ältesten aber lächelten in einem fort freundlich, ja, ich möchte fast sagen, sie akzeptierten mich als jemanden, der das *Recht* hatte, Fragen zu stellen. Vielleicht waren sie ihnen schon zur leidigen Gewohnheit geworden, die Beamten mit ihren Statistikbögen, die Soziologen mit ihren Fangfragen, die Anthropologen mit ihren Integrationsversuchen, die Kamerateams auf der Suche nach neuen Blickwinkeln. Vielleicht war ich nur ein Haar mehr in ihrer Suppe.

»Ich habe noch eine Frage, sie wird Ihnen vielleicht töricht vorkommen...«

»Bitte.«

»Wird im Nasser-See gefischt?«

»Ja. Viel.«

Es war im Grunde eine technische Frage, die sie unter Umständen gar nicht beantworten konnten.

»Sie haben früher im Nil gefischt. Jetzt ist der Nasser-See an zahlreichen Stellen viele Kilometer breit. Wenn der Kamsin weht, muß es Wellen geben , wie wir sie vor der britischen Küste haben. Seewellen. Im Vergleich dazu sind die Wogen des Nils nur ein harmloses Geplätscher. Hat man das berücksichtigt? Gibt es jetzt Boote, die auf so ein Wetter eingerichtet sind? Hat man Sie unterwiesen?«

Wieder trat eine Pause ein. Der Lehrer antwortete in seinem gewissenhaften Englisch:

»Sie sind noch nicht darauf vorbereitet. Neue Boote gibt es nicht, soweit ich weiß. Aber mit den alten, die so groß sind wie die von früher, da fischen sie in Landnähe. Es gibt seichtes Wasser in der Nähe vom Land, in den Buchen.«

»Buchten. Sie meinen wohl Buchten.«

»Ja. Danke. In Buchten und Einschnitten. Es gibt viele Einschnitte.«

Dennoch hätte ich wetten mögen, daß die ersten zehn Jahre der sich ausbreitenden Fluten ihren Tribut gefordert hatten.

»Es muß viele Unfälle, viele Verluste gegeben haben.«

»Nein. Das war nicht schlimm.«

Aber da schaltete der Vorsteher sich wieder ein.

»Es gibt eine Sache ... Ob Sie uns da vielleicht helfen könnten?«

»Bitte.«

»Wir möchten so gern zurück, und wenn es auch nur auf Besuch ist. Wir brauchen eine anständige Straße bis über Assuan hinaus in unsere frühere Heimat. Eine Straße für Busse. Das ist unser größter Wunsch.«

Ich dachte an die gute Straße, an die beiden guten Straßen durch die Arabische Wüste. Die Militärstraßen.

»Es gibt eine Art Straße nach Abu Simbel, nicht?«

»Aber eine Straße für Busse. Das ist unser größter Wunsch. Damit wir manchmal, wenn der eine oder andere zurück will ...«

»Eine solche Forderung oder Bitte, ein solcher Antrag müßte einflußreichen Leuten vorgelegt werden.«

Eifriges Nicken, zustimmendes Gemurmel.

»Ich habe keinen Einfluß, es ist allenfalls denkbar, daß das, was ich schreibe, von einflußreichen Leuten gelesen wird, aber auch das ist nicht sicher, und selbst dann weiß ich nicht, wie sie darauf reagieren. Aber ich werde das, was Sie mir erzählt haben, in mein Buch schreiben. Ich werde schreiben, daß die Nubier aus Kalabsha um eine anständige Straße in ihre alte Heimat bitten. Mehr kann ich nicht tun, aber das verspreche ich.«

Angesichts der allgemeinen Begeisterung hätte man meinen

können, die Straße sei schon fix und fertig. Ich schüttelte jedermann die Hand.

Es mag albern gewesen sein. Ja, vielleicht war es das. Dennoch halte ich hier den Wunsch meiner nubischen Gastgeber fest und hoffe sehr, daß er in einem Buch abgedruckt wird. Kann man auf diese Weise überhaupt etwas bewirken? Die komplizierten Hebel der Macht waren mir nie zugänglich. Ich wüßte nicht einmal, wo ich sie zu suchen hätte.

Jetzt führte man uns herum. Wir sahen ein Kunstgewerbezentrum, wo eine junge Dame, kohlschwarz und viel glänzender als Kohle, mir eine bunte Bastarbeit überreichte. Wir sahen einen Lesesaal mit vielen Kindern und vielen Büchern. Der Vorsteher erläuterte, daß sein Volk zwei Sprachen, Arabisch und Nubisch, beherrschte. Das Nubische ist nie als Schriftsprache festgehalten worden. (Bibelgesellschaft, vor!) Die Kinder müssen Arabisch in Wort und Schrift lernen, in der Familie spricht man noch Nubisch.

Wir nahmen den Vorsteher und den Lehrer bis zum nächsten Dorf mit, wo er uns Familien in zwei Häusern vorstellte. Als er sagte, wir hätten schon Tee getrunken, brachte man uns nur ein alkoholfreies Getränk. Die Häuser waren schlicht, die Wände roh beworfen, so daß ich nicht feststellen konnte, was sich darunter verbarg, aber Lehmziegel schienen es nicht zu sein. Auch die Innenausstattung war schlicht. Es fehlten die Haufen und Halden, es fehlte der zerbrochene Plunder, den ich in jenen anderen Häusern gesehen hatte, es fehlte, so könnte man sagen, die Armseligkeit. Erwachsene und Kinder waren heiter. Für die Nubier, so schien es mir, war diese Heiterkeit Naturzustand, sie sind heiter, was immer geschieht. Die Kinder waren reizend, ohne Scheu, ausgelassen. Gewiß, es war ein Feiertag, aber alle schienen sich ehrlich zu freuen, einen Fremden begrüßen zu können.

Wir statteten unseren unzureichenden Dank ab und traten die Rückfahrt an. Unterwegs sahen wir, daß der Kameltreck hier und da Lücken aufwies. An manchen Stellen waren Lastwagen noch mit dem Laden der vierbeinigen Fracht beschäftigt, deren

Besitzer dem weiter nördlich gelegenen Markt von Esna vorgegriffen hatten. Ein Kamel in den ersten Laster seines Lebens zu bugsieren, scheint ein Ganztagsjob zu sein. Betont sei hier, daß der Kamelmarkt in »Esna-Dorf Post Esna« stattfand. Das eigentliche Esna ist ein großer Ort mit einem Staudamm, den die Hauptstraße umgeht.

In »Kom Ombo-Dorf Post Kom Ombo« bogen wir ab in Richtung Nil. Wenn der Tempel am Fluß nicht wäre, würde der Fremdenverkehr Kom Ombo ganz links liegenlassen, denn die Stadt hat viel Industrie und ist noch staubiger und häßlicher als Qena. Am Tempel erstanden wir unsere Eintrittskarten und gingen hinein. Wir – ich wollte schreiben: hatten Pech, aber das wäre eine törichte Formulierung, denn das Pech hatte anderswo zugeschlagen. Der landseitige Teil des Tempels war gesperrt. Es sah aus, als sei dort ein Theaterstück im Gange. Da war die Tempelfassade, und dort, ganz oben, bewegte sich ein Ensemble in prächtigen Uniformen – und in Ägypten sind die Uniformen der höheren Chargen von besonderer Prächtigkeit. Von einem Fremdenführer erfuhr Alaa, daß von dieser Fassade ein Tourist in den Tod gestürzt war. Wann? Vor etwa zwanzig Minuten.

Wie rasch in Ägypten eine Menschenmenge zusammenkommt! Und nun gar diese, per Auto aus allen Himmelsrichtungen zusammengeholt! Der Leiche des armen Wesens wurde mehr Aufmerksamkeit zuteil als einem VIP.

»Mann oder Frau?« fragte ich, weil ich das Gefühl hatte, es müsse ein Mann gewesen sein.

»Das weiß er nicht.«

In jähem Schauder spürte ich das Walten des Schicksals, das den Mann – ja, bestimmt war es ein Mann gewesen – zu einem gewiß nicht billigen Urlaub in Ägypten verlockt hatte … die Aufregungen der Reise … und dann der Tempel von Kom Ombo. War seine Frau mitgekommen, oder war sie in dem draußen auf dem Strom liegenden Touristenboot geblieben? Nein, Liebes, ich möchte lieber nicht mitkommen … noch ein Tempel … ich habe leichte Kopfschmerzen. Und er, besorgt, ach, dann bleibe ich auch und leiste dir Gesellschaft. Doch das wollte sie nicht, und das Schicksal wollte es erst recht nicht, das nahm ihn bei der Hand und führte ihn auf jene hohe Plattform über der Fassade …

Das Schlimme an einem Erzähler ist, daß er nicht einmal trauern kann, ohne sich beim Trauern zuzusehen. Wer wird von so einem Geschöpf die Wahrheit erwarten?

Was nun den Tempel betrifft oder was man uns davon besichtigen ließ und wir zu besichtigen gewillt waren, so kann ich nicht leugnen, daß er ein recht hübsches Exemplar war. Die Lage, etwa 15 Meter über dem Nil und zwanzig Meter vom Fluß entfernt, war tatsächlich schön. Frachtensegler lagen draußen im Strom und an der Geröllhalde, die an einem Ende des Tempels zum Wasser abfällt. Der Blick aus dieser Höhe auf die vertrauten *sandals* mutete eigenartig an. Sie wirkten so viel kleiner. Mit dem Tempel hatten sie nichts zu schaffen. Irgendwie war das Ganze unbefriedigend. Der Tempel, meine ich. Was ist ein befriedigender Tempel? Immerhin waren da die Hieroglyphen. Wände voller Hieroglyphen. Der Eingang schien ptolemäisch zu sein. Sebek (Sobek – aber wen schert das schon?) hatte sich offenbar mit Horus in den Tempel geteilt. Mir fiel plötzlich ein Platz in einer ägyptischen Stadt ein, der »Horus« hieß; gab es da einen Zusammenhang? Dieses Ende des Tempels – das ptolemäische Ende – war viel niedriger als das andere, an dem sich die protzigen Uniformen jetzt allmählich zerstreuten. Alaa fragte, ob ich drüben hochklettern wollte, dort, wo der unglückliche Tourist ums Leben gekommen war. Ich schüttelte den Kopf. Wir sahen eine Weile auf den Nil herunter. Hier war der Fluß schmaler, die Strömung schneller. Das würde unser Boot nie schaffen. Ich war indessen mit mir einig geworden, daß ich genug ägyptische Tempel gesehen hatte. Schrecklich, diese totale *Leere*. Wann hatte der Ritus der Säkularisierung eingesetzt? Erst mit der Christianisierung? Und dabei wurde so viel restauriert und denkmalgeschützt! Warum, dachte ich, kann man Denkmäler nicht dem natürlichen Verfall anheimgeben? Tempel werden wieder aufgebaut, aber Fathys Schule und Fathys Häuser läßt man verkommen.

Draußen auf dem Fluß lag ein Schwimmkran mit gesenktem Greifhaken. Ich bat Alaa, nähere Erkundigungen einzuziehen, denn aus den Fluten ragte die rostige Ecke eines Wracks. Ein Touristenschiff, berichtete er. Kein glückverheißender Ort für Touristen, dieses Kom Ombo. Hatte es Verletzte gegeben? Keine Verletzten. Hätten wir wohl – immerhin ist der Fremdenverkehr einer der drei wichtigsten Geldbringer des Staates! – je erfahren, daß dem Touristen in diesem Land auch Unheil widerfahren kann, wenn wir nicht gerade zurechtgekommen wären, um das farbenprächtige Ensemble auf der obersten Plattform zu beobachten und wenn man uns nicht verboten hätte, dort hinaufzugehen? Und dann traten wir mit unserem Mietwagen die Rückfahrt an, berieselt von U-Musik aus dem Kassettendeck. In Kom Ombo nahmen wir etliche nichtzahlende Fahrgäste auf, denn, so meinte unser Fahrer, wir seien gute Menschen und die da seien gute Menschen, und wir hätten doch sicher nichts dagegen. Ich ließ die arabische Musik säuseln und die arabischen Laute, die ich nicht verstand, an mir vorbeirauschen und verpaßte damit wohl eine Chance, Volksnähe zu praktizieren. Statt dessen dachte ich an den Tempel (mit dessen Besichtigung ich mir wahrhaftig wenig Mühe gegeben hatte) und überlegte, warum Tempel so selten den Schilderungen von Rider Haggard entsprechen. Bei ihm gibt es immer einen Wind, der ohne ersichtlichen Grund weht, ein geheimnisvolles Licht und diese unirdische Stimme, hoch und rein. Und dann das Rätsel um einen Tempel, der Sobek und Horus geweiht ist, einem Falken und einem Krokodil. Natürlich, sagen wohlwollende Historiker, beteten die Menschen nicht *wirklich* ein Krokodil an, sondern die Vorstellung des urzeitlichen Wesens im urzeitlichen Wasser, und der Falke ist ein Symbol für den Geist – wie der Bronzeadler, der als Lesepult in christlichen Kirchen Dienst tut. Jede Religion läßt sich an den Mann bringen, wenn man sie nur niedrig genug aufhängt. Seit Menschengedenken huldigen die Christen auf die gleiche Weise einem Mann, der am Galgen zu Tode gefoltert wurde. Möglich, daß der Mensch tatsächlich etwas fürs Auge braucht. Selbst im Buddhismus, der mit dem

Anspruch angetreten war, nichts zum Anschauen zu bieten, ist dieses Nichts jetzt von einer hochentwickelten bildenden Kunst umgeben.

So fuhren wir zurück zum Winter Palace. Ann hatte sich gut ausgeruht, und wir machten noch einen Gang durch Luxor, denn unter Umständen sahen wir ja die Stadt zum letzten Mal. Damit hat es nämlich eine eigene Bewandtnis. Man kann sich ohne weiteres mit dem Gedanken abfinden, daß man einen Ort zum ersten *und* zum letzten Mal sieht, aber das unwiderruflich letzte Mal – das ist schon etwas Besonderes.

Doch dann hatten wir ein erfreuliches Erlebnis, das uns aufheiterte. Wir entdeckten ein neu eröffnetes Geschäft, das Bücher – nicht nur Reiseführer! – in europäischen Sprachen führte. Wir deckten uns sogleich für die Rückfahrt ein. Zu den Nachteilen einer Flugreise gehört es, daß man nie genug Lesestoff mitnehmen kann. Manchmal tappe ich in die alte Falle für Reisende und greife mir eins der großen ungelesenen Guten Bücher – *Finnegans Wake* etwa oder Motleys *Rise of the Dutch Republic* –, die ich natürlich in einem Hotelzimmer ebensowenig zu lesen vermag wie in der eigenen Wohnstube. Und während ich mich nach einem ungelesenen Kleinen Buch verzehre, studiere ich die Beförderungsbedingungen auf meinem Flugticket oder eine mehrere Wochen alte Zeitung. Was wir ergattert hatten, waren wahrhaft Kleine Bücher, ich mag deshalb keine Titel nennen, aber es war GEDRUCKTES.

Es war eine schöne Subtropennacht. Noch immer aber hing jener seltsame Dunst in der Luft, jetzt beleuchtet von den Lichtern Luxors oder vielleicht durch irgendeinen meteorologischen Effekt von innen erhellt. Wir legten uns zur Ruhe, und so groß war unser Hunger nach GEDRUCKTEM, daß wir vor dem Einschlafen jeder eins unserer neuen Bücher gelesen und damit vergeudet hatten, denn sie aufzuheben lohnte nicht, es war typische Wegwerfware. Ich weiß noch, wie mir durch den Kopf ging, daß wir in Kalabsha, aber in keinem anderen Ort, Bücher in Mengen gesehen hatten.

13

Wir frühstückten um sechs, weil wir dem *Reis* ein gutes Beispiel geben und unsere Rückreise nach Kairo möglichst früh antreten wollten. Daß wir nur bis Luxor gekommen waren, deprimierte mich. Wir mußten so rasch zurück, wie es dem Boot eben möglich war, um den Eigner nicht im Stich zu lassen, der die *Hani* zu einem bestimmten Termin unbedingt brauchte. Falls ich energisch genug darauf bestand, konnte ich wohl unsere stürmische Fahrt zu einem Landgang mit kurzer Umschau und längerer Meditation in Oxyrhynchos stoppen, ansonsten aber würde es eine wilde Jagd bis Kairo werden. Um sieben waren wir am Boot.

Akhmet fingerte am Motor herum. Offenbar hatte er sich nur sehr kurz in »seinem« Dorf aufgehalten und statt dessen zwei Tage dafür aufgewendet, anstelle der metallenen Lager eine Gummimanschette anzubringen! Ich bewunderte sein Werk nach Kräften, dachte mir aber, daß sich die Welle mit Sicherheit in allerhöchstens zwanzig Minuten durch den Gummi gearbeitet haben würde. Faroz sah ein bißchen blaß aus, fand ich. Rushdie aber hatte unsere Kabine aufgeräumt, sie wirkte recht adrett. So saßen wir denn da und redeten mit Alaa über dies und das, bis um zehn *Reis* Shasli auftauchte. Er hatte seine beiden freien Tage in Qena verbracht und machte einen grämlichen, erschöpften Eindruck. Genüßlich wurde getratscht, er habe dort beide Frauen vorgefunden ... und so weiter und so fort. Wir legten ab. Gewöhnlich sind die Ägypter sehr geschickt darin, ihre Motörchen mit Hilfe von Drahtenden, alten Holzpflöcken und Gummiband in Gang zu halten. So ein Schiffsmotor aber ist eben doch ein etwas größeres Kaliber. Ich fand, daß die Gummimanschette den Lärm nicht wesentlich dämpfte, vielleicht aber hatte sich die Art der Schwingungen etwas geändert. Knapp eineinhalb Kilometer hinter unserem Startpunkt arbeitete sich die

Propellerwelle durch die Manschette, und das Hämmern von Metall auf Metall hub in vertrauter Weise von neuem an. Zugunsten des Bootes ließ sich nur sagen, daß es nun, da die Fahrt in Richtung Heimat ging, munterer zu werden schien, wie ein Gaul, der den Stall wittert. Es legte sogar ein, zwei Knoten zu, als sei die Strömung nicht nur unserem Tempo günstig, sondern habe auch dem Motor neuen Mut eingeflößt. Ich ärgerte mich trotzdem und konnte einfach nicht begreifen, warum niemand neue Lager von Kairo hatte einfliegen lassen. Vielleicht, dachte ich, ist der Motor schon so alt, daß es keine Ersatzteile mehr gibt.

Ein lauter Schrei erscholl vom Vorschiff.

»Das ist Rushdie«, sagte Alaa kopfschüttelnd und mit sorgenvoll gekrauster Stirn. »Er hat eine Nierengeschichte. Ich schau' mal nach.«

Wieder ein Schrei, diesmal noch durchdringender. Der *Reis* drehte die arabische Version von *Three Blind Mice* lauter. Alaa verschwand im Vorschiff. Die Thebanerberge glitten in recht beachtlichem Tempo vorbei. Es sah wirklich aus, als werde der Motor durch die Strömung schneller – mehr Tempo bei gleicher Leistung –, aber das war doch unmöglich! Oder half hier der »Niedrigwassereffekt« ein bißchen nach?

Alaa tauchte wieder auf.

»Rushdie wird es bald wieder besser gehen«, sagte er. »Er hat das von klein auf hin und wieder.«

Ein erschöpfter *Reis*, ein kranker Koch – wir waren schon eine klägliche Mannschaft. Ann hatte sich nicht wohl gefühlt. Said, der in Qena wieder zu uns stoßen sollte, hatte mal dies, mal jenes gehabt, vielleicht würden wir ihn nie wiedersehen.

Wirklich auf dem Posten waren nur Alaa – der nie krank ist – sowie Faroz und Akhmet, die in den greulichen Fluten des Nils gebadet hatten. Ich ging an Deck, wo Akhmet im Wind saß. Die so rasch verschlissene Manschette machte ihm Kummer.

»Nächstes Mal«, sagte er, »Sie nehmen besseres Boot.«

»Mit derselben Crew?«

»Nein«, sagte er. »Nicht den *Reis*. Ich und Faroz, wir okay.«

Sie hatten wirklich wacker gearbeitet, das mußte man ihnen lassen, besonders Faroz. Und eigentlich auch Rushdie. Der *Reis* hatte uns nur einmal auf Grund gesetzt, und das ist bei einem so langen und so seichten Fluß aller Ehren wert.

Die Brise war frisch, und da wir auf Norden zuhielten, kam noch unsere Fahrt hinzu. Ich ging nach unten in unsere Kabine, wo Ann ihr zweites Buch bereits zu zwei Dritteln verschlungen hatte. Was für den Gebildeten zuweilen als unabdingbar gilt (die Fähigkeit, eine Seite auf einen Blick zu erfassen), ist für den Reisenden ein schweres Manko. Ich flehte sie an, langsamer zu machen, aber das konnte sie angeblich nicht. Ich hatte keine Lust zum Lesen. Statt dessen setzte ich mich auf meine Koje und versuchte, so etwas wie Ordnung in dieses zum Teil doch recht verrückte Abenteuer zu bringen. Wie zum Teufel sollte ich daraus ein Buch machen? Wir fuhren auf demselben Kurs durch Gewässer, die wir schon kannten. Die Gleichförmigkeit, mit der wir uns auf der Fahrt stromauf wohl oder übel abgefunden hatten, mußte sich auf dem Rückweg noch verstärken. Andererseits war da der Druck, Tempo vorzulegen – *Reis* Shasli hatte Stein und Bein geschworen, daß man nilab nur halb soviel Zeit brauchte wie nilauf – und überdies Interessantes zu erleben. Nun ja. Blieb noch Oxyrhynchos.

Wir passierten die beiden ausgebrannten Touristenschiffe. Sie zweimal zu sehen war schiere Verschwendung für den praktizierenden Journalisten, es verstellte nur den Blick auf neue Erfahrungen. Auf weitere lohnende Recherchen vom Bootsdeck aus durfte ich jetzt wohl nicht mehr hoffen. Verdrossen bedachte ich, was ich hatte unternehmen wollen und nicht unternommen hatte. Bis Assuan hatte ich kommen und mir noch einmal den Hochdamm ansehen wollen. Den Unvollendeten Koloß hatte ich diesmal finden wollen und hatte mir sogar schon zurechtgelegt, was ich über ihn schreiben würde. Ich hatte ihn in dieselbe Kategorie wie Michelangelos unvollendete Skulptur der gefesselten Giganten eingeordnet, hatte geistreiche Ausführungen entworfen über die Vorliebe des modernen Menschen für das Fragment, das Angedeutete, Suggestive, über eine Generation, ja, vielleicht gar eine ganze Ära, die zwar an *eine* irgendwo vorhandene Wahrheit glaubt, die aber weiß, daß diese Wahrheit nicht greifbar, nicht deutlich sichtbar ist; sähen wir sie aber überhaupt, dann allenfalls auf mosaische Art, nämlich von unserer Felsspalte aus nicht ihr Antlitz, sondern allenfalls ihre Hinterfront, von ihrer Hand verdeckt, oder sitzenderweise vielleicht – vielleicht vielleicht. Nun hatte ich aber den Unvollendeten Koloß nicht gefunden und konnte mir zwar denken, wie beeindruckend dieses Bildwerk einer im Werden begriffenen Majestät sein mußte, konnte aber aus eigenem Augenschein nichts darüber sagen.

Wir rauschten mit über zehn Knoten am Westufer entlang, ein Wahnsinnstempo. Unsere Bugwelle brach sich am Ufer. Hier und da schlug sie einen Brocken aus einer kleinen Lehmklippe oder spritzte dreißig, vierzig Zentimeter an einem Streifen Fruchtland hoch. Ein prächtiges Feld mit Zwiebeln kam in Sicht, die stolz die Köpfe reckten. Welche Feldfrüchte könnten schöner sein als Zwiebeln auf der Flur? Wie eine Schlange fuhr unsere Bugwelle dazwischen. Eine junge Frau, die am Feldrand gehockt hatte, sprang auf, ergriff einen Stein und schleuderte ihn uns zeternd nach. Ein guter Wurf, aber zu kurz. Mit wütenden Bewegungen drohte sie hinter uns her. Sie sah gut aus mit ihrem unverschleierten Gesicht. Noch lange nachdem sich mit der Entfernung die Konturen ihrer Züge aufgelöst hatten, fuhren ihre Augen fort, Blitze zu werfen. Das können Augen nämlich tatsächlich, zumindest in Ägypten. Einmal blitzte mich eine junge Person durch den Schlitz ihrer *yashmak* hindurch an (oder wie das dort heißt). Der Blitz war nicht für mich bestimmt, sondern für einen jungen Mann, trotzdem brachte mich der Beinahtreffer einigermaßen aus der Fassung. Und nun hier: Blitz auf Blitz, Fluch auf Fluch – nicht dasselbe, wahrlich nicht dasselbe.

Seit Jahrtausenden vertraut die ägyptische Frau hauptsächlich auf die Zauberkraft ihrer Augen. Ein gesundes Augenpaar muß selten, muß ein sicheres Zeichen für robuste Gesundheit gewesen sein. Selbst Nofretete, die Berühmte, die Legendäre, die arme Langweilerin, hat ein blindes Auge, das sie meist vor der Kamera verbirgt; dafür spricht das andere eine um so deutlichere Sprache.

Besonders die Grabgemälde haben sich mit liebevollster Sorgfalt den Augen gewidmet. Es gab – oder vielmehr gibt – da eine Grabwand, nicht bemalt, sondern in Reliefarbeit ausgeschmückt, ein beeindruckendes Dokument erlesenen Geschmacks und höchster Verfeinerung. Da ich damals noch nichts von dem Augen-Blick ahnen konnte, der mir soeben widerfahren war, hatte ich es natürlich versäumt, mir diese Grabwand noch einmal anzusehen. Wenn man zurücktritt, sieht man die Augen noch lange, nachdem die Gestalten selbst undeutlich geworden sind.

Um die Frau aber, die den Stein geworfen hatte, war es mir leid. Man konnte sich nicht entschuldigen. Und wie typisch für das alluviale Ägypten, daß sie nicht mehr als *einen* Stein bei der Hand gehabt hatte! Ihre Welt war eine Welt des Schlamms, trotz des Thebanergebirges, trotz des gewaltigen Cañons drei Kilometer unter ihr. Von diesem Cañon würde sie nie erfahren, ebensowenig wie sie je erfahren wird, daß die »Armant« genannte Anhöhe hinter ihr kein Ort, sondern ein geologischer Begriff ist.

Faroz machte uns etwas zu essen, denn Rushdie lag noch immer stöhnend in seiner Koje. Ich fragte Alaa, ob wir Rushdie nicht in Qena ins Krankenhaus bringen sollten, der aber meinte, das ginge schon in Ordnung. Alaa besaß eine Reiseapotheke, der er uneingeschränkt vertraute.

In Qena eilte *Reis* Shasli an Land, um noch einmal nach seiner Frau – oder seinen Frauen – zu sehen. Die Besatzung (soweit nicht bettlägerig) gickerte. Dann kam der alte Nubier an Bord, von dem ich gedacht hatte, ich würde ihn nie wiedersehen. Die Abwesenheit hatte ihn offenbar milder gestimmt. Er strahlte über das ganze Gesicht und schüttelte uns herzhaft die Hand. Dann holte er ein Stück flexiblen Stahldraht hervor, der Gute, den er als Ersatz für das Notruder mitgebracht hatte. Er schien jetzt bei weitem der Heiterste an Bord. Shasli kam fast postwendend wieder und nahm das Ruder. In seinem Familienleben schien eine Krise eingetreten zu sein, aber was eigentlich los war, haben wir nie erfahren. Wir fuhren in den Knick unterhalb von Qena ein, wo der Westen *bahari* ist und so weiter. Alaa unterhielt uns mit der Saga von Bassems Autoreparatur. Halb Luxor schien irgendwie dabei die Hand im Spiel gehabt zu haben.

»Aber jetzt«, sagte Alaa, »ist der Wagen wieder so gut wie neu.«

Wir flogen nur so dahin, die Propellerwelle hämmerte wie irrsinnig. Ich hatte mich mit meiner Ohnmacht abgefunden. Wenn die Schraube im Flußbett versinkt – *malesh*. Wenn die Welle in den Bilgen bricht und den Schiffsboden durchschlägt – was solls? Hätte Allah gewollt, daß wir Boote mit Motor haben, hätte er den Nil nicht so geschaffen, wie er ist, denn den größten Teil des Jahres dient der Motor nur einem ganz törichten Zweck, nämlich der Zeitersparnis, und was fängst du mit dieser gesparten Zeit an? Denn da die Strömung des Nils praktisch neun Monate gegen den Wind steht, kannst du das eine gegen das andere ausspielen und wahre Wunder wirken, wenn du dein Boot mit Gefühl zu führen weißt. Fähren setzen häufig überhaupt keine Segel; in dem gerefften Tuch fängt sich genug Wind, um dich sanft, fast unmerklich, von Osten nach Westen oder umgekehrt zu tragen. Gäbe es nicht diese vermaledeiten Motorboote mit ihrem Wellenschlag, könntest du mit nicht mehr als einem halben Zoll Freibord über den Strom setzen, wenn man auch sagen muß, daß sich Segel- und Motorboote auf eine grämlichpomadige Art ganz gut miteinander vertragen. *Reis* Shasli kümmerte sich, wofern er nicht gerade Auskünfte gab oder Ratschläge oder Informationen von anderen Niloten einholte, herzlich wenig darum, was unsere Bugwelle anrichtete. Manchmal war das peinlich.

Wir waren wieder im Zuckerrohrland und sahen viele *trams*, die Leichter mit Rohr im Schlepp hatten. Zuweilen war ein Motorschiff von einem ganzen Schwarm solcher Leichter umgeben, das sah dann aus wie eine schwimmende Insel. Auf halbem Weg zum Großen Knie kamen wir an einer riesigen

Zuckerfabrik vorbei, die mir auf dem Hinweg nicht aufgefallen war. Vermutlich hatte ich unentwegt aufs andere Ufer gestarrt – nur ein Beweis mehr, daß der Nil als Blickwinkel für Touristisches nur halb so gut (oder doppelt so schlecht) ist, wie ich angenommen hatte. Diese Fabrik nun bestand aus sehr viel Aluminium, die Großtanks für die Melasse blinkten, Schiffe wimmelten. Dabei ist so ein Werk nur zwei Monate im Jahr ausgelastet; wenn die Zuckerrohrernte verarbeitet ist, verfällt es in einen ausgedehnten Dornröschenschlaf. Eine recht unwirtschaftliche Angelegenheit, so möchte man meinen. In einer besser durchorganisierten Welt würde man wohl Zuckerrohr zum Raffinieren aus Gebieten heranschaffen, in denen zu anderen Zeiten geerntet wird.

Nach dem Schlüsselerlebnis Qena ging mir etwa hier auf, daß der Graufischer zwar selten, aber nicht so selten ist, wie ich gedacht hatte. Jeder Flußabschnitt hat seinen eigenen Graufischer, der absoluter Herrscher in seinem Revier ist. Einmal sah ich drei auf einmal und überlegte, ob sie wohl um Reviere oder um Weibchen stritten. Meist aber sieht man sie auf der Jagd am Flußufer entlang ihre Sturzschleifen vollführen oder reglos in der Luft verharren, oder sie fliegen in geringer Höhe – zehn Zentimeter über dem Wasser – auf und davon.

Man sieht auch noch andere Vögel am Fluß, Möwen (etwa 150 km hinter Kairo), Bläßhühner, einen grauen, unscheinbaren Stelzvogel, Sperlinge und Schwalben, hin und wieder einen Falken über den Feldern, gerade so weit landeinwärts, daß er dem Graufischer nicht ins Gehege kommt. Aber der schwarzweiße Eisvogel-Verwandte mit seinem karierten Gefieder und der schlohweiße Ibis sind die Aristokraten des Stroms.

Ich hatte gehofft, wir würden noch bei Tageslicht bis Nag Hammadi und vielleicht sogar durch die Schleuse kommen, aber dann machten wir doch kurz davor fest, damit Rushdie an Land gehen und sich in der Poliklinik eine Spritze gegen seine Schmerzen geben lassen konnte, was ja nur recht und billig war. Wieder einmal verbrachten wir also den frühen Abend mit Warten, den späten Abend im Dunkeln und die Nacht bei gerade noch erträglichen Temperaturen. Ich merkte zu meinem Ärger, daß eine Mücke über mich hergefallen war, offenbar im Old Winter Palace, obgleich wir auf dem Boot viel exponierter gewesen waren. Schon meine Stiche hielten mich wach. Ich versuchte es mit dem laienhaften und vielleicht törichten Trick, mit scharfen Fingernägeln den Stich kreuzweise zu ritzen, um das Gift zu verteilen, aber das half nicht viel. Wieder verbrachte ich eine Nacht ohne viel Schlaf und mit viel Zeit zu nachdenklicher Betrachtung. Was, fragte ich mich, während ich nicht zu kratzen versuchte, hatte ich an Realem, an wirklich Bedeutsamem gesehen? Einige wenige Fellachenhütten von innen? Ein, zwei Dörfer? Was konnte ich noch tun? Weitere Dörfer, weitere Häuser besichtigen? Gab es einen gemeinsamen Nenner für das, was ich einstmals gewußt hatte und was ich jetzt wußte? Daß es hier zu lange dauert, bis etwas fertig wird? Ich kratzte mich. Es heißt, daß auf dem Weg über den Nasser-See die Malaria wieder nach Ägypten gekommen ist. Das hätte uns gerade noch gefehlt, dachte ich: Nach Ägypten zu reisen, um Erfahrungen zu sammeln, ohne zu wissen, worauf man aus ist, und nichts als eine Krankheit heimzubringen. Nun war wohl auch Krankheit eine Art von Erfahrung, und der Gesundheitszustand in Ägypten schien sich durch sauberes Wasser tatsächlich allmählich zu bessern.

Die Feststellung, Ägypter seien faul, ist nur die halbe Wahrheit. Dicht unter der Oberfläche liegen Spannungen, die hin und wieder in erschreckenden Eruptionen von Gewalt hervorbrechen: den heftigen Auseinandersetzungen zwischen Moslems und Kopten, den jähen, animalischen Reaktionen auf ausländische Einmischung, die in den fünfziger Jahren in Kairo zu so grauenhaften Ausschreitungen geführt haben. Die Mehrheit der ägyptischen Bevölkerung ist seit Jahrtausenden hilflos der Ausbeutung, der Tortur, dem Tod durch Fronarbeit oder durch Seuchen ausgeliefert. Was Wunder, daß die Ägypter jede Gelegenheit nutzen, sich für diese Jahrtausende zu rächen, indem sie den nächstbesten Gegenstand kurz und klein schlagen! Was Wunder, daß ihr psychologisches Spektrum von der Indolenz bis zur Hysterie reicht! Das heutige Erlebnis hatte es mir vor Augen geführt – die Frau, kostbare Kraft einer ganzen Woche vergeudend in ihrem hektischen Satz, dem Fluch, dem Schleudern des Steins, dem ruckenden, immer wieder ruckenden Arm, als könne sie den Stein nachschöpfen und zu einem Hagelschauer vervielfacht hinter uns herschicken. Wir, die wir so nah am Ufer vorbeigekommen waren und ihr Land mit der Bugwelle eines aufwendigen Spielzeugs beleidigt hatten, waren der letzte Tropfen, der den Krug ihrer Geduld mit all dem reichen, fremdländischen Touristengetriebe auf dem Strom hatte überlaufen lassen.

Mit der Zeit und mit einigem guten Willen mußte es gelingen, diese Kraft in geregelte Bahnen zu lenken. Bei einer verbotenen Fahrt am Suezkanal entlang hatte ich das Ergebnis einer modernen ägyptischen Militäroperation gesehen. Am anderen Ufer hatte man den Sand weggespült, um den Sturmtruppen eine Bresche für ihren Angriff zu schaffen. Unter Beschuß waren die Ägypter übergesetzt und hatten mit Schläuchen den Uferstreifen ausgehöhlt, mit schweren Verlusten, nicht nachlassend, Welle auf Welle, bis sie einen Zugang für die Masse der Infanterie, dann für die Tanks geschaffen hatten. In den traurigen Annalen militärischen Heldentums und Opfermutes muß dieser Einsatz an herausragender Stelle verzeichnet werden. Angesichts der Notwendigkeit – in diesem Falle des Glaubens – fallen alle Verallgemeinerungen zu einem Gewirr von Einzelfällen auseinander.

Der klare Nachthimmel sog den letzten Rest von Wärme aus der Kabine. Es war kalt. Ich rollte mich eng zusammen und versuchte, die Umgebung der Mückenstiche zwar zuzudecken, aber nicht so fest, daß der Haut die lindernde Kühle entzogen wurde.

Irgendwo in der Dunkelheit ein matter Klang, steigend und fallend: ein Muezzin, in Nag Hammadi vielleicht, der jetzt einen weißen von einem schwarzen Faden zu unterscheiden vermochte. Kommt, o ihr Gläubigen ... Es nahm und nahm kein Ende, schien meinen wachenden Ohren, wie stets, ganz besonders lang, als gelte es an diesem Tag, der aus der Nacht hervortauchte, ein Fest vorzubereiten, obschon ich wußte, daß kein Freitag und der Geburtstag des Propheten schon vorbei war. Der Nordwind wehte uns die fernen Klänge in unregelmäßigen Schüben zu. Kaum dachte ich, sie hätten aufgehört, da huben sie wieder an, doch dann, als ich sicher war, sie würden immer weiter fortschwingen, hörten sie auf und zwangen meine Ohren, sich voller Erwartung der Stille zuzuwenden. Nun, schließlich sollten sie ja die Getreuen im Glauben wachhalten, und war nicht auch ich ein Getreuer – auf meine Art? Eine gute Frage! Während der nur zu erfolgreiche Muezzin sich wieder zur Ruhe begab, erhob ich mich fröstelnd von meiner Koje, suchte unsere unzureichende Örtlichkeit auf und versuchte mich anzuziehen, ohne zu kratzen. Leise ging ich an Deck, wo sich mein Frösteln verstärkte. Ich schlug die Arme übereinander und schaute über den Bug. Der Nebel war diesmal dicht und feucht und ohne Staub. Ich machte einen Winkel zwischen den Aufbauten ausfindig, in dem die Kälte nicht ganz so durchdringend schien, und bezog Beobachtungsposten. Irgendwo ploppte ein aufsteigender Fisch. Jetzt war der Nebel nur mehr Nebel und etwa so weiß wie der Faden des Muezzin. Etwas Dunkles trieb langsam vorbei, ein Ruderboot, in dessen Bug eine schwarze Gestalt hockte, bis über den Kopf in die Galabiya gehüllt; ein kleineres Bündel im Bug – der schlafende Schiffsjunge. Waren sie schlummernd abgetrieben, ohne es zu merken? Oder war es hier üblich, tagsüber stromauf zu rudern und sich über Nacht mit der Strömung tragen zu lassen? Unser Boot murrte, als Shasli den Motor anwarf.

Wir waren noch immer in Zuckerland, allerdings in zunehmend bebauter Gegend. Shasli jagte voran. Um halb acht kamen wir an die Stau- und Schleusenanlage von Nag Hammadi; inzwischen hatte eine strahlende Sonne die Luft erwärmt. Nilrosen zuhauf hingen an der Staumauer und den Schleusentoren. Shasli manövrierte uns neben ein Motorschiff, das die Überbleibsel des Zuckerrohrs an Bord hatte, soweit es nicht als Brennstoff zur eigenen Destillation verbraucht worden war. Diese Reste waren Rohmaterial für die Papierherstellung und sahen ein bißchen aus wie verknitterte, nicht in Form geschnittene Pappe. Ich hatte inzwischen immense Hochachtung vor dem Zuckerrohr, das für Ägypten offenbar von ebenso ausschlaggebender Bedeutung ist wie die Olive für Griechenland. Rasch versuchte ich mich noch an einer Beschreibung, ehe es davonglitt. Als sich während unserer frühmorgendlichen Fahrt der Dunst weit genug gehoben hatte, waren unterschiedliche Nuancen von Schatten entstanden, so daß die östlichen Höhenzüge bis in die Wüste hinein abgestuft waren und die Palmen am Wasserrand sich schwarz davor abhoben. Ein Altsilberspiegel warf das Bild zurück.

Die Schleuse von Nag Hammadi ist groß, altertümlich und handbetrieben. Sie stammt aus der Mitte des 19. Jahrhunderts. Jedes Schleusentorblatt hat eine eigene Welle, die mit Hilfe von vier Stangen betätigt wird; um so etwas haben früher die Matrosen Shanties gesungen, indes ganz oben der Fiedler saß. Jedes Tor hat vier durch Schneckenräder betriebene Klappen. Das klingt komplizierter, als der Mechanismus in Wirklichkeit ist. Acht Mann waren zum Öffnen und Schließen der Schleuse abgestellt, aber nur die Tätigkeit von zweien konnte man als eigentliche Arbeit bezeichnen; die nämlich drehten die Welle des Tores, durch das wir in die Schleuse einfuhren. Der eine schob eine Stange voran, während Nummer zwei sich gegen eine andere Stange lehnte und sich mit ihr drehen ließ. Nummer zwei war der Boß von Nummer eins. Inzwischen saßen die anderen sechs in der Sonne, kratzten sich, lösten Turbantücher und wickelten sie neu, rauchten, spuckten, gingen gemächlich davon, um sich eigenen Vorhaben zu widmen, oder versenkten sich in Meditation. Als die eine Schleusenhälfte offenstand, schlenderten die beiden Öffner um die ganze Schleuse herum zu der Welle des zweiten Torflügels, während die anderen sechs, die dort ganz in der Nähe lagerten, müßig zuschauten. Hier betätigten die beiden den zweiten Schleusentorflügel, und wir fuhren in die Schleuse ein, während hinter uns Mann und Boß das Spiel wiederholten, nun aber in umgekehrter Reihenfolge. Derselbe Mann öffnete, jetzt schweißglänzend, nacheinander die

Klappen des talseitigen Schleusentors. Als die Wasserhöhe ausgeglichen war, kam plötzlich Bewegung in das Bild. Der Mann, der gesessen hatte, stand auf, der Liegende winkte, und siehe, die anderen beiden gesellten sich zu Mann und Boß an der talseitigen Welle und lehnten sich gegen die Stange, indes Nummer Eins triefend vor Schweiß die Welle drehte. Endlich fuhren wir aus der Schleuse heraus, und die Furchtlosen Acht versenkten sich wieder in ihre Meditation. Durchschleusezeit: Eindreiviertel Stunden.

Der Nil war jetzt wieder breiter und wohl auch fischreicher, denn entweder waren die Graufischer gesellig geworden, was ich von einem so einzelgängerischen Vogel nicht glauben mochte, oder sie benötigten nicht mehr so große Reviere wie weiter südlich. Wir beobachteten bis zu vier Vögel gleichzeitig, und es sah aus, als jagten sie, ganz nach Schwalbenart, kleine Insekten, denn sie glitten über drei-, vierhundert Meter in Höchstgeschwindigkeit über das Wasser, zogen hoch, gingen im Sturzflug nieder und machten Ausfälle nach rechts und links, als flögen sie durch Wolken von Mücken und Schnaken. Wenn nicht das die Erklärung für ihr Tun war (und zu sehen waren Mücken und Schnaken jedenfalls nicht), drängte sich die unwissenschaftliche Vermutung auf, daß sie sich ganz einfach an ihrer eigenen Gewandtheit, Schnelligkeit und Schönheit ergötzten.

Jetzt angelte die Besatzung allerlei Gerätschaften aus dem Heckstauraum, die sich in zusammengebautem Zustand als Zurichtungen für ein *kebab*-Mahl entpuppten. Eine exotische Kulisse: offenes Feuer in einem hölzernen Boot zwischen wallenden Gewändern. Doch es gab kein Unglück, und das *kebab* war, wenn auch nicht von Charlotte-Street-Qualität, immerhin so gut, wie das Fleisch des Hammels es zuließ. Das Schauspiel – denn das war es in der Tat! – nahm den ganzen Vormittag und den größten Teil des Nachmittags in Anspruch, und als größten Gewinn daraus konnten wir für uns verbuchen, daß wir gelernt hatten, arabischem Brot mehr Geschmack abzugewinnen als der faden Imitation des europäischen Brotes. Wie meist in armen Ländern war auch das ägyptische Brot sehr gut.

Ich rechnete schon mit einem Tagesrekord, aber dann kam El Maragha in Sicht, und wir legten an. Nördlich von hier, so hieß es, begannen die »Piratengewässer«. Der kritische Punkt hatte sich offenbar leicht verschoben. Es war erst zehn nach vier, und wir hätten noch zwei Stunden Fahrt machen können. Als ich Protest erhob, erklärte Shasli, es seien sonst keine Städte in Reichweite, und wir hätten im Dunkeln Anker werfen müssen! So lagen wir denn am Strand unterhalb der Corniche von El Maragha. Die Crew hatte eine Laufplanke ausgebracht, die in einem Winkel von 45 Grad abfiel und mit knapper Not trockenes Land – oder trockenen Schlamm – erreichte. Die Uferbefestigung aus Stein und Beton vor der Corniche war alt und voller Risse und Löcher. Oben verlief ein niedriges Mäuerchen parallel zur Straße, an dem ein Teil der Bevölkerung lehnte und die Schau genoß. Ich hatte indessen gemerkt, daß doch Freitag, also ein Feiertag war. Vielleicht fällt der Freitag in jeder Provinz auf einen anderen Tag. Vielleicht kann man ihn aber auch legen, wie es einem gerade paßt oder wie es dem Generalsekretär genehm ist. Als sei dies der Wunder nicht genug, zeigte jetzt das Flußufer seine Fauna her. Nachdem der Lärm unserer Ankunft sich gelegt hatte, krochen die Ratten aus den Löchern in der Uferbefestigung, und bald wimmelte der ganze Strand von ihnen. Ich fand, man hätte lieber die »Piraten« riskieren sollen, aber mit Ausnahme von Ann mochte sich niemand dieser Ansicht anschließen. Im übrigen war »kriechen« nicht das richtige Tätigkeitswort für die gut genährten, temperamentvollen Tiere. Sie hatten sich rasch an uns gewöhnt und tollten ausgelassen, wie junge Kätzchen, herum – nur nicht so possierlich. Ihre Beweglichkeit hatte etwas Erschreckendes, und ich behielt unruhig die Laufplanke im Auge. Ich kannte Ratten aus so manchem Hafen und wußte, wie schnell sie an einer Trosse entlanggelaufen und ins Boot gewitscht sind, ehe man auch nur einen Schrei loslassen kann. Das versuchte ich auch Alaa klarzumachen; er versprach, daß die Crew etwas unternehmen würde.

Schließlich war es der alte Said, der wie schlafwandelnd aus dem Vorschiff kam und sich langsam und vorsichtig zur Laufplanke begab, auf der er sich, dicht am Bootsrand, rittlings niederließ. Die Zuschauer am Mäuerchen hatten dieses Unternehmen in lautloser Spannung verfolgt. Als Said sich endlich gesetzt hatte, stießen sie in einem einstimmigen lauten »Aah!« die Luft aus.

Ich beschloß, jetzt endlich einmal mein Arabisch vor Publikum zu erproben.

»Guten Tag«, sagte ich.

»Guten Tag«, sagten sie.

Lange Pause.

»Spricht jemand Englisch?« fragte ich.

»Nein«, sagten sie.

Wieder eine lange Pause.

»Auf Wiedersehen«, sagte ich. »Auf Wiedersehen«, sagten sie.

Und dann ging ich wieder nach unten. Ausgerechnet Shasli drängte Ann, an Land zu gehen. Er war, wie Alaa sagte, stolz auf die beiden Westler, die er sich da eingefangen hatte. Auf seinem Touristenschiff, wo er nur für das Steuer zuständig war, hatte er wenig Kontakt mit den Passagieren. Inzwischen döste der alte Said auf der Laufplanke, und die Ratten (es waren graue) hüpften und spielten und tollten am schlammigen Ufer. Die Zuschauer besahen sich noch immer das Boot und kümmerten sich ebensowenig um die Ratten wie die Ratten um die Menschen dort oben. Der Abstieg zum Ufer war wohl recht beschwerlich. Leben und leben lassen schien die Parole für die Beziehung zwischen Tier und Mensch zu sein.

Rushdie ging es wieder schlechter. Ich schlug vor, ihn in einen Zug nach Kairo zu setzen, wo er medizinisch versorgt werden konnte, soweit das eben in Ägypten möglich ist. Aber er mochte nicht, er wollte nur schlafen. Ich fand, daß es nicht ungefährlich für ihn war, wenn er an Bord blieb, denn bis nach Asyut, der nächsten Stadt, waren es 120 km. Andererseits war er ein erwachsener Mensch, und ich hatte ihm nichts zu sagen. Ich schlug mir unsere Krankenliste aus dem Kopf und konzentrierte mich auf die Rattenfrage. Said konnte nicht die ganze Nacht auf der Laufplanke sitzen bleiben, und wenn wir den Zugang zum Boot unbeobachtet ließen, konnten wir uns erheblichen Ärger einhandeln. Alaa, der an Land gehen wollte, versprach erneut, sie würden »etwas unternehmen«. Gesagt, getan. Sie zogen die Laufplanke ein Stück ein, so daß zwischen Planke und Land ein etwa 10 cm breiter Spalt entstand, den die Ratten mit einem langen Schritt hätten bewältigen können.

Wieder einmal geschlagen ging ich zurück in unsere Kabine, wo wir jetzt Licht brauchten. Wir vertilgten unser Abendessen, das Akhmet unter Assistenz von Faroz gerichtet hatte. Es gab Ziegen- oder vielleicht Schafskäse, arabisches Brot und *loukoumi*, mit Mineralwasser zum Herunterspülen, wie es so schön heißt. Was mich anging, so war ich damit vollauf zufrieden, abgesehen vielleicht von dem Mineralwasser, das zwangsläufig kalt war. So lasen wir denn unsere Bücher und horchten auf die Ratten und hätten nur zu gern den Glauben der Crew geteilt, daß sie schon nicht an Bord kommen würden. Dann hörten wir ein Geräusch und fuhren hoch, aber es war nur Alaa, der an Land ging. Ich konnte mich nicht recht auf meine Lektüre konzentrieren. Mittlerweile war ich das ganze Unternehmen leid, es zog mich zurück nach Kairo, ich hatte von dort aus – sozusagen als Anhang zu dieser Flußfahrt – noch den einen oder anderen Ausflug eingeplant. Einen Besuch in Faiyum. Gespräche. Einen Abstecher ins Delta.

Ann legte ihr Buch aus der Hand, ich machte das Licht aus, Dunkel umfing uns. Natürlich nicht völliges Dunkel, denn oben an der Corniche standen Straßenlaternen. Durch den Damm und etliche Kraftwerke ist Ägypten mit Strom nicht schlecht gestellt. Das ist es nicht, was dem Land fehlt. Ich bedachte meine Intentionen, entsann mich der beabsichtigten Gesamtschau »meines« Ägyptens, die Geologie und Archäologie und Astronomie und Theologie und Papyrologie und Soziologie und jede nur denkbare sonstige -ologie hatte berücksichtigen sollen. Ich versuchte mir die unterschiedlichen Zeitskalen, die Rätsel, Geheimnisse und Schwierigkeiten in Erinnerung zu rufen, die Romane und Geschichten, von Gautiers *Roman de la Momie* bis zu den neuesten Bestsellern der Unterhaltungsliteratur. Ich versuchte den ungeheuren Cañon unter uns im Geiste mit den (aus einem bestimmten Blickwinkel gesehen) ebenso altehrwürdigen Zeugnissen einer Kultur aus vordynastischer Zeit in Einklang zu bringen. Natürlich war das unmöglich und verhalf mir nur zu einem »dummen Kopf«, erwies sich aber immerhin als ausgezeichnete Einschlafhilfe.

14

So kam es, daß ich zumindest eine durchwachte Nacht wieder aufholte und sehr tief schlief. Zwar registrierte ich unterschwellig Stimmen in der Nacht, hielt sie aber wohl bloß für die unverständlichen Rufe irgendeines Muezzins. Nur andeutungsweise wach, nach Bewußtsein schnappend wie der Delphin nach Sauerstoff, tauchte ich gleich wieder ab, nur um durch Motorgeräusche mit einem Ruck erneut nach oben gerissen zu werden. Ich torkelte in meiner Koje hoch. Pechschwarze Nacht. Noch nie war um diese Zeit der Bootsmotor gelaufen. Mit einem häßlich-dumpfen Schlag wurde die Laufplanke eingezogen. Unter uns begann der Propeller sich immer schneller zu drehen. Es war ungeheuerlich. Ich spähte durch Vorhangritzen und erkannte undeutlich, wie jemand – Faroz? – auf Deck herumrannte. Das war nicht der »Rhythmus des Nils«. Hatten die Ratten uns überfallen? Waren wir mit der Polizei aneinandergeraten? Die Flußpiraten! Natürlich, das war des Rätsels Lösung. Wir waren auf der Flucht. Oder rauschten vielleicht, Volldampf voraus, durch piratenverseuchte Gewässer, ehe die Schurken erwachten und die Verfolgung aufnehmen konnten.

Doch Shasli, dieser Narr, jagte immer schneller voran. Ich versuchte mich anzuziehen, aber die Erschütterung war so heftig, daß sich selbst diese mechanische Tätigkeit schwierig gestaltete. Als ich es endlich geschafft hatte und mich bemühte, die Ereignisse in meinem Tagebuch festzuhalten, tanzte die Feder derart, daß ich es aufgeben mußte. Der Propeller hämmerte nicht mehr, sondern röchelte im Todeskampf. Mir schien, das Boot müsse jeden Augenblick auseinanderfallen. Jetzt zog am Himmel die schnelle ägyptische Dämmerung auf, und ich sah die Ufer flüchtiger denn je an uns vorüberziehen. Vom anderen Bootsende her erscholl ein lauter Schrei. Ich ging zur Tür, brachte sie aber nicht auf; etwas Weiches, Schweres lag davor und entfernte sich nur zögernd. Ich öffnete. In der »Messe« hockte Said und nahm die Bodenbretter auf.

»Said! Was geht hier vor?«

Zwischen einer Umdrehung und der nächsten war der Motor verstummt. Die beängstigende Stille verschlug mir die Sprache. Auf Deck setzte plötzliche Betriebsamkeit ein. Es wurde rasch hell, und ich sah die Ufer um uns kreiseln, während das Boot sich hilflos in der Strömung drehte.

»Said! Motor kaputt?«

»*La. Benzine mafish.*«

Ich machte die Tür unserer Kabine wieder zu und setzte mich auf meine Koje.

»Das Benzin ist ihnen ausgegangen?«

»Und das in Piratengewässern!«

Das Boot schien sich immer schneller in der Strömung zu drehen, die es mit sich forttrug. Wenn ich aus dem Fenster sah, erkannte ich hier und da diagonale Stromkabbelungslinien, ein sicheres Anzeichen für Untiefen, einige direkt in der Strommitte. Die ersten drei umging das Boot mit einem gewissermaßen angeborenen Gefühl für Hydrodynamik, während über unseren Köpfen das Deck vom Traben und Trampeln der Crew widerhallte. Mittschiffs saß Said vor den aufgenommenen Bodenbrettern und hantierte völlig sinnlos am Motor herum, als sei es ihm gegeben, Treibstoff aus dem Nichts zu schaffen oder der Propellerwelle neues Leben einzuhauchen. An Deck wurde gebrüllt. Ich dachte an meinen nur wenige Stunden zurückliegenden Versuch, alles, was ich über das Wesen Ägyptens wußte, zu einem Gesamtverständnis zu verschmelzen! Diese moderne Erscheinung von Schwachsinn hatte ich nicht berücksichtigt.

»Dahinter steckt bestimmt Shasli«, meinte Ann. »Er wollte wohl unbedingt noch irgendwohin, ehe der Sprit ausging.«

»Ich begreife das einfach nicht.«

»Schwierig.«

»Ich geb's auf.«

»Hm.« Ann versuchte, nur Interesse, nicht etwa Besorgnis zu signalisieren. »Und wie hast du dir das vorgestellt?«

Es war eine gute Frage. Und dann kam die nächste Stromkabelung, und wir brummten so heftig auf, daß das Boot sich zur Seite legte. Während wir weiterkreiselten, richtete es sich wieder gerade. An Deck wurde gebrüllt. Durch ein Seitenfenster sah ich Akhmet mit unserem einzigen Bootshaken im Fluß herumstaken. Die Lage war nicht ungefährlich. Wenn wir Pech hatten, konnte die Strömung uns zum Kentern bringen und ins Tiefe reißen.

»Wir sollten vielleicht –«

Rumpeln und Schleifen verrieten, daß wir über Steine scharrten, dann waren wir wieder in der Strömung.

»Said! Said! Sag ihnen, sie sollen den verdammten Bootshaken nehmen!«

Diese Methode, die Strömung zu nutzen, ist so alt wie die Seefahrt selbst, man kann sie gut auf der Themse beobachten, wenn die Schlepper ohne Motorhilfe mit der Flut hereinkommen. Man schleppt den Anker über Grund, und seine Bremswirkung erzeugt genügend Fahrt durchs Wasser, um Ruder im Schiff zu haben. Auf dem Nil wird dieses Verfahren seit jenen prähistorischen Zeiten praktiziert, die mir erst vor ein, zwei Stunden – gut also, vor sieben, acht Stunden! – zu so gesundem Schlaf verholfen hatten. Alaa schien nicht an Deck zu sein. Wir kamen wieder fest, legten uns schräg, richteten uns erneut auf. Wir trieben ans Westufer, und dort im Schilf hockte ein Pirat in seinem Ruderboot und sah aufmerksam zu uns hinüber. Stromauf kam uns ein Motorschiff entgegen. Unsere Sirene schrie ein paarmal gellend auf, die Crew brüllte, wilde, unkoordinierte Tätigkeit setzte ein. Das Motorschiff nahm Fahrt weg, traute sich aber wegen der Untiefen nicht näher an uns heran. Jetzt legte sich der Pirat in die ungeschlachten Ruder. Er fing ein Tauende von unserem Bug auf und beförderte es geschickt zu dem Motorschiff, wo es festgemacht wurde.

Ich rief, so laut ich konnte: »Danke. Vielen Dank. *Shockran gaz elan.*«

Der Pirat lächelte schläfrig. Sein Mund ging auf und zu. Ich hörte nichts, aber ich wußte, was er gesagt hatte.

»Afwaen.«

Vergnügt winkte er uns zum Abschied zu.

Knirschend gingen wir an dem Motorschiff längsseits und machten Bug an Heck fest, wie Pferde auf der Weide. Die Crew rannte hin und her. Wieder wurde offenbar um Benzin gefeilscht. Hatte nicht der Generalsekretär gesagt, wir seien Gäste der Regierung? Nach wenigen Minuten, so schien es, sprang der Motor wieder an, und wir brausten mit Volldampf flußabwärts, die dickste, fetteste, längste, undurchsichtigste Qualmwolke aller Zeiten hinter uns herziehend. Die Schraube klapperte kastagnettengleich. Der Tisch, an dem wir saßen, hüpfte auf und ab. Es war ein Radau wie im Bauch einer Zuckerfabrik. Als ich mich schon ernstlich darauf gefaßt machte, daß der kreischende Motor uns nun endgültig um die Ohren fliegen würde, nahmen wir Tempo weg.

Wir waren in Abu Tig. Erstaunt beobachtete ich, wie ein sich windender Rushdie an Land getragen wurde. Dann geschah lange Zeit gar nichts. Ich ging in die Messe, wo die Bodenbretter wieder an Ort und Stelle lagen, und holte mir ein paar Stück Brot, Käse und eine neue Flasche Mineralwasser.

Wenig später kam die Crew zurück, und Alaa klärte uns auf. Er war – was man ihm vielleicht nicht verdenken kann – recht verwundert, daß wir nichts von den Vorgängen begriffen hatten. Die sonderbaren Laute, die mich im Tiefschlaf erreicht hatten, waren die Schmerzensschreie des armen Rushdie gewesen. Da sich die nächste Klinik in Abu Tig befand, blieb ihnen gar nichts weiter übrig, als mit voller Fahrt weiterzujagen, aber wenige Kilometer vor der Stadt war der Sprit zu Ende. Ohne das freundliche Motorschiff und den Piraten …

Rushdie hatte ein Sedativum bekommen und stand unter Beobachtung, sagte Alaa. Alaa selbst schien sehr erregt, und ich ahnte, daß er schreckliche Streitereien und Entscheidungsschlachten hinter sich hatte. Selbst sein perfektes Englisch war ihm ein bißchen durcheinandergeraten. Er erzählte, wie sie Rushdie an Land getragen und sich auf die Suche nach einem Taxi für die Fahrt ins Krankenhaus gemacht hatten, wie sie endlich eins gefunden und ihn hineinbugsiert hatten – nur um festzustellen, daß es bereits vor dem Krankenhaus stand! Sie hatten sich große Sorgen gemacht und nicht daran gedacht oder keine Zeit gehabt, uns Bescheid zu sagen.

Ich fragte, warum sie nicht versucht hatten, in El Maragha Hilfe zu holen, aber El Maragha, nun ja, El Maragha war eben finsterste Provinz.

Auf unserem Boot war Frieden eingekehrt. Wir packten uns warm ein und gingen an Deck. Offenbar aber lag der Rand der Tropen hinter uns. Der Nordwind war eiskalt, und wir gingen wieder hinein. Der Weg durch die Messe glich einem Hindernislauf, denn Akhmet und Said hatten schon wieder die Bodenbretter aufgenommen. Er war von geradezu erstaunlicher Mobilität, dieser Schiffsboden! Die beiden ersetzten das Notruder durch den flexiblen Stahldraht, den Said aus Assuan mitgebracht hatte. Es war für mich ein vertrautes Bild, dieses Herumbasteln an einem Boot ... Faroz kochte, geschickt auf einem Decksbalken balancierend. Uns blieb nichts weiter übrig, als in unsere Kabine zurückzugehen und die weitere Entwicklung abzuwarten.

Später kam Rushdie zurück – oder wurde zurückgebracht. Er hatte starke Spritzen bekommen, und weil er nicht in Abu Tig zurückgelassen werden wollte, war er wild entschlossen, bis Minya auszuhalten. Von dort würden Bekannte ihn nach Kairo fahren.

So lasen wir denn unsere guten-schlechten Bücher, der Motor sprang an und trug uns mit den ein, zwei Litern Sprit, die wir von dem hilfsbereiten Motorschiff erbettelt, geliehen oder gestohlen hatten, in nunmehr sehr gesetztem Tempo stromab. Wir machten zum Tanken südlich von Asyut, schon in Sicht des Staudamms, fest. Hier herrschte lebhaftes Treiben, ein Motorschiff lag am anderen, Kalkstein und Ziegel wurden von schwer beladenen Arbeitern über die uns inzwischen so vertrauten wippenden Planken geschleppt. Herren in offenbar offizieller Funktion schlenderten über die *trams*, einer machte unentwegt kleine Decksluken auf und zu, wohl um festzustellen, ob sie noch gängig waren. Es war ein sonderbarer Mensch, denn obgleich er nur ein Lendentuch und einen Turban trug, wirkte er durchaus europäisch. Sogleich kramten wir in unseren vagen Erinnerungen an die *Four Feathers**, kamen zu dem Schluß, daß dies der »junge Carruthers« sein müsse, und vertrieben uns Zeit mit dem Ausdenken von Dialogen. Mit dem Sprit ging es nämlich nicht so schnell, auf Barzahlung war man hier nicht eingerichtet, schaffte aber netterweise unser Geld schnellstmöglich flußabwärts, und wenig später war eine Gutschrift zur Stelle. Nachdem dieses Problem gelöst war, dauerte die Betankung mit einem dicken Schlauch weniger als eine Minute.

Weiter ging die Fahrt, und wieder einmal machten wir an einer Polizeistation fest. Es war noch früh am Tage. Hier mußte eine Art fluviales Parkinsonsches Gesetz obwalten, denn was uns noch an Zeit geblieben war, zehrten unerbittlich die Erfordernisse des Flußlebens auf; ich konnte lediglich versuchen zu verhindern, daß wir von ihnen ganz und gar vereinnahmt wurden. Die Ägypter haben offenbar einen anderen Arbeitsrhythmus als wir, meinte Ann. Während wir uns an festgelegte Arbeitszeiten halten und darüber hinaus gar nicht daran denken, auch nur einen Handschlag zu tun, gibt es bei den Ägyptern diese Differenzierung nicht; sie sind allzeit bereit – zur Arbeit wie zur Muße. So erledigte die Besatzung der *Hani* Gelegenheitsarbeiten auf dem Boot – Faroz beispielsweise tauchte immer mal wieder vor einem Fenster auf, um es rasch zu putzen –, ohne Überstundenzuschläge zu verlangen. Andererseits konnte es durchaus passieren, daß die Crew, wenn nichts Besonderes anlag, den ganzen Vormittag in den Kojen verbrachte. Sie – das heißt die Crew – wußte nicht, was wir erwarteten, und umgekehrt verhielt es sich ebenso. Frauen arbeiten den ganzen Tag, von morgens früh bis abends spät und darüber hinaus, wenn es sein muß, sie werkeln so sachte sie können, mit Pausen für einen Plausch und ein Schläfchen. Auch sie kennen keine Differenzierung.

Doch gab es auch hier Tätigkeiten, die ihre unglücklichen

* Roman von A. E. W. Mason, erschienen 1902. (Anm. d. Übers.)

Opfer zu Gefangenen machten; eine konnten wir unmittelbar vor unserem Fenster beobachten. Von einem Motorschiff wurde in schweren Säcken Zement gelöscht, jeder wog exakt so viel, wie ein Mann gerade noch tragen kann – nicht weniger. In langer Reihe tauchten säckebefrachtete Rücken aus dem Laderaum auf, man ließ ihnen die Vor»fahrt« auf der Planke, langsam gingen sie an Land, zu wandelnden Zementsäcken reduzierte menschliche Wesen, die auf dem Rückweg Mühe hatten, nicht im Staub auszugleiten. Immer waren sechs Zementsäcke gleichzeitig auf dem Weg zur Corniche: Ameisenwerk. Ich sah einen schweren Mann mit seinem schweren Zementsack von der wippenden Planke stürzen. Er hatte sich bestimmt verletzt; Zyniker, der ich war, erwartete ich, daß man sich um ihn und seine Verletzung nicht weiter kümmern würde. Aber nein – der Abladevorgang stoppte, man half dem Mann auf das Schiff, wies ihm vielleicht sogar ein Koje zum Niederlegen an – eine seltsame Mischung aus Fürsorge und Brutalität, denn die Arbeit an sich war inhuman.

Alaa kam herunter und meldete, die Polizei habe uns einen Besuch des »zuständigen Beamten« avisiert, der um »halb acht« eintreffen würde. Nach unseren bisherigen ägyptischen Erfahrungen rechneten wir nicht vor halb neun mit ihm, aber siehe da, fünf vor halb acht war er da, forderte an Land unsere Pässe ein, kam dann an Bord und stellte sich als Generalkommandeur der Flußpolizei der Provinz Asyut vor. Sein Revier reichte, wie er uns erläuterte, von Sohag bis Minya. Er trug eine flotte Khakiuniform und hatte einen knirschenden Händedruck. Einfallsreich und unbekümmert jonglierte er mit den Englischkenntnissen, die ihm zu Gebote standen. Er sprach sehr bestimmt, hin und wieder sprang Alaa mit einem Wort ein. Es ist dies eine gute Methode für beherzte Menschen, vor allem, wenn sie auf jemanden zurückgreifen können, der ihnen Hilfestellung gibt. Schmerzlich gedachte ich meiner sprachlichen Defizite und der Demütigungen, die sich daraus schon ergeben hatten. Der Anruf aus Frankreich etwa, ein in mühsamem »Franglais« geführtes Gespräch – und dann die Erkenntnis, daß es sich um ein Live-

Interview für den Hörfunk handelte. Ohne Sprachbegabung auch nur minimale Konversationsfertigkeiten zu erwerben ist so unendlich mühsam! Ich muß dabei immer an jene chemischen Formeln denken, die man vorwärts wie rückwärts lesen kann. Gesetzt den Fall, man hätte es so weit gebracht, sich in einer fremden Sprache ausdrücken zu können, ist das noch lange keine Garantie dafür, daß man die noch wichtigere Voraussetzung erfüllt, die Sprache auch zu verstehen. Es läßt tief blicken, daß besonders geriebene Anzeigen für Sprachkurse stets betonen, man werde bald in der Lage sein, *sich verständlich zu machen*, während sie die Notwendigkeit, das fremde gesprochene Wort auch zu erfassen, geschickt herunterspielen. Unser Generalkommandeur hatte keinerlei Schwierigkeiten mit seiner Konversation. Er war die verkörperte Obrigkeit, und die Crew erstarb vor Hochachtung. Ich hatte den Eindruck, daß sie alle bislang wenig Kontakt mit der Polizei (in deren nichtamtlicher Eigenschaft) gehabt hatten, wenn man einmal von den abgerissenen Rekruten mit ihren blankgeputzten Gewehren absieht; und hier stand nun plötzlich, zum Greifen nah, ein leibhaftiger, stiefelknarrender, ledergegürteter General vor ihnen. Er sei bereit, uns in jeder erdenklichen Weise behilflich zu sein, betonte er. Worauf sich nur erwidern ließ, daß allein sein Besuch schon ein Geschenk sei – und ob wir ihm Tee anbieten dürften. Er nahm dankend an, Faroz machte den Tee und schenkte ein – mit einiger Nervosität, wie ich fand. Ich überlegte etwas boshaft, daß vermutlich in diesem Augenblick sämtliche Mitglieder der Besatzung - vielleicht mit Ausnahme von Said – ihr Vorleben auf dunkle Punkte hin abklopften, die sie sonst zu verdrängen pflegten. Zum Glück waren wir Passagiere, als Besucher von einem anderen Stern, unangreifbar; rein in Gedanken, rein im Tun. Ich erwog, ihn beim Wort zu nehmen und die Frage der Weißmetallager anzuschneiden, aber während ich noch zögerte, stellte er seine Teetasse ab, schüttelte mir die Hand, knirsch, knirsch, und ging seines Weges. Unsere Leute fingen an zu schnattern und zu lachen wie Kinder, wenn der Lehrer das Klassenzimmer verlassen hat.

Wir verzogen uns wieder in unsere Kabine, um zu lesen, doch um neun erschien Alaa und lud uns zu seiner Geburtstagsparty ein. Mittschiffs stand auf einem niedrigen Tischchen eine prächtige Torte mit 26 Kerzen. Die ägyptischen Gepflogenheiten sind offenbar etwas anders als bei uns, denn wir mußten uns alle an der Hand nehmen und pusten, und eine kleinere Torte wäre von dieser Bö glatt über Bord geweht worden. Danach wurde das Prachtstück angeschnitten, verteilt und verspeist, zusammen mit Konfekt aus Zucker, Fett und Kokosnuß; dazu gab es Seven-Up und ägyptisches Bier. Irgendwie hatte sich die Besatzung um drei oder vier Mann vermehrt, und auch Rushdie war wieder da, blaß, aber gefaßt. Es gab ein richtiges Gewühl. Ägyptisches Bier ist, sofern man es nicht geradezu vereist, als Getränk nicht empfehlenswert. Trotzdem tat sich die Crew bei diesem sittenwidrigen Alkoholkonsum erstaunlich wenig Zwang an. Sehr bald – sie hatten wohl alle eine niedrige Toleranzschwelle – herrschte, wie es Reiseführer aus dem vorigen Jahrhundert ausgedrückt hätten, ein munteres Treiben. Alaa erzählte, wie die Regierung einmal aus heiterem Himmel angeordnet hatte, alle alkoholischen Getränke zu verbieten, aus den Schaufenstern zu nehmen und zu vernichten. Geschehen war überhaupt nichts. Unter allgemeinem Gelächter war man sich in unserer Runde darüber einig, daß kein Mensch die Regierung ernst nahm. Die Polizei? Nun ja, das war natürlich etwas anderes. Das Lachen klang jetzt etwas gezwungen.

Rushdie zeigte uns Kartenkunststücke, etliche unserer Besucher taten es ihm nach. Einer versuchte bei mir sein Glück mit »Such die Dame«, wobei ich einige nominelle Ägyptische Pfund verlor. Dann griff Rushdie, der Mann vieler Gaben und Gebresten, in die Saiten seiner Laute und sang. Es seien Stegreifverse über die Anwesenden, erfuhr ich. Echte Skolien also! Ich hätte gern gewußt, was er über mich zu sagen wußte, aber fragen konnte ich nicht gut danach, und die Wahrheit ist in solchen Fällen undenkbar. Dann, nachdem wir uns gebührend bei Alaa bedankt hatten, zogen wir uns – wie Erwachsene, wenn die halbwüchsigen Kinder eine Party geben – in unsere Kabine zurück. Der Schiffsgenerator lief weiter, das Lachen wurde lauter, bis tief in die Nacht hinein. Doch es war ein fröhlicher, herzlicher Klang, und ich überlegte, wie schade es war, daß Alaa seinen Geburtstag erst jetzt, gegen Ende unserer Fahrt, und nicht schon am Anfang gefeiert hatte. Das Gescheiteste wäre natürlich gewesen, ich hätte selber eine Geburtstagsparty gegeben. So lag ich denn in meiner Koje, dachte an den Besuch des Generalkommandeurs der Flußpolizei und an unsere Besatzung, die auf seinen Weggang reagiert hatte wie das Gras, wenn es unter der Walze hervorkommt. Der Trubel schien so gar nicht zum Bahr el Nil zu passen, diesem gemessenen, eigentlich recht schläfrigen Strom und seinen trägen Dienern. Andererseits hat die Party – die Bootspartie – auf dem Nil eine lange Tradition, von dem kleinen Boot à deux, auf dem die Ehefrau einen Edlen bei den Beinen festhält, während er seinen Wurfstock nach einer auffliegenden Gans schleudert, bis zu rauschenden Festen mit königlichen Barken und allem erdenklichen Prunk. Die Party etwa, die ein Weiser einst einem Pharao als Heilmittel gegen trübe Laune empfohlen hatte. Er sagte ... nein, das war auf dem künstlichen See des Pharao und zählt wohl nicht als Nilparty; schade, es ist so eine gute Geschichte. Alexander der Große hat bestimmt Partys gefeiert, er war ein Partymensch, aber es gibt keine Beweise dafür, daß er je über Memphis hinausgekommen ist. Er ist offenbar nur durch das Delta gezogen und hat sich dann ins Binnenland, nach Siwa, begeben. Kleopatra aber hat eine Party für Antonius gegeben und die berühmten Perlen in Essig getrunken, um ihm zu imponieren. Die klassische Party –

» ... die Bark', in der sie saß, ein Feuerthron,
brannt' auf dem Strom, getriebnes Gold der Spiegel ...«*

hat in Wirklichkeit gar nicht in Ägypten, sondern irgendwo in Kleinasien stattgefunden. Hadrian aber ist bis nach Luxor gekommen und wird unterwegs so manche Party für Antinous gegeben haben, aber er war ein einsamer Mann und auf dem Weg stromab ganz und gar nicht in Partylaune, denn der träge,

* W. Shakespeare, *Antonius und Kleopatra*. (Anm. d. Übers.)

schläfrige Nil hatte ihm den Liebling ertränkt, oder der Liebling hatte sich selbst ertränkt, kein Mensch weiß – wie so häufig beim nassen Tod – wie es wirklich war. Julius Caesar müßte eigentlich beachtliche Partys gegeben haben, aber sie sind uns nicht überliefert. Kaiser Augustus war ein wilder Partylöwe, allerdings hat auch er Ägypten kaum gekannt, bis auf Alexandria und die Küste. Auf gelungenen Partys hat dann bestimmt auch jemand Skolien gesungen wie Rushdie, wir setzten also nur eine sehr alte Tradition fort. Draußen in der Messe schien auch gestichelt zu werden, aber es war alles nur Spaß und eine der harmlosesten Partys dieser ganzen langen Historie. Ich dachte an Said, der das angebotene Bier ablehnte und sich statt dessen lieber an Seven-Up hielt, aber alle freundlich anlächelte und sich in der Hocke vergnügt hin- und herwiegte. Sein Skolion hatte ihn offenbar amüsiert, denn er strahlte über das ganze Gesicht.

Irgendwann muß ich eingeschlafen sein, denn als ich mehr oder weniger wieder zu mir kam, war alles still und dunkel, der Generator war abgeschaltet und – nein, es war keine tiefe Nacht mehr, am Himmel stand ein Hauch von Dämmerlicht. Zum ersten Mal hier auf dem Boot hörte ich einen nicht unvertrauten Laut – ein lautes Schnarchen mittschiffs. Weit hinten in Asyut riefen die Muezzins ihre Gläubigen zum Gebet. Auf unserem Boot, so vermute ich, blieb der Ruf ungehört.

Zwischen sieben und acht machte sich das Boot, noch ein bißchen schläfrig, fand ich, wieder auf den Weg. Vielleicht war es wirklich noch verkatert von der Geburtstagsparty. Über die Toleranzschwelle der Crew konnte kein Zweifel mehr bestehen, unsere Mannen wirkten entschieden mitgenommen. Faroz war zwar arbeitswillig, aber ziemlich grün um die Nasenspitze, und Akhmet griente kläglich, als er mich sah, und hielt sich den Kopf. Doch wir hatten eine frische Brise, und es gab einiges zu tun, als wir zum Staudamm kamen. Die hundert Schleusentore, an denen dicke Nilrosentrauben hingen, waren geschlossen. Als wir auf der Talseite aus der Schleuse kamen, war die Strömung minimal. Der Nordwind war recht frisch und wühlte Wellen auf, durch die sich das Boot verdrießlich vorwärtskämpfte, als habe es ebenfalls einen Brummschädel. Trotzdem war Shasli jetzt offenbar entschlossen, bis zum Abend nach Beni Suef und am nächsten Tag nach Kairo zu kommen. Er war spät aufgestanden (daher der späte Start), obzwar er nicht mehr getrunken hatte, als von einem Mann zu erwarten war, der sich mit zwei Frauen zufriedengibt und demnach seine Gelüste fest unter Kontrolle hat. Sein Morgengruß war etwas gedämpft ausgefallen. Ich meinerseits fühlte mich als der einzige, der unter all diesen Zechern nur eine halbe Flasche des süßen, klebrigen Biers aus Ägyptenland hatte herunterbringen können, recht tugendhaft. Doch der Nordwind pustete die Dämpfe aus dem Boot und aus den Köpfen unserer Crew. Mittags ließ Akhmet den Motor stillsetzen, um einen Filter auszuwechseln, und Faroz putzte und wischte wie eh und je.

Die Arabische Wüste hatte sich, verstohlen, wie es ihre Art war, wieder herangeschlichen und schob sich mit ihren Ausläufern bis zum Wasser vor. Auf dieser Strecke waren die interessantesten Erscheinungen wieder die Felsen mit ihren seltsamen schwarzen Höhlungen. Es hielt schwer, eine Erklärung für die weißen Spuren zu finden, die zu einigen der Öffnungen führten. Etliche mochten von Tieren stammen, andere von herunterrollenden Steinen und natürlich manche auch von Menschen. Da uns der Fluß selbst jetzt nur noch wenig zu bieten hatte, machte ich mir meine Gedanken darüber. In dieser Gegend – oder vielmehr auf jenem Flußabschnitt, den wir bei unserer verzweifelten Suche nach einer Klinik für Rushdie in überhöhtem Tempo durchmessen hatten – waren von Arabern die apokryphen Schriften des Heiligen Thomas gefunden worden. Irgendwo in meinem Hinterkopf spukte das Wort herum. Ich sah einen Vorgang, aber das Wort wollte mir nicht einfallen, es war fremdländisch und kompliziert. Das Buch, aus dem es stammte, hatte ich seit vielen Jahren nicht mehr in der Hand gehabt. Es war eins jener Ägyptenbücher, die mir das Land schmackhaft gemacht hatten, als ich noch ein Kind war, und –

Sebakh!

Das war das Wort, das war die Sache, um die es ging, ein arabisches Wort, und so hatte ich denn lange schon ein Wort aus dem Arabischen gekannt, ohne es meinem dürftigen Bestand zuzurechnen, ein Wort aus der Zeit, da Ägypten so fern gewesen war wie heute der Mond. Jene Araber, die das Evangelium nach St. Thomas entdeckt hatten, waren auf der Suche nach guter, fruchtbarer Erde gewesen. Es war ein Gewerbe, eine Industrie. Jetzt sah ich mit großen Augen auf die schwarzen Höhlungen mit den weißen Kratzspuren in fast unzugänglicher Lage, und es fiel mit wie Schuppen von den Augen. Seit Jahrhunderten, ja, seit Jahrtausenden dienten diese Höhlen Menschen als Unterschlupf. Waren sie nicht, hoch über dem Tal, ein idealer Stützpunkt für räuberische Überfälle auf die armen Bauern, die mühselig ihr Leben am Rande des Fruchtlandes fristeten? Später waren es Angehörige dieser oder jener Glaubensgemeinschaft, dieser oder jener Sekte, Mönche, Asketen, Eremiten, der eine oder andere Heilige vielleicht, ein paar Besessene auch, Fakire des Christentums, die dort hausten. Und in all diesen Höhlen sammelte sich im Lauf der Jahrhunderte eine dicke Schicht von Unrat, der im Lauf der Zeit zu guter fruchtbarer Erde verrottete, etwas überaus Kostbares in der Dürre der Wüste. So hätten denn all diese Jahre heiligmäßiger Armut und krampfhafter Askese als Dung geendigt? Es war ein wunderlicher Gedanke, der nicht den Kern traf, weil er der Zeit Gewalt antat. Was immer die Heiligen oder Möchtegernheiligen getan hatten – sie hatten es für das Jenseits getan. Der Dung diente dem Jetzt und Hier. Und doch – Jahr für Jahr wie ein Seevogel auf einem Fels zu hocken und Guano zu produzieren ...! Mit dieser Vorstellung war ich sofort wieder bei der Einmaligkeit Ägyptens. Über Generationen hatte dieses Gewerbe Bestand gehabt – nicht das Graben nach Schätzen, sondern nach dem, was die Ägypter in ihrer Sprache *sebakh* nennen. Es ist die Art von Wort, das sich in einem Jungenkopf festsetzt, der arabische Ausdruck für Fäkalstoffe, extrem stickstoffhaltig und deshalb zum Düngen bestens geeignet.

Die Araber oder Ägypter, die diese Erde sammelten, galten als die Niedrigsten der Niedrigen, was auch ihr Name besagte, denn man nannte sie *sebakhim*, Dunggräber. Was sich sonst noch in den Höhlen fand, alte Knochen und Töpfe, interessierte sie nicht sonderlich. Auch ging es ja nicht nur um Höhlen. In dem regenlosen oder nahezu regenlosen Ägypten gab es überall, wo Menschen gelebt hatten, reichlich *sebakh*-Sediment, in Dörfern, großen und kleinen Städten, Höhlen, einzelnen Gehöften: überall dort traten die *sebakhim* auf den Plan. Manchmal erlaubterweise mit einem Papier der Regierung, oft genug aber unerlaubterweise; was sie an Schätzen fanden, boten sie später ebenso zum Verkauf an wie den *sebakh*. Dabei fügten sie der ägyptischen Literatur unermeßlichen Schaden zu, denn wenn sie Papyrusrollen fanden, rissen sie die kurzerhand entzwei, weil der Verkauf von Stückwerk gewinnnbringender war als der eines ganzen Dokumentes. Das also war die Bedeutung der weißen Spuren, die zu den Felshöhlen führten: nicht Tiere hatten sie gezogen, sondern Menschen, und zwar keine Heiligen, sondern Dunggräber auf der Suche nach ihrer ungewöhnlichen Beute.

Es ist Hochmut, einem ramponierten Papyrusfetzen den Vorzug vor einem Topf voll Gold zu geben. Da die *sebakhim* gewöhnlich an den verlassenen Städten am Wüstenrand herumwühlten, überrascht es nicht, daß ein Großteil der erhaltenen Stimmen Ägyptens uns auf diesem Wege überliefert wurde. Vieles – bis zu 90 Prozent – ist wohl verlorengegangen, aber in gewissem Sinne ist das, was uns blieb, mehr als genug. Zehntausende von Papyrusfragmenten sind nie veröffentlicht worden, weil sie die Mühe nicht lohnten, aber zum Wegwerfen sind sie trotzdem zu wertvoll. Es ist immerhin denkbar, daß sie durch irgendeinen dummen statistischen Zufall eines Tages eine Lücke in einem noch nicht entdeckten Dokument schließen helfen.

Dieser Aspekt der Archäologie hatte meine jugendliche Phantasie stets ebenso gereizt wie der entdeckte Topf voll Gold – womöglich sogar mehr. Das Stichwort ist »Oxyrhynchos«. Es ist dies der Name einer Stadt am Rande der Libyschen Wüste, jetzt 15 km vom Nil entfernt. Seit einem halben Jahrhundert wünschte ich mir sehnlichst, diesen Ort zu besuchen, dreimal schon war ich an ihm vorbeigefahren, ohne ans Ziel meiner

Wünsche zu gelangen. Auf der Fahrt stromauf, vor wenigen Wochen, hatten wir die Nacht ganz in der Nähe verbracht, aber es war dunkel gewesen, zwischen Oxyrhynchos und dem Strom lag ein Gewirr von Kanälen und Feldern mit Fellachen, die gewiß, wenn sie einen Fremden in der Nacht entdeckten, erst einmal mit dem Dreschflegel zuschlagen und dann Fragen stellen würden. 15 km unpassierbares Land zwischen mir und der Wüste – zu weit für einen Fußmarsch, zu spät, zu gefährlich, kurzum: Torheit. Vorher war ich zweimal mit dem Wagen vorbeigekommen, in größerer Nähe, aber auf der Flucht vor Bakschischboys und mit Problemen belastet, die mir beträchtlich zu schaffen machten. Und nun diese neue Annäherung. Oxyrhynchos, von den Ägyptern Beneseh geheißen, am Rande der Wüste gelegen, mit Blick auf den alten Bahr Yusuf, war in der Antike eine Gauhauptstadt gewesen, in der 1897 die Herren Grenfell und Hunt, Gelehrte und Archäologen ihres Zeichens, angefangen hatten zu arbeiten. Gold und Edelsteine waren dort nicht zu erwarten, aber nach wenigen Tagen stießen sie auf einen Schatz, der zumindest das geistige Auge förmlich blendete. Aus irgendeinem Grunde hatten die alten Oxyrhynchiter mit ihrem übrigen Abfall auch alte Bücher, Rollen, Blätter und Notizzettel weggeworfen. Haufenweise landete Papier – Papyrus – auf dem Müll, manchmal wurde es aus Flechtkörben geworfen, manchmal mitsamt den Körben vom Rand des »tell« von *sebakh* gekippt, der höher und höher wuchs und verschlang, was nicht schon der Wüstensand bedeckt hatte. Auch deshalb sagte mir eine meiner inneren Stimmen – und zwar die vernünftigere –, daß eine Besichtigung im Grunde sinnlos war. Außer ein paar graubraunen Mauern war an der Fundstelle jetzt nichts mehr zu sehen. Von allen vergleichbar wichtigen Ausgrabungsstätten Ägyptens ist sie wohl diejenige, die dem Auge am wenigsten bietet.

Ich erinnere mich, wie im Zweiten Weltkrieg ein Berg von Büchern zusammenkam, die man für unsere Soldaten an der Front gesammelt und für die man keinen Lagerraum gefunden hatte. Da türmten sie sich nun am Rand der Great Western

Railway und moderten im Regen vor sich hin, ein trauriger Anblick. Über Oxyrhynchos aber schien ewige Sonne, nichts moderte oder zerfiel. Als die beiden Gelehrten über den Sand schritten, spürten sie am Federn des Bodens unter ihren Füßen die Papyri darunter! Die Körbe mit ihren Massen amtlichen und nichtamtlichen Abfalls waren unberührt. Hier und da brauchten die Archäologen nur mit den Stiefeln zu scharren, um eine Schicht Papyrus freizulegen. In dieser Stadt hatten gebildete Menschen gewohnt, Verwaltungsfachleute, die sich der Sprache der Diplomatie und der Geschäftswelt zu bedienen wußten: Koptisch für die Einheimischen, Griechisch für die Kontakte mit der Außenwelt und später Latein für die *orbis terrarum*.

Was wohl verleiht dem Griechischen diesen unmittelbaren Reiz? Ist es die Tatsache, daß wir, auch wenn wir die Sprache nicht gelernt haben, die meisten Buchstaben von unserem eigenen Alphabet her kennen? Ist es ein Propaganda-Effekt? Werden uns die gewichtigen Namen – Homer, Plato, Aischylos, Thukydides – so früh verkauft, daß wir konditioniert sind, uns sozusagen vor dem Altar des unbekannten Gottes zu neigen? Einem kleinen Jungen erging es so; ich kann nicht älter als zehn gewesen sein, als ich meine ersten griechischen Worte las und ein für allemal gefangengenommen war. Der Satz steht, in Stein gemeißelt, über dem *Pump Room* in Bath, und wer will, kann ihn dort heute noch lesen. Er ist – was ich damals nicht wußte – ein Ausspruch von Pindar, *Ariston men hudor*. Was Aristokraten sind, das wußte ich, und auch Hydrogen, Hydrate und Hydroxyde gehörten schon zu meinem etwas altklugen Wortschatz, und so begriff ich, daß es hieß: »Wasser ist das Beste« und daß ein alter Grieche in seiner eigenen Zunge zu mir gesprochen hatte.

Hauptsächlich Griechisches hat man in Oxyrhynchos gefunden. Irgendwie hatte meine Phantasie die Papyrusfetzen – die meisten mittendurch gerissen, als sei es nicht genug, ein Buch einfach wegzuwerfen, sondern als müsse man es auch »töten«, geradeso, wie man die Gefäße in den Pyramiden zu zerschlagen und dadurch »totzumachen« pflegte –, hatte, sage ich, meine Phantasie diese Papyrusfetzen mit einer außergewöhnlichen

Macht begabt, als hafte ihnen ein Zauber an. Oder als sei jene Anmut, die ägyptische Goldschmiedearbeiten auszeichnet, hier mit fast unleserlicher Tinte fixiert. Manchmal war ein einziges Fragment wie ein plötzlicher Durchbruch der Sonne. Sappho etwa:

Etliche sagen, das Schönste an der Schwarzen Erde sei der Berittenen, andere des Fußvolks, wieder andere der Schiffe die Menge; ich aber sage, das Lieblichste von allem ist das eine, das Du liebst.

Und:

Ich gedenke Anactorias jetzt, in der Ferne; deren anmutigen Schritt und strahlenden Blick ich lieber sähe als den Vormarsch der Lyder und den Sturm gerüsteter Reiter.

Es war also gewissermaßen Gewohnheit oder so etwas wie ein unbezwinglicher Drang, daß ich mich an einen Ort erinnerte, den ich nie gesehen hatte, eine Art geistiges Adlesthrop* – das nimbusträchtige Oxyrhynchos. Für mich war der Ort wie ein Fernrohr, das mich befähigte, in die Vergangenheit zu schauen.

Dabei haftet ihm durchaus auch ein gewisses Element des Lächerlichen an. Denn der Name bedeutet »Spitznase« oder »Hecht«. Als Typhon, den die Ägypter Seth nannten, Osiris getötet hatte, zerstückelte er dessen Leichnam und warf ihn in den Nil, jenen graugrünen Strom, den wir jetzt mit unserer knatternden Schraube hinunterfuhren. Mittelpunkt der am Nil gelegenen großen Heiligtümer war jeweils ein Schrein, der ein Stück des Leichnams barg. So verhielt es sich zumindest in dreizehn der vierzehn Schreine. Hier zeigt sich wieder einmal das Exotische und Komplexe der ägyptischen Glaubenswelt, denn der vierzehnte Schrein stand in Oxyrhynchos und barg, darüber herrscht allgemeine Einigkeit, kein Stück des Leichnams, denn das vierzehnte Stück war der Penis des Osiris, und den hatte ein Hecht verschluckt. Und deshalb hieß der Ort

* Gedicht von Edward Thomas. (Anm. d. Übers.)

»Hecht«, und die ganze Geschichte muß ihre Richtigkeit haben, denn kein Priester in Oxyrhynchos hätte je einen Hecht gegessen, der ja durch den Gott unberührbar geworden war. Ich habe mir oft überlegt, was wohl die frühen Christen dazu gesagt haben. Es muß Eiferer und Bigotte unter ihnen gegeben haben, Menschen, die sich entschlossen hatten, zu den Felsenklippen am Ostufer überzusetzen und dort in den Höhlen zu hausen. Für sie hat wohl die Glut eines neuen Glaubens alles andere ausgelöscht. Vermutlich hätten sie an der kunstreichen Exegese der Osirissage kein Interesse gehabt, sondern sie als heidnisch-obszönes Gefasel abgetan.

Es gab aber unter den Christen auch andere, die keine Eiferer waren, die nicht in Felsenhöhlen hausten und von denen wir wissen, weil sie in den Papyri ihre Spuren hinterlassen haben. Es heißt, das Christentum sei mit dem Blut der Märtyrer getränkt, derer, die sich nicht anpassen mochten. Sie müssen äußerst unbequem gewesen sein in diesem trägen Land, eigensinnig, umgetrieben, heroisch und zum Verzweifeln unverständlich für jene, die da sagten: »Aber jetzt nehmt doch Vernunft an! Was liegt an dieser lächerlichen Prise Weihrauch auf dem Altar des Göttlichen Augustus? Es ist doch bloß eine politische Geste, keine Glaubenssache!«

Erschreckend großartig und erschreckend niederträchtig muß es damals zugegangen sein. Die Papyri zeigen uns die andere Seite der Medaille, haben die Worte der anderen bewahrt, deren Glauben nicht unangreifbar war, die nicht in der unerschütterlichen Gewißheit lebten, daß sie durch den Streich des Schwertes oder das Maul des Raubtiers geradewegs ins Paradies eingehen würden. Denn in den Tagen der Verfolgungen, als das dem Gottkaiser dargebotene Opfer nicht mehr und nicht weniger war als der Nachweis, daß man bereit war, sich dem Gesetz zu beugen, mußten die des Christentums Verdächtigen eine Loyalitätsbescheinigung beibringen. In Oxyrhynchos, dort, wo der Hecht den Penis verschluckte, sind diese Zeugnisse auf uns gekommen.

An jene, die auserwählt sind, die Opfer im Dorfe Alexanderinsel zu beaufsichtigen, Aurelius Diogenes, Sohn des Sabatus aus dem Dorfe Alexander-Insel (zweiundsiebzig Jahre alt, Narbe an der rechten Augenbraue). Ich habe regelmäßig den Göttern meine Opfer dargebracht, und in Eurer Gegenwart habe ich geopfert, wie es bestimmt ist, und habe das Trankopfer gebracht und die Opfergaben gekostet, und ich bitte Euch, meine Aussage gegenzuzeichnen. Möge es Euch wohlergehen. Ich, Aurelius Diogenes, habe diesen Antrag gestellt.

Darunter dann die amtliche Bestätigung und Unterschrift: »Ich, Aurelius Syrus, als Teilnehmer, bescheinige, daß Diogenes bei uns geopfert hat.«

Doch diese nüchternen Dokumente waren nicht alles. Wir wissen von atemberaubend erregenden Momenten in dem Abenteuer – es gibt kein anderes Wort dafür – der Herren Grenfell und Hunt. Ein besonderer Glücksfall ereignete sich schon am zweiten Tag ihrer Ausgrabungen. Dr. Hunt war der Glückspilz. Er hatte sich ein zerknittertes Stück Papyrus gegriffen, das sie am Vortag gefunden hatten und auf dem nur einige wenige fast unleserliche Worte standen, unter anderem das griechische Wort »karphos«, und als sein Auge darauf fiel, muß er, so denke ich es mir, an allen Gliedern gezittert haben, denn er wußte, daß er einen Schatz in Händen hielt. »Karphos« ist ein sehr seltenes griechisches Wort und bedeutet »Splitter«. Er entzifferte den Satz. Der Anfang war verlorengegangen, aber der Rest lautete: »... darnach besiehe, wie du den Splitter aus deines Bruders Auge ziehest.«

Es handelte sich, wie heute alle Welt weiß, um ein Fragment aus den *Logia Christou* (Worte Christi), um ein Schriftstück also, das um Jahrhunderte älter ist als alle anderen Teile des Neuen Testaments. Damals meinte man, die »Worte« seien ein Auszug aus Kopien jetzt verlorengegangener Evangelien. Heute neigt die Wissenschaft zu der Ansicht, daß umgekehrt die vier Evangelien aus solchen Spruchsammlungen entstanden sind.

Wie immer es sich damit verhalten mag – in Ägypten verbirgt

sich gewiß noch manch unentdecktes Manuskript –, die »Worte Christi« waren mir hervorragendes Anschauungsmaterial für das Fernrohr, mit dem ich in die Zeit zurückblicken konnte. Denn ich sah die »Worte Christi« – wenn vielleicht auch zu Unrecht – als zeitlich weit abgesetzt von dem ganzen Drum und Dran theologischer Auseinandersetzungen, Ketzerjagden, hitziger Bigotterie einerseits, zynischer Verachtung andererseits. Wenn man über Lyrik diskutiert, gibt es ein unschlagbares Argument zur Verteidigung eines beliebigen Dichters.

»Immerhin«, so heißt es, »hat er eine Stimme.«

So klang denn hier, gleichsam wie die leise, sanfte Stimme nach dem Sturm, unverkennbar die Stimme jenes Mannes, der ein überragender Dichter und Lehrer war – was immer er sonst gewesen oder nicht gewesen sein mag.

»Hebe den Stein auf, und dort sollst du mich finden, spalte das Holz, und dort bin ich auch.«

Die Gleichförmigkeit der Flußufer zwang mich zur Beschäftigung mit meinen eigenen Gedanken. Sollte ich jetzt, beim vierten Anlauf, Glück haben? Denn ich muß es noch einmal sagen: Am Fundort selbst gab es nichts zu sehen, er war ein Punkt auf der Karte dort drüben im Westen, am Rand der Wüste, mit Treibsand bedeckt, die alten, steinbruchartigen Ausgrabungsstätten eingeebnet wie alles andere. Mein Kindheitstraum – albern, höchst albern! – war es, dorthin zu gehen, eine Erhebung zu finden, die unter dem Fuß federte, aus dem Sand einen gefüllten Korb hervorzuziehen, den Korb zu »meinem« Boot zu bringen und den Inhalt zu sichten …

Was habe ich nicht alles in diesem Korb gefunden! Einmal waren es die verschollenen Werke der Sappho und eine *mélange* griechischer Lyriker. Später war es Euripides. In erlauchtere Gefilde schwang sich der Traum, etwas zu finden, was man nie gefunden hat und vermutlich auch nie finden wird, nämlich eine von Ägyptern verfaßte ägyptische Geschichte; die Geschichtsschreibung in unserem Sinne ist ja eine viel spätere Erfindung. Es sei auch zugegeben, daß es sich bei meinen Funden zuweilen um Handschriften aus den ersten Jahren des Christentums handelte; ihr Inhalt variierte je nach meinem Überzeugungsstand. Denn warum sollte es nicht einen Bericht über die unbekannten Jahre Jesu in Ägypten geben – ebenso wie über die unbekannten Jahre Shakespeares in Italien oder den Niederlanden? Warum sollte nicht der Knabe von Alexandria aus (ich hatte ihn studieren lassen) auf der Suche nach einem Weisen durchs Land reisen, so wie Sokrates durch Griechenland gezogen war? Was hatte er von der weißglänzenden Pracht der Pyramiden gehalten? War er je bis zur Stadt des Hechtes gekommen? In diesem Fall, so dachte ich, hätte er wohl bewußt Fisch gegessen, wie er es später in Palästina tat. In Kairo kann man sich noch immer die Krypta der Synagoge zeigen lassen, in der die Heilige Familie Zuflucht fand – ganz zu schweigen von den beiden Stellen, an denen Moses angeblich aus dem Schilf geholt worden ist. Wie weit gelangte der Jüngling stromaufwärts? Ging er zu Fuß, oder ritt er auf einem Esel? Oder fuhr er mit dem Boot bis Luxor, von dort nach Assuan und zum Anbeginn des Unbekannten? So machte ich mir meine Gedanken über all die unbekannten Jahre in diesem kurzen, eigenartigen Leben. Manchmal aber, wenn der ganze Zyklus des Christentums mir unglaubhaft schien, ein Hirngespinst und ein albernes obendrein, grub ich verdrossen Schriftstücke aus dem Sand, die den Beweis lieferten, daß er nur ein Mensch, ja, noch nicht einmal so viel, daß er eine Kompilation gewesen war. Was für ein Strom, über den ich mich träumte, in jenem nur vage geschauten Boot, das kein Motor erzittern ließ! Was gab es da nicht an Sehenswürdigkeiten, Bildwerken, Bauten, an haggardesken Tempeln, an furchterregenden Gräbern!

Ich erinnere mich, wie ich vor Jahrtausenden nach Memphis kam, gegenüber der Stelle, an der einst Kairo stehen würde, das damals noch im Schoß der Zukunft ruhte, und meilenweit waren die Straßen in ein sanftes Licht getaucht. Und wie Odysseus schlich ich mich aus purer Neugier an Land und betrat die Stadt, und es überlief mich kalt. Denn vor jeder Tür stand eine kleine tönerne Lampe, so daß die ganze Stadt licht war. Doch es war kein Mensch zu sehen. Denn dies war Allerseelen, die Nacht, da die Toten umgehen, und der Knabe, der abenteuerlustig mit seinem bronzenen Schwert in der Hand fürbaß geschritten war, floh schreiend zurück zu seinem Boot, vom Grauen der Toten umgeben.

Und jetzt tuckerten wir einen ganz anderen Strom hinab, durch kabbeliges Wasser, eine lange, schmutzige Rauchspur hinter uns herziehend. Lange verharrte ich an diesem frostigen Nachmittag tief in Gedanken, während wir uns jenem Oxyrhynchos näherten, das ich, wie ich nun wußte, niemals sehen würde.

15 Am nächsten Morgen warf Shasli erneut vor sechs den Motor an, aber diesmal nicht eines Notfalls wegen, sondern nur, weil er es eilig hatte, nach Kairo zurückzukommen und festzustellen, wann sein Vergnügungsdampfer startklar war. Daß ihm die Besatzung nicht behagt hatte, war offenkundig, und seine Unterbringung an Bord war für einen Mann von seiner Würde unbefriedigend. Diese Würde hatte es dem Ärmsten verboten, sich mit der übrigen Besatzung in die Vorschiffskojen zu teilen, er war vielmehr nachts schlecht und recht anderswo untergekrochen, auf einem Motorschiff etwa oder in einem Gästezimmer am Ort. Ein- oder zweimal hatte er im Ruderhaus geschlafen, das nicht so breit war wie er lang. Das dürfte seine Stimmung nicht verbessert haben. Selbst bei Alaas Geburtstagsparty hatte er einen schwankenden Kurs zwischen hochmütiger Distanz und Anbiederung gesteuert. In gewisser Weise war er ja Vorgesetzter, und er war nicht der Typ, der eben noch kumpelhaft sein und gleich darauf Befehle oder gar Rügen erteilen kann. Es wunderte mich nicht, daß er die Reise so schnell wie möglich hinter sich bringen wollte. Von Minya aus steuerte er jetzt unseren »Heimathafen« an, den Jachtklub von Ma'adi, einem südlichen Vorort von Kairo. Wir Passagiere freuten uns auf Bäder und ein ordentliches Klo, eine der schätzenswerten Hervorbringungen westlicher High Tech. Ich nutzte den Vormittag, um verschiedene Kleinigkeiten zu notieren, die ich bei meinen regelmäßigen Tagebucheintragungen vergessen hatte. Ich hielt fest, wie bei einer unserer Pannen, als wir an einem schilfbewachsenen Ufer lagen, plötzlich wie vom Himmel gefallen ein Fellache vor uns stand, mir ein Schilfrohr zeigte und es – fälschlicherweise! – als Papyrus ausgab. Ich kannte Papyrus aus Botanischen Gärten und unter anderem auch vom Brunnen der Arethusa in Syrakus auf Sizilien und vermute, daß »papy-

rus« inzwischen zur gängigen ägyptischen Vokabel für jede Art von Schilf geworden ist, das an Flußufern wächst. Erstaunlich, wie nach fast zweitausend Jahren, in denen das Interesse an der vorislamischen Geschichte Ägyptens gleich Null war, jetzt jedermann das Adjektiv »pharoni« im Munde führt. Man verwendet es mittlerweile in Bausch und Bogen für alles, was alt ist, selbst für einen besonders mäßigen Wein, der nach allenfalls ein, zwei Wochen Lagerung dynastischer Ehren für würdig befunden wurde.

Der Zufluß aus dem Stausee machte sich bereits bemerkbar. Auf unserer letzten Etappe sah ich hier und da Uferstellen, an die ich mich von der Hinfahrt erinnerte. Der Nil war deutlich angestiegen, vorher schlammige Uferstreifen waren verschwunden, aus seichtem Wasser ragten Grasspitzen hervor. Wassserbüffel suchten, halb gehend, halb schwimmend, höhergelegenes Gelände auf. Es war eine Reminiszenz an das Ägypten von einst, an den jahreszeitlichen Fruchtbarkeitsorgasmus des Stroms, der jetzt dahin ist – zumindest so lange, bis Sediment den Nasser-See gefüllt hat und über den Menschen (wenn es ihn dann noch gibt) das nächste »geologische Ereignis« hereinbrechen wird. Auch kleinere Ereignisse konnten wir in der scheinbar ereignislosen Landschaft beobachten. In einem Ort gab es offenbar nur milchweiße Esel als Arbeitstiere, denen man, vielleicht ihres ausgelassenen Naturells halber, die Vorderbeine zusammenzubinden pflegte, solange sie nicht im Einsatz waren. Ich beobachtete eins dieser Tiere, dem gerade der übliche riesige Packen aufgeladen wurde. Ein mittelgroßer Fellache stand daneben, seine Frau hielt dem Esel den Kopf. Als alles verstaut war, bückte sie sich und nahm die Fesseln von den Vorderbeinen des Tieres, das sich mit einem einzigen Satz losmachte und davongaloppierte. Die Frau flog Hals über Kopf in die eine, Packen und Fellache in die andere Richtung. Der milchweiße Esel verschwand in einem Bohnenfeld. Doch dann erwies sich wieder einmal unsere doch so gemächliche Fahrt als zu schnell, und ehe wir hatten sehen können, wie es weiterging, waren wir schon auf und davon.

Ich ergänzte meine geliebten Flußbetrachtungen um eine weitere Bemerkung. Wegen der Lufttrockenheit in diesem regenlosen Landstrich hat der Wind bei einer bestimmten Geschwindigkeit eine geringere Stärke, deshalb können Segelboote auf dem Nil mehr Segel setzen, als für die gleiche Strecke in feuchterem Klima nötig wäre. Ich hielt es für denkbar, daß die so auffallend zerschlissenen alten Großsegel nicht so sehr von Armut als von Sparsamkeit zeugten. Warum bei leichter Brise ein gutes Segel setzen, wenn man auch mit einem abgenutzten vorankommt? Nach unserer Abreise, mit der Ankunft des Sommers, wenn der heiße Kamsin von Südwesten wehte, würde man wahrscheinlich den Schiffsverkehr nicht einstellen, sondern neue weiße Segel setzen, die dem Wind standhielten, ohne zu reißen. Dann nämlich würde es Bewegung und weiße Gischt auf dem Nil geben, und die Segelfähren würden mehr als einen Zoll Freibord brauchen!

Die vorgefaßte – nein, *meine* vorgefaßte Meinung über den Nil sieht ihn in einem Bett aus weichem Schlamm dahinfließen; aber die Vorstellung, die ich mir gemacht hatte, war falsch. Wo immer ich Bootsleute staken sah, und zwar nicht nur in Ufernähe, sondern auch in der Strommitte, hatten sie sich gegen etwas Festeres als Schlamm gestemmt. Als uns der Sprit ausgegangen war und wir aufgebrummt waren, hatte ich gefährliche dreißig Zentimeter unterhalb der Wasserfläche hell das Flußbett schimmern sehen. Da das Nilwasser trübe war, hätte ich in dieser Beleuchtung gar nicht weiter hinunter blicken können. Auch wußten wir aus bitterer Erfahrung, daß ein Boot, das im Nil festgeht, nicht einfach abgebremst wird, sondern nach einer Reihe von Rumplern mit einem hörbaren Knirschen aufsetzt. Früher, als die Nilschwelle jährlich viele Zentimeter Sediment mitbrachte, mag das Flußbett tatsächlich schlammig gewesen sein. Auch jetzt noch bringt der Strom Ablagerungen mit, aber die Strömung, gelenkt durch den Hochdamm, hat das relativ schmale Fahrwasser ausgewaschen, das dort in einer Art harter Mulde dahinfließt. Fels kann es so weit unten im Tal nicht sein, es muß sich um Kies- oder Sandbänke handeln, verfestigt und hart wie Stein. Mitten im Strom zu ankern muß schwierig sein; wir hatten es nie beobachtet. Mit dem von Shasli bei dem Touristenschiff erbettelten Bootshaken hatten wir höchstens mal an einem schlammigen Strand- oder Uferstreifen eine Leine festgemacht, als Anker benutzt hatten wir ihn nie. Letzten Endes hat man es nirgends weiter als sechs-, siebenhundert Meter bis zum Ufer, bei einer Panne hilft das Wechselspiel von Wind und Strömung weiter, von der freundlichen Unterstützung zufällig des Weges kommender Motorschiffe und Piraten gar nicht zu reden.

Es war ein gemischter Vormittag. Als mir nichts mehr zum Notieren einfallen wollte, sann ich über den Unterschied von Erwartung und Wirklichkeit nach. Wären diese beiden Elemente deckungsgleich, so sagte mir der gesunde Menschenverstand, hätte ich diese Reise gar nicht erst anzutreten brauchen – sondern hätte mein Buch in aller Beschaulichkeit zu Hause schreiben können. Andererseits konnte man darüber streiten, ob es sinnvoll gewesen war, daß ich mich freiwillig in ein Boot hatte sperren lassen, statt zu tun und zu treiben, was ich wollte und wo ich es wollte, daß ich, ein auf zwei Uferdämme reduziertes Ägypten vor Augen, Hunderte von Kilometern in beiden Richtungen durch diesen Graben gezogen war. Da ich mir nicht die Mühe gemacht hatte, mehr als einen Bruchteil der Sprache zu erlernen, war ich auf vorverarbeitete und gefilterte Informationen angewiesen. Freilich hatte ich mir mittlerweile eine gewisse Dreistigkeit zugelegt. Ich wagte Fragen zu stellen. Ich konnte der Crew ins Auge sehen, statt beklommen und im Bewußtsein der schiefen Lage, in die ich durch meinen Mangel an Autorität geraten oder gebracht worden war, nur vage in ihre Richtung zu lächeln. Vielleicht, dachte ich, sieht alles anders aus, wenn ich erst wieder in einem Auto sitze, dem natürlichen Habitat des Westlers.

Wir befanden uns inzwischen wieder im Ziegelland, wo alle paar hundert Meter die Schlote der Ziegelbrennereien schmauchten, die roten Ziegel bis ins Wasser hineinreichten und die Boote an den Ziegeleien warteten. Der Gedanke, wieviel gute Erde unwiederbringlich an harte Ziegel verlorengegangen war und wie sich die Häuser mit den schiefen Winkeln immer weiter ausbreiten würden, bedrückte mich sehr. Ich meinte jetzt, Ägyptens größtes Problem erkannt zu haben. Es war die Gleichgültigkeit, *malesh*, gebt euch keine Mühe, etwas zu Ende zu bringen, es ist ja doch unmöglich, und außerdem ist es auch nicht von Belang.

Ich hatte den Verdacht, daß die »Ziegel« des Generalsekretärs, die noch nicht vorhandenen, aber projektierten Bausteine aus Wüstensand eine Fata Morgana waren, während auf der anderen Seite von den Lehmziegelbögen für die Fellachen niemand Gebrauch machen würde, weil sich außer einem so seltenen Vogel wie Hassan Fathy – gab es denn überhaupt noch andere? – kein Mensch dafür einsetzen würde.

Als ich so weit in meinen Überlegungen gekommen war, erfuhr ich, daß das Klo für die Besatzung jetzt endgültig streikte und wir uns deshalb aufs westliche Ufer zubewegten. Wir machten – wie sollte es anders sein – an einer Ziegelei fest. Die Laufplanke wurde ausgelegt, die Crew ging vollzählig von Bord, allesamt, mit Ausnahme von Shasli, in Erwartung der weltläufigen Großstadtatmosphäre westlich gewandet. Suchend sahen sie sich nach Deckung um. Shasli lächelte nur freundlich zum Boot hinüber, breitete seine Röcke aus und atmete Zufriedenheit in seinem Zelt. Als mir aufging, daß es für die anderen nicht allzu angenehm sein konnte, wenn ich aus unserem Fenster auf die Ziegelei starrte, zog ich mich hastig zurück und stieß mir den Hinterkopf. Ann gab beruhigende Geräusche von sich, während ich fluchte.

»Am Hinterkopf erwischt es die Leute sonst immer mit einem stumpfen Gegenstand«, meinte sie. »Bei dir ist es ein ganzes Boot.«

Noch etwas fiel mir ein. Oxyrhynchos lag jetzt hinter uns. Von Belang? *Malesh*.

Die Crew kehrte weit fröhlicher zurück, als es dem Anlaß der Expedition entsprach. Ich erkundete mittschiffs, wie es mit dem Frühstück stand, einer Mahlzeit, die, wie ich nach und nach begriffen hatte, erst relativ spät ins ägyptische Verständnis vorgedrungen ist. Said war in der Kombüse. Was hätte ich denn gern?

Eier mit Schinken zu verlangen hieß, wie ich wohl wußte, Unmögliches heischen, ich fragte also in meinem Küchenarabisch, ob wir Kaffee, Brot, Butter und Orangenmarmelade haben könnten. Es zeigte sich, daß die Orangenmarmelade ausgegangen war, sie hatte sich großer Beliebtheit bei der Crew erfreut. Das arabische Wort für Honig kannte ich nicht. Ich steckte mir die Daumen in die Ohren und wackelte, Summlaute ausstoßend, so schnell ich konnte mit den Fingern. Said war einen Augenblick sichtlich wie vor den Kopf geschlagen. Dann platzte der Knoten. Er wurde zu einem echten Nubier, der sich mit ganzer Seele an einem Witz erfreut, er brüllte vor Lachen, und Tränen kollerten ihm über das schwarze Gesicht. Ich ging zurück in unsere Kabine und harrte gespannt der Dinge, die da kommen sollten. Wenig später klopfte es: Said brachte unser Frühstück. Er griente noch immer. Neben dem arabischen Fladenbrot aber stand – o Wunder – ein Töpfchen Honig.

So glitten wir samt Kaffee, Brot und Honig an dem strahlendweißen Steinbruch von Tura vorbei und sahen die scheußlichen Vororte von Kairo mit ihren Wohnsilos unerbittlich näherrükken. Der Anblick war wünschenswert, aber nicht wirklich willkommen; willkommen, aber nicht wirklich wünschenswert.

Ich erfuhr, *warum* mir Oxyrhynchos wieder entgangen war. Die nächste Stadt am Ufer ist Beni Mazar, von dort bis Oxyrhynchos sind es 15 km, an sich keine Entfernung, wir hätten uns ein Taxi nehmen können, es gibt eine ausgebaute Straße dorthin. Doch Alaa, mit dem ich nicht über meinen unerklärlichen Wunsch gesprochen hatte, einen Ort zu sehen, an dem es nichts zu sehen gab, hatte Shasli gebeten, beim Festmachen die Flußpolizei zu meiden. So hatte es sich eben nicht gefügt. *Malesh, malesh*, besser ein gefüllter Korb der Phantasie.

Ann und ich machten uns ans Packen. Wir steckten gute-schlechte Bücher und zwei, drei schlechte-schlechte Bücher in den Papierkorb. Ich holte die häßlichen Tonköpfe hervor, die wir in dem Touristenkiosk von El Minya gekauft hatten, und schob sie zwischen das Gewirr von Flaschen und Dosen in der Kombüse. In den Nil werfen mochte ich sie nicht, aber für den Rücktransport per Flugzeug waren sie zu schwer, wir waren ohnedies knapp dran mit unserer Kofferkapazität.

Gegen Mittag liefen wir in Ma'adi ein. Ich verteilte Geldgeschenke an die Crew, denn sonst gab es nichts, was wir ihnen hätten schenken können. Sie verabschiedeten sich herzlich und voller Bedauern, »beim nächsten Mal« würden sie gern wieder mitkommen, sagten sie, jederzeit. Unser weiser, heiterer alter Said nahm meine beiden Hände in die seinen und sagte treuherzig: »Ärger mit England viel lange her.«

Wir warteten noch auf den Bootseigner, Dr. Hamdi, dem ich in Kurzfassung Bericht über Tugenden und Laster der *Hani* erstattete. Was an einem Boot zu richten ist, läßt sich am besten feststellen, wenn man es möglichst viel bewegt, was wir ja ausgiebig getan hatten. Danach sorgte Alaas Großfamilie für unsere Beförderung. Der Weg zum Hotel führte durch die Kairener Rush-hour, die wenig mit dem Rhythmus des Nils oder sonst einem Rhythmus zu schaffen hat. Im Verkehr von Kairo kann man nur überleben, wenn man sich dem allgemeinen Irrwitz anpaßt.

Wer je nach ein, zwei Monaten auf einem Boot seine Koffer ausgepackt hat, kann sich den unbeschreiblichen Zustand vorstellen, in dem wir uns befanden. Wenn man aus Koffern gelebt hat, geht es weniger um das Problem, die Schmutzwäsche herauszusuchen und wegzugeben als vielmehr darum, noch etwas zu finden, was nicht schmutzig ist. Meist hilft man sich dadurch aus der Klemme, daß man einfach alles in einen Wäschesack packt und hofft, mit dem, was man am Leib trägt, bis zur Rücklieferung auszukommen. Zum Glück braucht die Wäsche in Ägypten nicht lange. Wüßten die mit der alten Kunst des Kleiderwaschens Befaßten um die wunderbaren Möglichkeiten der Verzögerung, die ihr Gewerbe bietet (was zum Glück nicht der Fall ist), würden sie gewiß allerlei kunstreiche Verschleppungsvarianten ersinnen. So aber ist ihnen – die Sonne ist schließlich immer da – die umgehende Erledigung von Wäschewünschen so selbstverständlich wie uns die Bereitstellung von Regenschirmen. Den größeren Hotels, die auf ihren internationalen Ruf bedacht sein müssen, ist es dennoch gelungen, die Frist künstlich zu verlängern, und ein Fellache mit seiner Frau erledigt die Sache auf dem Land rascher als eine Dampfwäscherei in der Stadt. Es wundert mich immer etwas, daß ich Sauberkeit als so angenehm empfinde, denn die mittlerweile von unserer Zivilisation erhobene Forderung nach minuziöser Reinlichkeit ödet nicht nur durch ständige Wiederholung an, sondern ist auch unnatürlich. Ich würde nicht so weit gehen, mich mit Dr. Johnson zu solidarisieren, der einmal gesagt hat, er sei nicht sonderlich auf reine Wäsche erpicht, aber ich vermag zum Beispiel nicht einzusehen, weshalb die Werbung uns einredet, dem Körper die natürlichen Fette wieder zuzuführen, nachdem sie uns erst dazu gebracht hat, selbige durch Waschen zu beseitigen. Außerdem ist der menschliche – wie auch jeder andere – Leib so sehr ein Kontinent sich befehdender Stämme, ein Tummelplatz von Aggressoren und Defensoren, von weitgehend unbeachteten, weil unsichtbar-winzigen Mikroorganismen, von nahezu autonomen Gemeinschaften, die alle eigennützig-wohltätig in unserem Interesse zugange sind, daß es wenig sinnvoll erscheint, nach einer physischen Reinheit zu schreien, die allenfalls fiktiv sein kann.

Ich verlasse mich deshalb im Hinblick auf meine zerknüllte Wäsche meist auf die Nase und pflege Sachen so lange als noch tragbar zu bezeichnen, als ich sie nicht riechen kann. Nachdem dieses Geschäft erledigt war, konnten wir uns ganz dem Übergang vom Wasser aufs Land widmen. So gesehen war Kairo, an dessen Gestaden wir gelandet waren, unerschlossenes Gebiet, das es zu erkunden galt. Wir würden den Rest des Tages – einen Fuß noch auf See, einen Fuß auf dem Festland – mit dem Versuch verbringen, das eine oder andere zu beobachten, was als neu, interessant und nützlich für den Reisenden gelten konnte. Es war nun freilich mein Pech, daß Kairo Jahr um Jahr und Zoll für Zoll mit eben diesem Ziel vor Augen durchforscht wird, und deshalb waren wir, als wir uns mit Alaa auf den Weg ins tiefste Kairo machten, einem englischen Botaniker – einem Amateur obendrein! – vergleichbar, der in der Hoffnung, eine noch nie geschaute Pflanzenart zu finden, ein Waldstück in Sussex betritt. Wir begaben uns schnurstracks dorthin, wo die Stadt am touristischsten ist, in den Basar, und tranken Tee in einer Gasse, die jeder Tourist in Erinnerung behalten wird, weil sie so genau dem entspricht, was er sich vorgestellt hat. Der Unterschied bestand darin, daß wir die einzigen Touristen weit und breit waren und daß wir uns, während wir auf den Tee warteten, die Auslassungen einer erstaunlichen Alten anhören konnten, die sich vor einem Dutzend gebannt zuhörender junger, hin und wieder schmunzelnder oder lachender Ägypter produzierte. Die Alte trug die Landestracht, aber ihr Gesicht war unverschleiert.

»Worum geht es denn?« flüsterte ich Alaa zu.

Er machte ein betretenes Gesicht. Ich hatte das sichere Gefühl, daß wir unversehens irgendwelchen aufrührerischen Aktivitäten oder – was in Ägypten auf dasselbe herauskommt – offenem Feminismus auf die Spur gekommen waren.

»Heraus mit der Sprache, Alaa. Macht sie die Regierung schlecht?«

»Ich verstehe sie nicht.«

»Aber sie spricht doch Arabisch, oder?«

Stirnrunzelnd und widerstrebend rückte er damit heraus: »Sie erzählt unanständige Witze.«

Die jungen Leute lachten laut heraus, dann hörten sie wieder gespannt zu. Ich besah mir diese unbegreifliche Scheherezade. Sie mag um die sechzig gewesen sein und trug viel Schmuck, Ringe, Armbänder und Fußkettchen. Unter dem Schleier, der ihr Haar nicht bedeckte, sah man Ohrringe baumeln. Wenn es kein Modeschmuck war, mußte er sehr teuer sein. Es war erst die zweite Ägypterin mit Fußkettchen, die ich sah. Wenig später stand sie auf und ging davon. Die jungen Burschen zerstreuten sich.

»Bitte eine Erklärung.«

»Es ist zu kompliziert.«

Wir tranken Tee, die einzigen Fremden in diesem touristisch geprägten Viertel. Am besten entging man wohl dem Touristenrummel, meinte ich, wenn man geradewegs ein Armenviertel ansteuerte und dort blieb, denn was weiß der von Kairo, der nur den Basar kennt? Alaa stimmte zu und lotste uns nur wenige Meter weiter in einen kopfsteingepflasterten Durchgang ohne Gehsteig, im wesentlichen von kahlen Wänden flankiert, in den nur ein schmaler Streifen Himmelslicht fiel. Die wenigen Türöffnungen führten in kleine, kellerartige Gelasse mit winzigen Handwerksbetrieben. In einem feilte ein Mann an einem Stück Metall, in einem anderen arbeiteten zwei Männer an einem Stapel von Kamelhäuten, in einem dritten reparierte einer eine kleine Drehbank. Alle sprachen Alaa an, während wir an ihnen vorbeigingen. An einer Kreuzung angekommen, fragte ich, was sie gesagt hatten.

»Daß ich Sie nicht hätte herbringen dürfen. Daß ich – wie soll ich es sagen – dem Image von Kairo geschadet habe. Ich hätte mit Ihnen in der anderen Gasse bleiben sollen.«

»Wo die Alte war?«

»Ja.«

»Aber hier gefällt es mir besser.«

Alaa nickte – bedrückt, wie ich fand. »Das dachte ich mir.«

Wir kehrten um, durchquerten das Touristenviertel und verließen den Basar auf der anderen Seite. Irgendwo habe ich gelesen, Archäologen hätten festgestellt – vielleicht in einer Anwandlung des ihnen eigenen »Humors« –, daß man, so wie es möglich ist, verschiedene Kulturen anhand der bei Ausgrabungen gefundenen Art der Töpferwaren zu bestimmen, jetzt in England das viktorianische Zeitalter an den Porzellanscherben im blau-weißen Weidenmuster erkennen kann.

»Für den Fall, Alaa, daß Sie sich wieder einmal als Bärenführer in dieser oder auch in einer anderen Stadt Ägyptens verdingen, gebe ich Ihnen einen kostenlosen Rat, der Ihre Schutzbefohlenen interessieren, ja, der ihnen das Gefühl vermitteln wird, Sie hätten einen Zipfel des Schleiers gelüftet, der den Touristen vom wirklichen Leben trennt. Wo immer man den Kopf der Nofretete sieht, da ist Touristenland. Keine Nofretete, keine Touristen. Und weiter können Sie Ihren Schützlingen sagen, Sie wären – oder vielleicht ich wäre – bereit, dem Nächstbesten, der den Eindruck macht, als könne er das Geld gebrauchen, eine Zehn-Pfund-Note zu schenken, wenn sie einen Kopf entdecken, auf dem auch ihr krankes Auge zu sehen ist.«

»Aber sagt mal, ihr beiden«, ließ sich Ann vernehmen, »seid ihr denn noch nicht auf den eigentlichen Unterschied zwischen dem städtischen Kairo und dem Touristenviertel gekommen? Er springt einem doch geradezu ins Auge.«

Ich sah mich um. Alaa sah sich um. Daß die Leute hier keine Touristen waren, lag auf der Hand. Aber sonst ...

»Ich passe.«

»Wie viele ägyptische Frauen habt ihr im Touristenviertel gesehen?«

Getroffen! Außer der Alten war weit und breit kein weibliches Wesen in Sicht gewesen. Hier aber, keine hundert Meter weiter, gab es mehr Frauen als Männer. Da erwarben wir tatsächlich wissenswerte, wenn auch unnütze Kenntnisse. »Dies ist«, dachte ich bei mir und sagte es dann in angemessenem Fachjargon laut zu den anderen, »dies ist eine typische Interface-Situation.«

Wenn das keine Brillanz der Sprache, wenn das keine Präzision, Penetration, Abstraktion und Objektivität war! Wir standen an der Ecke und lachten über diese treffsicheren Wortinventionen, die eine Situation wie durch ein zufälliges Schlaglicht zu beleuchten vermögen und sie gleichzeitig auf genau den ihr gebührenden Platz in der Bedeutungsskala verweisen.

Wir waren sehr begeistert von unserem Interface. *Dort* saßen lässig westlich gekleidete Männer mit olivenfarbener Haut herum. *Hier* waren verhüllte Frauen damit beschäftigt, zu feilschen, Stoff herunterzuhandeln, zu kaufen, zu verkaufen, immer in Bewegung, immer aktiv, ja, weit aktiver als die karyatidenhaften Gestalten, die wir so oft unter einem Tongefäß oder unter einem blinkenden Krug gemessen hatten zum Ufer schreiten sehen. Auch waren sie lange nicht so farbenfreudig gekleidet wie diese, trugen Braun, Schwarz, zuweilen ein stumpfes Grün. Hier und da aber schoben sich junge oder jüngere Frauen durch die Menge, die nur ganz leicht abgewandelte westliche Garderobe trugen. Die Röcke waren wadenlang, die Gesichter unverschleiert, aber ohne erkennbares Make-up, nicht einmal die Augen waren geschminkt. Als Schleier trugen sie irgend etwas Gazeähnliches, was ihr Haar bedeckte, aber nicht verbarg. Es sah mir mehr nach einer Geste aus.

Ich fragte Alaa. Er nickte.

»Ja, das ist richtig. Es bedeutet, daß sie den Islam akzeptieren, aber die ägyptische Art, also ziemlich modifiziert.«

Wir kamen zu einem Tor, das ich dem Namen nach nicht wiedererkennen würde. Dahinter stand ein vornehmes Gebäude, schon lange nicht mehr benutzt, früher, als die Tore noch Stadtgrenze gewesen waren, als Stätte der Rast und Erfrischung für die Reisenden errichtet, die nach Kairo hereinkamen – auch dies ein Zeichen jener Kultur, die Europa so viel zu bieten gehabt hätte, wären da nicht diese unseligen Interessen- und Glaubenskonflikte gewesen. Neben dem Tor stand eine Moschee; wir zogen unsere Schuhe aus, traten ein und blickten an der Innenseite eines prächtigen Turmes hoch, an dem die Pendentifs von den Stützbögen hingen wie Moos von tropischen Urwaldbäumen. Wir sahen uns auch das Tor selbst an, dem Vorschlag aber, die Mauer zu begehen, mochten wir nicht folgen.

Das Tor entließ uns jäh aus dem Mittelalter in die Neuzeit mit hektischem Verkehr und Menschenmassen, die sich auf die Busse stürzten. Wir tauchten in eine Art Hochtunnel, flankiert von Holzhäusern, in denen zu ebener Erde offene Lädchen untergebracht waren. Dort herrschte Dämmerlicht und wenig Leben, es war der gegebene Ort für eine kleine Atempause. Ann betrat ein Geschäft, in dem Männer Kissenhüllen nähten. Ich schlenderte weiter, während sie sich die Handarbeiten ansah. Ziemlich am Ende des Tunnels sah ich vor einem Laden eine Decke hängen, auf die doch tatsächlich eine ziemlich groteske Version des Nofretetekopfes appliziert war. Das muß ein Ausreißer sein, redete ich mir ein, die berühmte Ausnahme von der Regel, ein Beispiel kultureller Rückzüchtung.

Wir brauchten eine Toilette, und Alaa fand etwas für uns Passendes in einem drittklassigen Hotel. Nach gängiger Touristenmeinung hätte die bewußte Örtlichkeit unerträglich dreckig sein müssen, sie war aber nicht dreckiger, als das in drittklassigen Hotels überall auf der Welt zu sein pflegt. Der einzige Fehler war die vermaledeite ägyptische Unterhaltungsmusik, die hier ganz neuzeitlich als Muzak – Fluch unserer elektronischen Gesellschaft – vom Band kam. Überdies bevorzugen die Ägypter einen möglichst hohen Geräuschpegel, und Muzak eignet sich besonders gut zu schierem Dezibel-Exhibitionismus. Doch Stille ist ja heutzutage überhaupt ein Luxus, der nur zu einem hohen Preis zu haben ist. Eine Art von Stille findet man in Kairo in der Moschee – aber was ist das für eine Welt, in der man, um der Stille zu lauschen, die Schuhe ausziehen muß!

Über das Muzakgewimmer hinweg brüllte Alaa uns zu, daß es ein weiteres Interface gäbe, das wir noch nicht erlebt hätten, die äußerste Trostlosigkeit der Betonstadt und ihrer Wohnsilos nämlich, die dem Menschen keinen Gewinn, sondern zu allem Überfluß auch noch den Verlust des Lebens in der Gruppe gebracht hatte, das der Ägypter so sehr schätzt und in dem jedermann seine Identität findet, auch wenn sie ihm nicht gefällt. Ich gab zurück, daß wir uns auch dieses Interface gelegentlich ansehen würden, um sicher zu sein, daß wir wüßten, was gemeint war, aber unbedingt nötig sei es nicht, weil man diese Erfahrung mittlerweile in jeder Großstadt machen könne.

Es gab noch eine Gegend, auf deren Besichtigung ich im Grunde keinen großen Wert legte, ich war vor Jahren dort gewesen, und einmal war eigentlich genug. Durch den immer mehr anschwellenden Strom von Fellachen, der sich in die Stadt ergoß, hatte die Bevölkerung sich derart vermehrt, daß nicht einmal mehr die Wohnsilos die Menschenmassen aufnehmen konnten. Zu Zehntausenden hatten die Zuwanderer den weitläufigen islamischen Friedhof zu Wohnzwecken umfunktioniert, etwa so, als hätten sich unsere heimischen Hausbesetzer auf dem Friedhof von Highgate häuslich eingerichtet. Als ich mit Alaa darüber sprach, meinte er, es sei bei weitem nicht so schlimm wie ich glaubte, wenn auch schlimm genug. Als ich die Kinder zwischen den Grabstätten, in denen ihre Eltern lebten, Fußball spielen sah, hatte ich an die vermodernden Körper gedacht, die gleichsam Teil dieser grausigen Siedlung sein mußten, aber dies war nicht der Fall. Die Grabgewölbe liegen in sicherer Tiefe unter der Erde, denn die Leichen der Gläubigen – König wie Bürger – werden verhüllt, aber ohne Sarg in die Erde gesenkt. »So soll der Staub zur Erde zurückkehren, von dannen er gekommen ist ...«

Die Gebäude, aus denen die Hausbesetzer unerwünschte Wohnstätten gemacht haben, sind vielmehr die Häuser der Friedhofswächter, die früher mit der Pflege der Grabstätten und frommem Gebet betraut waren. Ich dachte mir, daß wir auf einen zweiten Besuch gut verzichten oder rasch mit dem Wagen durchfahren könnten.

Wir schlenderten noch ein Weilchen herum und gingen dann in ein Restaurant, dessen Name jedem Expatriierten geläufig ist, wenngleich ich für mein Teil ihn vergessen habe, und das offenbar ganz und gar aus Bambus gemacht ist; vielleicht genügt das als Erkennungszeichen. Ich bestellte einen Gemüsetopf, weil ich dachte, es handele sich um ein fleischloses Gericht, und spielte indessen mit dem, was die Griechen »mezethes« nennen würden; den arabischen Ausdruck kenne ich nicht. Meine Bestellung kam und bestand zur Hälfte aus Fleisch, eine herbe Enttäuschung! Immerhin war das Restaurant freundlich und selbst nach Kairener Maßstäben kosmopolitisch.

Hinzufügen muß ich, daß Kairo zumindest in einem Punkt dem ägyptischen Dorf gleicht: Es huldigt der höheren Unordnung. Ich meine damit nicht Abfall (obgleich auch der reichlich vorhanden ist), und ich meine nicht Schmutz. Ich meine, daß immer wieder in kleineren Straßen zwischen zwei Hauptverkehrsadern Schutthaufen den Weg versperren, als sei ein Haus eingestürzt, und wenn man nachfragt, stellt sich meist heraus, daß genau das der Fall war. Nachfragen muß man, denn der

Einsturz eines Hauses ist, wie im alten Rom, ein so alltägliches Ereignis, daß mit Ausnahme der unmittelbar Betroffenen kein Mensch Notiz davon nimmt. Man stößt auf Haufen von Putz, auf alte Bretter, Ziegel, Pappschachteln, ein paar undefinierbare Brocken und Fetzen, die dem Ganzen einen unverdienten Anstrich von Dreck geben. Es ist kein Dreck, sondern Schutt, und das ist ein Unterschied. Der Kairener Dreck ist eine Sache für sich, nämlich das unmittelbare Ergebnis eines auf dem Dorf unbekannten Mangels: dort gibt es im Gegensatz zur Hauptstadt keine Kanalisation. Die in Kairo ist so alt und für eine so viel kleinere Stadt ausgelegt, daß sie mittlerweile völlig zusammengebrochen ist. In jeder beliebigen Straße kann man die großen, nassen Flecken sehen, die nicht mehr und nicht weniger als Abwässerspuren sind.

In den schlampigen Dörfern sorgt in Ermangelung der Kanalisation eine einfache Senkgrube in dem porösen Boden für Sauberkeit. Das unzulängliche Abwassersystem sorgt in dem auch normalerweise schon schlampigen Kairo für explosionsartige Dreckskatastrophen. Die – hoffentlich apokryphen – Geschichten zu diesem Thema sind wahrlich zum Fürchten.

Über all dies mit der Beherztheit eines Mannes meditierend, der einen Monat in einem Boot mit unzureichendem Klo verbracht hat, stocherte ich in meinem Fleisch herum und aß, was ich an Gemüse finden konnte.

Und dann war schon wieder Schlafenszeit.

16 Am nächsten Morgen fuhren wir früh los, in Alaas Wagen, der etwas, wenn auch nicht erheblich besser war als der von Bassem, den wir aber trotzdem nicht ganz so rücksichtslos zu mißhandeln gedachten. Unser Ziel war das Faiyum, eine Oase, die eigentlich keine ist und die sich auf der Landkarte als eine seitliche grüne Ausbuchtung an der grünen Schlange des Nils darstellt. Früher hat es dort vielleicht einen natürlichen See gegeben; heute liegt an derselben Stelle das gewaltige Reservoir, das schon in pharaonischer Frühzeit eingerichtet wurde. Der Bahr Yusuf folgt möglicherweise dem Lauf eines frühen Stromes, der aber nicht als einer der »Nile« gelten kann, weil die Beschaffenheit der Flußbetten unterschiedlich ist. Es mag ein Fluß gewesen sein, der in die Qattara-Senke mündete, vielleicht auch der Nebenfluß eines Stroms, der alle Oasen der Libyschen Wüste verband, so daß der Josephskanal insofern eine Verbesserung des natürlichen Zustands darstellt, als aus einem Fluß ein Kanal mit steuerbarer Wasserversorgung geworden war. Auch jetzt noch läßt der Bahr Yusuf den Nil über 150 km weiter südlich liegen – zwischen Mallawi und Minya –, zieht sich an der Libyschen Wüste entlang und mündet in den Birket Qarun, den alten Stausee des Faiyum. Wenn man von Süden her ins Faiyum fährt, sieht man auf der ganzen Strecke nur das Grün der Felder. Wir aber planten die Annäherung von Norden her, durch die Wüste. Die Straße führt von Gise aus an den Pyramiden entlang in die schaurige Öde der Sahara. Sie wirkt flacher als die Arabische Wüste, weil man nur etwa ein Tausendstel von ihr sehen kann, denn zwischen den Pyramiden und der Atlantikküste liegen über 4500 km Fels und Sand. Zu entscheiden, ob sie flacher ist als die Arabische Wüste oder nicht, ist also eigentlich schiere lokale Anmaßung, jedenfalls aber sieht sie flacher aus, und bis zum Faiyum ändert sich daran nichts. So

fuhren wir denn in dieses flache oder relativ flache Land aus Sonne und Sand hinein, dessen Farbe vom orange angehauchten Weiß bis ins Braun spielt, in dem sich Überlandleitungen endlos von Mast zu Mast schwingen, die Wüste überall gezeichnet oder geschändet ist durch die Einwirkung des Unabwendbaren; dazwischen hin und wieder die leichter deutbaren Spuren von Menschenhand. Wirre Konturen erschienen am Horizont. Laut Alaa waren das Wüstensiedlungen, die den Bevölkerungsüberschuß aus dem grünen Tal abziehen sollten. Doch wieder einmal mußte der Staat höchlich verwundert feststellen, daß die Leute dort nicht wohnen wollten. Ich hätte es auch nicht gewollt. Wenn es je Städte gab, die für Verdammte gebaut wurden, so diese. Die Erwartung, Menschen würden sich freiwillig, ohne handfeste Bestechung, dort niederlassen, war so lächerlich, daß jetzt, da ich die Neigung der staatlichen Stellen kannte, ganze Völkerstämme ungefragt und ungehört umzusiedeln, sofort stärkster Argwohn in mir aufkeimte. Doch so kriminell es auch wäre, Menschen mit Gewalt dorthin zu verfrachten – eine freundliche Einladung in diese Einöde mußte geradezu lachhaft anmuten. Die Sache blieb rätselhaft.

Dann stand plötzlich zwischen den Hochspannungsmasten ein Camp, das einen bewohnten Eindruck machte.

»Was ist das? Ein Gefängnis?«

»Ich glaube«, sagte Alaa vorsichtig, »es ist ein Lager für die Polizei.«

»Aber was gäbe es für die Polizei hier schon zu tun?«

»Zur Ausbildung. Für eine spezielle Polizei. Sie wissen schon. Für Aufstände.«

»Mobile Einsatzkommandos?«

»Nach französischem Muster. Sehr zivilisiert.«

Wir beendeten das Thema. Jetzt zeichnete sich ein dunkler Strich am Horizont ab. Hier begann der Abstieg in die Senke des Faiyum mit seinen grünen Feldern. Gelegentlich sahen wir Bauwerke in der Wüste herumstehen. Hätten sie nicht in einem Land gestanden, das einen solchen Überfluß an archäologischen Fundstätten besitzt, wären sie vielleicht von Interesse gewesen.

Dann entdeckten wir ein Rinnsal, das durch die Wüste in Richtung des Faiyum floß, aber abgefangen wurde, ehe es dort angelangt war. Wir sahen Gewächshäuser und lasen, daß dies das Institut zur Anzucht von Öl- und Mangobäumen sei. Das Institut bestand aus vier Gewächshäusern und einer kleinen Baracke als Büro. Dicht daneben verlief unser Rinnsal, einer der wenigen Wasserläufe, die die Wüste hervorgebracht hat. Wir hielten an, und ich betrat, gerüstet mit der mir auf dieser Reise zugewachsenen Dreistigkeit, das Büro. Die Leitung des Instituts hatte ein Europäer, Doktor rer. nat., Botaniker, als Assistent fungierte ein studierter Ägypter. Die beiden wunderten sich sichtlich, daß sich jemand für sie interessierte. Sie führten uns herum, und wir besahen uns die Sämlinge, die, alle streng kontrolliert, alle kerngesund, zu Tausenden dort heranwuchsen. Es handelte sich um eine dieser modernen Anlagen, in denen Pflanzen nicht so sehr gezüchtet als produziert werden, und zwar nach einem hochmodernen Vermehrungsverfahren, der sogenannten Meristemkultur, die auf der scheinbar magischen Fähigkeit einer einzigen, der Spitze des Sämlings entnommenen Zelle beruht, sich zu teilen und unter geeigneten Bedingungen zu einem vollständigen Organismus zu werden. In einer bestimmten Entwicklungsphase muß man die Einzelzellen in einer Nährlösung »schleudern«, sonst funktioniert die Sache nicht.

Es beeindruckte mich sehr, und das sagte ich auch.

»Trotzdem«, sagte der Doktor brüsk, »mache ich nächste Woche Schluß.«

»Das klingt ja ganz nach ›Schluß für immer‹ ...«

»Genau.«

»Und wer wird Ihr Nachfolger?«

»Niemand. Er. Mein ägyptischer Assistent.«

»Ägypten braucht eine Million Ölbäume«, sagte der junge Ägypter. »Überall am Rand des Fruchtlandes gibt es Boden, der für Ölbäume geeignet ist.«

Der Doktor nickte.

»Ja. Land ist genug da. Gar kein Problem.«

»Und wer wird sie anpflanzen? Dieser junge Mann? Sie?«

Der Assistent schüttelte den Kopf. »Ich glaube nicht.«

Der Doktor übernahm die Erklärung. »Wissenschaftlich ist alles klar. Es ist machbar. Wäre machbar. Und der Minister ist auch in Ordnung. Er will – wollte, daß ich freie Hand habe. Er glaubt an unsere Sache. Er möchte, daß Ägypten seine Million Ölbäume bekommt. Stellen Sie sich das mal vor! Ein neuer Industriezweig, ebenso groß, nein, größer, gesünder, wertvoller als die Zuckerindustrie.«

»Ja, aber warum denn eigentlich nicht?«

»Sie haben nicht viel Ahnung von Ägypten, wie?«

»Nein.«

»Die Bürokratie. Eine ... eine Pyramide ist das, so alt und so unbeweglich. Da mag der Minister sagen oder tun, was er will, irgendwo in der Pyramide verliert sich seine Anweisung und geht zugrunde. Da kann man nur noch aufhören. Nach so vielen Jahren höre ich auf und fahre heim.«

»Und was wird aus dem Institut?«

»Der junge Mann da wird versuchen, es weiterzuführen, aber er tut mir jetzt schon leid.«

Der ägyptische Assistent schüttelte den Kopf und sagte in seinem überkorrekten Englisch:

»Es wird zu viel für mich sein. Wenn der Doktor geht, gehe ich auch.«

»Wohin?«

Er hob die Schultern. Der Doktor nahm den Gesprächsfaden auf.

»Ich hab's einfach nicht gepackt. Dieses Land, meine ich. Wenn ich denke, mit welcher Begeisterung ich hergekommen bin ... Ein Land der Dritten Welt, nicht wahr ... Ich wollte einfach helfen. Und wie simpel hatte ich mir das vorgestellt. Die Natur, wissen Sie ... Es ist eine Art Stagnation.«

»Und das Institut?«

»Kennen Sie sich in der Wüste aus?«

»Nein.«

»Überall Relikte. Versandet. *Malesh. Mafish. Afwaen.*«

»Ich ...«

»Das sind so die Gedanken, die einem hier nach und nach kommen ...«

»Tja ...«

Gute Wünsche waren wohl hier ebensowenig am Platze wie Lob für die hingebungsvolle Arbeit, der diese Pflanzenfabrik in der Wüste ihre Entstehung und Erhaltung verdankte. Schließlich verabschiedeten wir uns unter allgemeinem resigniertem Schulterzucken.

»Da tuckert man nun den Nil hinauf, rattert mit dem Auto den verdammten Nil entlang, fährt zu einer Stippvisite in die Wüste, schaut sich ein, zwei Tempel an, fängt Grillen, macht ein Buch mit einem Wust von belanglosem Geschreibsel ...«

»Komm, komm, krieg dich wieder ein. Was hast du denn erwartet? Wer weiß, vielleicht bekommen die Nubier ja ihre Straße.«

»Und ihre Ölbäume, wie? Daß ich nicht lache.«

»Ich werde dafür sorgen, daß diese Ölbaumgeschichte mal ventiliert wird«, sagte Ann sehr bestimmt.

»Du?«

»Ich. Höchstpersönlich.«

»Da darf man aber gespannt sein«, erklärte Alaa.

Das Faiyum ist umfangreicher, als es auf der Karte aussieht, etwa so groß wie eine durchschnittliche englische Grafschaft. Man rollt aus der Wüste buchstäblich ins Tal hinab. Zuerst sieht man nur einen graugrünen Strich, der Strich wächst in die Länge und in die Breite, das Grün wird intensiver, und unvermittelt ist man in einer Landschaft, die uns noch fruchtbarer vorkam als das Niltal. Unser alter Freund, der Bahr Yusuf, mündet hier in den Birket Qarun, einen respektablen See, den im Nordwesten eine Kette niedriger Hügel flankiert. Ich wollte zu einer weiteren Papyrusfundstätte, nach El Hammam am Südufer des Sees, und wir fuhren langsam am Wasser entlang gen Westen. Ruderboote lagen in langer Reihe am Ufer oder hatten in Ufernähe festgemacht, leuchtend bunt bemalt und den Booten Oberägyptens ähnlicher als denen des Deltas oder der Landesmitte. Hübsch, aber unbenutzt lagen sie in der Sonne. Vielleicht konnten die Fischer ihre Tätigkeit erst wieder aufnehmen, wenn durch den Kanal mehr Wasser in den See geleitet worden war. Zwischen der real existierenden Landschaft und der Karte schien es nur sehr ungefähre Entsprechungen zu geben. Statt einer Bucht fanden wir nur einen geraden Uferstreifen. Dort, wo es nach der Karte eine Art Landzunge mit dem Ort El Hammam geben mußte, stand eine Handvoll Häuser – ebenfalls an einem geraden Uferstreifen. Dann ging uns ein Licht auf. Der See war mit den Jahren geschrumpft, zusätzliches Land war für die Agrarwirtschaft zurückgewonnen worden, und El Hammam, früher am Seeufer gelegen, befand sich jetzt ein gutes Stück im Binnenland. Für mich war das im Grunde nicht wichtig, zu den Papyri des Faiyum konnte ich mich auch nach einer Nichtbesichtigung äußern, das heißt, daß ich mich – wie jedermann früher oder später – in Betrachtungen über die außerordentlichen Einblicke ins tägliche Leben ergehen würde, die uns diese Funde gestatten, über die lebendige Direktheit jener Texte, die aus Sand und Erde ans Licht gekommen sind: Verträge, Liebesbriefe, Geschäfte, Lust, Liebe, Alltagskram, Ignoranz und Gelehrsamkeit, Gesetz, Krieg, Kindheit …

Theon an Theon den Vater. Sei gegrüßt. Das war ein schöner Streich, daß Du mich nicht nach Alexandria mitgenommen hast. Wenn Du mich nicht nach Alexandria mitnimmst, schreibe ich Dir keinen Brief mehr und rede nicht mehr mit Dir und schicke Dir keine guten Wünsche. Mama hat zu Archelaos gesagt: »Der Junge geht mir auf die Nerven – bring ihn weg!« Also laß mich bitte, bitte kommen! Wenn Du mich nicht kommen läßt, esse und trinke ich nichts mehr, das hast Du davon. Ich bete für Dein Wohlergehen.

Endlos ließe sich aus diesen Texten zitieren, aus dem Brief an einen Mann, der Schulden gemacht hat, dem Zurechtweisungsschreiben, der Einladung zu einer Party, einem Fest, einer Bestattung, dem Scheidungsbrief, Ehevertrag … Ein Kondolenzbrief, vorchristlich, düster:

Irene an Taonnophris. Sei gegrüßt. Ich habe um den Toten so viel Leid getragen und so über ihn geweint wie nur je über Didymus. Ich tat, was schicklich war, und ebenso hielten es alle, die mit mir waren. Doch in Wahrheit läßt sich nichts tun bei diesen Dingen. So tröstet Ihr denn einer den anderen. Lebe wohl.

Vorchristlich? Eher modern. Nachchristlich?

Genaugenommen stammt dieser Brief aus Oxyrhynchos, aber ist das von Belang? Es braucht schon einen Sir Thomas Browne*, um sich auf diese sehr partielle Resurrektion mit der nötigen Abgeklärtheit einzulassen, und wenn man bedenkt, daß sich die Korrespondenz des *Instituts zur Anzucht von Öl- und Mangobäumen* vermutlich ebenso menschlich-lebendig und aufschlußreich liest, braucht man der Tatsache, daß die Alten ebenso viel Kummer hatten wie wir, nicht allzu viel Gewicht beizumessen. Das, was die alltäglichen Funde aus den Papierkörben Altägyptens am lautesten zu verkünden scheinen, ist die Binsenwahrheit, daß alle Menschen sterben müssen. Wer die Bandbreite der Texte betrachtet, die aus dem ägyptischen Sand ans Licht gekommen sind, vom Ergebnis einer Volkszählung über ein Schauspiel des Euripides bis hin zu einem Sappho-Gedicht, gewinnt damit für sich eine ganz neue Wertschätzung der Literatur und eine ganz neue Würdigung ihrer Zielsetzung, das Leben zu bejahen und das Lebensgefühl zu steigern.

Nördlich von El Hammam, am Rand des zurückgewonnenen Landes, stand ein Gebäudekomplex, der wie ein von einem Leuchtturm überragtes Fort aussah. Hier begegneten wir abermals unseren Freunden, den Mannen von der Flußpolizei, die an diesem einsamen Grenzposten gewissermaßen versandet waren. Sie waren noch abgerissener als ihre Kollegen vom großen Strom, auf Wache am äußersten Ende des Bahr Yusuf, immer der bösen Piraten gewärtig, die sich vermutlich nie blicken ließen. Selbst die Flinten wirkten versandet und museumsreif.

* Sir Thomas Browne (1605 – 1682), Arzt und Schriftsteller, Bekanntestes Werk: *Religio Medici*. (Anm. d. Übers.).

Ich hätte schwören mögen, daß sie noch aus dem vorigen Jahrhundert stammten, jahrelang nicht geputzt worden waren, vermutlich aus Angst, sie könnten dabei in ihre Bestandteile zerfallen, und beim Schießen Tod und Verderben nach vorn wie nach achtern spuckten.

Wir überließen die Polizisten ihrem beschwerlichen Dienst im Nichts und fuhren in eine Landschaft von üppiger Fruchtbarkeit hinein. Vorher aber durchquerten wir eine Zwischenzone, die entweder gerade erst ausgetrocknet oder bewußt trockengelegt worden war. Hier bedeckte eine dicke Salzkruste das Land, die in der Sonne glitzerte. Das Salz ist eine ägyptische Plage und kommt aus großer Tiefe. Es gibt ein Verfahren – das allerdings hervorragende Techniker voraussetzt –, die Kanäle so anzulegen, daß das Salz ausgespült wird. Als Ägyptens Bewässerungstechnik auf ihrem höchsten Stand war, wurde alles Nilwasser, das ins Mittelmeer floß, Meile für Meile in flachen Kanälen gespült und erst dann zur Bewässerung abgeleitet, so daß die Felder nur Süßwasser erhielten und das Salz in die See ging, die damit leicht fertig wurde. Überall steigt die Salzkonzentration, seit es den Hochdamm gibt und das Land nicht mehr so gut bespült wird. So nagt das Salz beispielsweise an den Fundamenten des Tempels von Luxor und führt alle Mühen einer Restaurierung ad absurdum. Die Archäologen des Chicago House* arbeiten gegen die Zeit, um den Tempel in allen Einzelheiten aufzunehmen, ehe das Salz ihn verschlungen hat.

Trotzdem aber ist das Faiyum offenbar ein begünstigter Landstrich Ägyptens, von kleinen Ausnahmen, wie etwa dem Ufer des Birket Qarun, abgesehen. Hier herrschen weder die tiefe, schlammige Verelendung des Deltas noch das beengte, jeden Winkel nutzende Leben des schmalen Tals. Das Faiyum hat Raum und Weite. Es war Ann, die zuerst bemerkte, daß seine Bewohner – einzigartig für Ägypten – Platz für Blumen haben. Die Häuser sind menschenwürdig, sie zeugen davon, daß hier

* Niederlassung des Orientalischen Instituts der Universität Chicago (bei Karnak). (Anm. d. Übers.)

Generationen nicht von der Hand in den Mund gelebt, sondern sich eines relativ komfortablen Daseins erfreut haben. Sie strahlen Solidität aus, diese Häuser. Wir besichtigten etliche berühmte Quellen, die man mit einem Lustgärtchen umgeben hat – ich finde kein anderes Wort dafür, denn ein Park ist es nicht. Man zahlt Eintritt, und die Anlage ist, wenn auch ansprechend gestaltet, sehr klein. Als wir dort waren, wimmelte sie von Studenten. Vom Gesundheitszustand und von der Kleidung her schien mir das Niveau hier höher zu liegen als im übrigen Ägypten. Man sah zahlreiche Villen. Es war typisches Bougainvilleen-Land mit allem, was dieses Signum impliziert. Die Bilharziose soll hier ganz ausgerottet sein, und das hat für die Provinz sehr viel weitergehende Implikationen als die Bougainvilleen. Das Gebiet ist dicht besiedelt, aber in dem üppigen Grün fallen die Menschen nicht weiter auf!

Wir kamen zur Stadt El Faiyum, die einst dem Krokodilgott Sobek geweiht war und deshalb von den Griechen Crokodilopolis genannt wurde. Hier, so erinnerte ich mich dunkel, hatte ein Vorläufer der heutigen Touristen, eine Art VIP, Kuchen an Krokodile verfüttert. Es handelte sich um einen römischen Senator, und der Brief ist uns erhalten, mit dem Weisungen für die Empfangsvorbereitungen gegeben werden. Er wollte auf der Durchreise die örtlichen Sehenswürdigkeiten mitnehmen; Gästebetten waren zu richten, Geschenke bereitzustellen (ein Brauch, der die Jahrtausende überdauert hat) und Leckerbissen zu Fütterung der heiligen Krokodile zu beschaffen. Vielleicht war es gar kein gewöhnlicher Tourist, sondern ein künftiger Herrscher.

El Faiyum ist eine betriebsame Stadt, durch Land- und Wasserstraßen sowie eine Eisenbahnlinie mit dem Niltal verbunden. Mir schien, als gäbe es hier weniger Schutthaufen als in Kairo und als sei die Atmosphäre weniger trist als in Asyut. Seit Sobek nicht mehr da ist, fehlt dem Ort ein echter Touristenköder. Doch El Faiyum selbst bietet etwas Interessanteres für Auge und Ohr, nämlich das Mehrfach-Wasserrad in der Stadtmitte, das man mit einem klitzekleinen Park umgeben hat. Es besteht aus vier nebeneinanderliegenden und miteinander verbundenen unterschlächtigen Wasserrädern. Sie nehmen einen Teil des Wassers auf, das über den Josephskanal in die Stadt gelangt. Da El Faiyum mitten in dem weiten Becken liegt – oder vielmehr innerhalb des Beckens auf einer kleinen Anhöhe, einem *tell* –, steht das Wasserrad knapp unter Straßenniveau. In den umliegenden Straßen lärmt der Verkehr, und das ist schade, denn das Kurioseste an dem Mechanismus sind die Laute, die er erzeugt. Das Wasserrad oder vielmehr die Wasserräder drehen sich gemächlich, silberne Stränge fallen über das komplizierte Getriebe in die Tiefe, und es mag sein, daß diese Wasserstränge in sich oder durch den Aufprall auf die Metallteile zum Klingen kommen, doch vernimmt man davon nichts. Die Räder aber vermitteln dem Beschauer den Eindruck, daß – ja, man kann es wohl nicht anders sagen –, daß sie sich gerade noch mit Mühe zu regen vermögen, so wie man sich vorstellt, daß Herkules gerade noch mit Mühe für eine kurze Weile den Himmel hielt. Dabei geben sie ein kompliziertes Geräusch von sich, als habe jedes Rad sein eigenes Schicksal zu tragen. Es ist eine ächzende, stöhnende, knarrende, pfeifende, quietschende Dissonanz, und wenn dies denn alles wäre, so wäre es ein schauerlicher Laut. Aber es ist nicht alles. Das Geräusch scheint immer dicht vor einer Harmonie, ja, einer Melodie zu stehen, als bedürfe es nur noch eines ganz kleinen Anstoßes, einer letzten Anstrengung, um gegen alle Regeln des Universums Gesang zu werden. Das Geräusch, das uns nah am Ohr und dennoch fern klingt und der Erfahrung eben durch diese Ferne Hohn spricht, vermittelt uns das Gefühl, als geschähe dies nicht hier, ganz in der Nähe, sondern irgendwo dort draußen, im Reich der Gestirne, wo wir einen Hauch ihrer Musik vernehmen. Unterdessen beben und stürzen die Silberstränge, und das Röhren des Verkehrs verschlingt eben diesen letzten entscheidenden Schritt zum Zusammenklang, so daß er uns nie zu Ohren kommt. Um so üppiger aber rauscht und plätschert das Wasser, indes die großen Räder klagen und stöhnen und – ich weiß nicht was, Strom erzeugen oder Getreide mahlen oder vielleicht nichts anderes tun als ihr eigenes ungeöltes Gewicht kreisen lassen wie das wolkenlose Firmament. Wir aber fuhren davon und ließen sie jammern und ächzen, wie sie das wohl heute noch tun.

Wir fuhren gen Süden, auf den schmalen Ein- oder Ausgang des Beckens zu, vorbei an den Pyramiden von Hawara und El-Lahun, die am Wege Wache stehen, und von beiden Seiten rückte die Wüste näher. Wir überquerten den Josephskanal, der dort, wo er in die Provinz eintritt, zu einem komplizierten Gebilde aus Wehren und Staustufen und Brücken wird, und ich sagte ihm Lebewohl – mit einigem Bedauern, denn ich werde ihn aller Voraussicht nach nicht wiedersehen. Ich bin überzeugt davon, daß es tatsächlich der Kanal des Josephs ist, ein großes Werk, würdig eines Pharaos und würdig eines Herrschers, der klug genug war, Joseph zu seinem Wesir zu machen. Bei der Fahrt durch Ägypten lernt man die Logik dieses Kanals begreifen, der heute das gewaltige Reservoir des Faiyum noch ebenso speist wie in jenen Tagen, da der Mensch noch kaum den Kulturschock der Schrift verkraftet hatte.

Nachdem wir das Faiyum von Norden nach Süden durchquert hatten, wandten wir uns am Nil entlang wieder nach Norden. Auf dieser Strecke hat man den Nil zur Rechten, die Wüste zur Linken, und auf einer Länge von 30–40 km steht am Wüstenrand eine Pyramide an der anderen. Für uns war es ein eigenartiger Kontrast. Tagelang hatten wir, nach Süden gegen die Strömung ankämpfend, nur mit Glück sechs, sieben Kilometer in der Stunde bewältigt, während wir jetzt die Strecke im Sechzig-Kilometertempo hinter uns brachten.

Als nächsten Programmpunkt hatten wir die Pyramide von Meidum auf unserem Programm, die ich mir schon immer aus der Nähe hatte ansehen wollen, weil sie sozusagen die einzige Pyramide ist, die eine Katastrophe überstanden und sehr wahrscheinlich dadurch nur gewonnen hat. Nach allgemeiner Meinung ist der größte Teil der Pyramide auf einen Schlag zusammengestürzt. Sie hat infolgedessen jetzt keine Pyramidenform mehr, sondern sieht aus wie ein Denkmalssockel. Freilich wäre es nicht möglich, einen Koloß in entsprechender Größe zu errichten – jedenfalls keinen freistehenden. Allenfalls könnte der Sphinx dort hocken und außer Schußweite mit bebärtetem, unversehrten Antlitz über den Nil hinweg auf die Arabische Wüste blicken. Doch ohne Standbild ist das Ding, wenn Sie mich fragen, eindrucksvoller als jede andere Pyramide. Vielleicht spricht sie zu mir, weil ich ein Kind meiner Generation und meines Jahrhunderts bin und wir die Hoffnung auf die ganze Wahrheit aufgegeben haben. Was uns anrührt, ist die formgebende Geste, der tapfere Versuch, die Andeutung, das Residuum. So ist denn die Pyramide von El Meidum, riesig selbst an Gise gemessen, aber von ihrem eigenen Schutt umgeben, mehr nach unserem Geschmack und reizt unsere Neugier um so sicherer.

Und deshalb bogen wir auf eine Nebenstraße ein, als der massige Bau uns lockte, rollten über einen aufgeböschten Weg – und dann lag die Wüste vor uns, in der sich eine schmale Piste abzeichnete. Sie führte, vorbei an Höhlen, die prähistorische Hockgräber enthalten hatten, und an modernen islamischen oder christlichen Gräbern, zu einer weiten Ebene aus Sand und schwarzem Schiefersplitt. Fünfhundert Meter vor uns erhob sich die Pyramide. Dort war offenbar Ungewöhnliches im Gange. An der Südwestecke des Monuments hatte man die Trümmer weggeräumt und viele Lagen roh behauener Kalksteinblöcke freigelegt. Vierzig oder fünfzig Ägypter – Fellachen unter Leitung eines *Reis* – scharrten emsig im Sand herum und schafften ihn nach unten, um sichtbar zu machen, was mehrere tausend Jahre kein Menschenauge geschaut hatte. Anscheinend waren die Archäologen massiv in Meidum eingefallen. Die menschlichen Gestalten dienten uns als Maßstab, und unvermeidlich folgte die Feststellung, daß sie wie Ameisen aussahen. Es gibt einfach nichts Passenderes, was sich dazu sagen ließe.

Wie schön ist doch dieser Bau! Die stürzenden Schichten haben freigelegt, was man wohl den Kern der Pyramide nennen muß. Seine Winkel sind steiler, als man es von einer Pyramide gewohnt ist. Das Werk ist scharf und klar umrissen wie ein Kristall. Man hat den Eindruck, daß die Schichten eine Art Hülse oder Haut oder Verpackung waren, die auf ein bestimmtes und gewiß bedeutungsvolles Zeichen hin einstürzte. Wie hoch muß der Staub gewirbelt, wie laut der Hall des stürzenden Steins gewesen sein! Gewiß hätte ein Gott sich diese scheinbare Katastrophe für eine große Gelegenheit aufgespart! Die Pyramide im Blick überlegte ich, daß hier ein mythischer Moment sichtbar geworden war. Als habe Moses der Pyramide von Meidum seinen Stab entgegengestreckt; oder als sei, da ein Gott so intolerant und grausam gewesen war, alle Erstgeburt Ägyptens zu schlagen, die Verkleidung voll Abscheu und Verzweiflung zu Boden gestürzt. Und dann, als das letzte Donnergrollen zum Sinai hin verhallt war, der Staub sich gelegt hatte, das letzte rieselnde Geröll zwischen den gestürzten Steinen zur Ruhe gekommen war, hatte dort der Kristall gestanden, Perfektion in völlig unerwarteter Gestalt, wie ein neu entdecktes, ewiges Faktum.

Soviel ich weiß, ist die Pyramide von Meidum – die nach neuesten Erkenntnissen für den Pharao Huni errichtet wurde – die einzige Pyramide, die etwas *getan* hat und nicht nur still vor sich hin verwittert ist. Objekte dieser Form und Größe haben selten genug die Gelegenheit zu spontaner Aktion. Daß das lange Dasein einer Pyramide normalerweise etwas irgendwie Eintöniges, ereignislos Gleichförmiges an sich hat, macht die Pyramide von Meidum und ihre augenfällige Katastrophe noch beachtlicher. Überdies ist dieses Ensemble aus rosenroten Ziegeln und gebrochen-weißem Kalkstein mit wüstenfarbenem Untergrund vor einem blaßblauen Himmel von beglückender Harmonie. Geschaffen hat es der Mensch, dann aber leisteten die Natur und die Schwerkraft, leisteten Temperaturschwankungen, Regen, die Zeit und der Reiz des Ungewohnten ihren Beitrag. Das Ergebnis ist eine schlicht-subtile Schönheit, wie sie kein Pinsel je gebannt hat. Endlich hatte ich in Ägypten ein Monument aus alter Zeit gesehen, das meinen Hoffnungen und Erwartungen nicht nur entsprach, sondern sie sogar noch übertraf.

Und so stiegen wir denn, nachdem wir nach der Art des

modernen Menschen zu wenig geschaut und zu viel geknipst hatten, wieder in Alaas Wagen und hielten durch Sand und schwarzen Schiefer auf die Pyramide zu. Schon weit davor wurden wir von einem »Wächter« und einem Touristenpolizisten abgefangen; letzterer untersagte uns erbost, die Fotos zu machen, die wir bereits im Kasten hatten. Das Fotografieren der Pyramide sei verboten, betonten beide. Streng verboten.

Sonderbar, höchst sonderbar. Wir konnten nur vermuten, daß die Archäologen ein Fotografierverbot für ihre Entdeckungen ausgesprochen hatten und daß von der dummen Touristenpolizei dieses Verbot umfassender als beabsichtigt ausgelegt worden war. Denn die Pyramide ist aus einer Entfernung von 15 km in jeder Richtung, die Grabungstätigkeit drei, vier Kilometer weit zu sehen, und es gibt keine Möglichkeit, jemanden am Fotografieren dieses Monumentes zu hindern, das sogar noch als vager Umriß am Horizont imposant wirkt. Wir entfernten uns trotzig knipsend und fuhren wieder ins Tal hinunter und weiter in Richtung Kairo, wo die Pyramiden, die uns vom Boot aus durch den niedrigen Wasserstand verborgen geblieben waren, nun an unserem Auto und an der Straße vorüberzogen. Eine von ihnen hat möglicherweise auf den jähen Ausbruch der Pyramide von Meidum reagiert (»Ich *mag* nicht Pyramide sein, ich will ein Sockel werden ...«); ich meine die sogenannte »Knickpyramide«, deren Winkel sich in einer bestimmten Höhe ändert, so daß sie eher rhombenförmig wirkt. Eine Theorie besagt, diese für Hunis Nachfolger gedachte Pyramide sei im Bau gewesen, als die Pyramide von Meidum sich ihrer Verkleidung entledigte, und man habe daraufhin den Winkel geändert, um das Bauwerk zu stabilisieren. Sie sind wahrlich eindrucksvolle Monumente, diese Pyramiden, selbst die verfallenen und zerstörten unter ihnen. Wie Paläste des Jenseits ragen sie über der alten Stadt Memphis auf, die einem von ihnen ihren Namen verdankt.* In tausenderlei uns heute nicht mehr zugänglicher Form müssen

* Nach der Grabpyramide »Men-nefer« des Königs Pepi I. (6. Dynastie). (Anm. d. Übers.)

die Pyramiden Teil der volkstümlichen Überlieferung geworden sein. Auch scheint man sie nicht, wie man heute meinen könnte, als unerträgliche Last empfunden zu haben. Die Bauarbeiten mögen durchaus Beschäftigungsmaßnahmen für die Überschwemmungszeit gewesen sein, in der das Volk sonst nur tatenlos herumsaß. Die größte von allen, die Cheopspyramide, ist anonym in dem Sinne, daß keine Inschrift sie dem Pharao weiht. Sein Name erscheint nur auf einem Steinblock, der im Inneren der Pyramide verborgen ist und vermutlich die Kritzelei eines Arbeiters war. Auch weiterhin wird es um die einzelnen Pyramiden Kontroversen und Mutmaßungen geben, nicht nur, weil nicht genug hieb- und stichfestes Beweismaterial vorliegt, sondern weil wir uns nicht mehr in die Gemüter jener Menschen – weder der Beherrschten noch der Herrscher – versetzen können, die uns geistig so fern sind.

Und dann waren wir wieder in Kairo mit seinem modernen Großstadtverkehr, Alaa müde vom Fahren, wir müde von einer vollgepackten Besichtigungstour. Das Tagebuch zu vervollständigen schien fast unmöglich. Der Kairener Verkehr wirkte gefährlicher denn je, der Lärm riß heftiger als je zuvor an den Nerven. Ich fing an, mir über Lächerlichkeiten wie die Verlängerung unserer Visen Sorge zu machen.

Ich hatte angenommen, daß sie das im Hotel für uns erledigen würden, aber nein – offenbar mußten wir diesen lästigen Gang selbst tun. Dabei hatten wir bisher von Kairo so wenig gesehen. Wie ärgerlich, die Zeit mit Schlangestehen in einer Amtsstube zuzubringen! Wir würden zur Britischen Botschaft gehen müssen, die – wie ich zur Information anderer Reisender hier festhalte – um eins ihre Pforten schließt. Wir waren sehr müde, und die vor uns liegenden Probleme schienen – pyramidal. Im Souterrain unseres Hotels, in einem rund um die Uhr geöffneten Restaurant, saßen wir lange vor unseren Tellern, ohne viel zu essen, ohne viel zu reden. Es hielt schwer, das in unseren Körpern nachdröhnende Fahrgeräusch loszuwerden.

17 In dieser Nacht konnte ich wieder einmal nicht schlafen. Schließlich stand ich auf, knipste die schwächste unserer Lampen an und setzte mich an mein Tagebuch. Danach war mir besser. Etwas niederzuschreiben hat immer therapeutische Wirkung.

Nach dem Frühstück gaben wir uns einen Ruck und machten uns daran, unsere Visen verlängern zu lassen. Witzigerweise war das in Sekundenschnelle erledigt, und sogleich wirkten die nächtlichen Ängste nur noch albern. Wir hatten jetzt zusätzliche Zeit zur Verfügung, die noch nicht verplant war. Da es in der Nähe lag, gingen wir ins Ägyptische Museum, jenes höchst kuriose Bauwerk, dessen Fassade eine – ausgerechnet! – lateinische Inschrift ziert. Der Besuch stand sowieso auf meinem Programm, weil ich zumindest tausend Worte über das dort herrschende heillose Durcheinander zu schreiben gedachte, das mich bei unserer letzten Reise schockiert und enttäuscht hatte. Wie groß war meine Erbitterung – und jeder Schriftsteller- oder besser Journalistenkollege wird mir das nachfühlen! –, als ich sah, daß unterdessen die Ausstellung völlig neu arrangiert worden und jetzt im Rahmen musealer Möglichkeiten durchaus begehbar und zweckmäßig war. Meine tausend Worte (die ich bereits fix und fertig mit mir herumtrug) waren somit für die Katz.

Gewiß, dem Besucher wird zu viel auf zu wenig Raum gezeigt, aber dagegen ist kaum etwas zu machen. Die Belange des Wissenschaftlers, des interessierten Laien und des Touristen sind schlichtweg unvereinbar. Ersterer will alles, der zweite ein bißchen, der dritte überhaupt nichts wissen. Die unvermeidliche Zusammendrängung von Statuen ist zwar nützlich für den Wissenschaftler, dem an Detailvergleichen liegt, verleidet einem aber den ästhetischen Genuß. Man kann sich nicht auf eine

Skulptur konzentrieren, wenn eine geballte Ladung von Bildwerken das Auge bedrängt. Da nun aber der ästhetische Genuß nur eine moderne Beigabe zu dem ist, was diese Statuen ursprünglich ausgesagt haben mögen, ist das für uns vielleicht kein großer Verlust. Man könnte sogar argumentieren, die so liebevoll im Museum von Luxor ausgestellten, so überaus genußreichen Kunstgegenstände seien eine Art Fälschung. Aber wovon?

Es heißt, das Museum besitze einen Mumienraum oder habe einen solchen besessen, ich aber habe ihn nie zu Gesicht bekommen. Das Handwerk des Ägyptologen ist für meinen Geschmack allzu oft mit dem Tod befaßt, und Mumien sind in meinen Augen gleichermaßen ekel- wie mitleiderregend. Wenn die Fachleute ihre Untersuchung beendet haben – von der Zahl der Fäden pro Zoll in den Leinenbinden über das Durchnumerieren und Fotografieren der Amulette bis zu einer endgültigen nachträglichen Anamnese des Patienten –, sollten die Überreste verbrannt werden. Der Brauch, bei den ersten ägyptischen Lokomotiven Mumien als Feuerungsmaterial zu verwenden, hatte durchaus Hand und Fuß. Man schaffte sich damit Dinge vom Hals, die schon zu lange in der Gegend herumgelegen hatten. Wenn es also einen Mumienraum gibt, so haben wir ihn jedenfalls nicht gesehen.

Hingegen sahen wir zunächst einmal die Sammlung aus dem Grab des Tutenchamun, die, wie allseits bekannt, ein erstaunliches Sammelsurium der verschiedensten Einrichtungsgegenstände ist. Man hat den Eindruck, als hätten nach dem Tod des jungen Mannes Möbelpacker das gesamte Mobiliar des Hauses zusammengerafft und in die Grabstätte geschafft. Es erscheint kaum glaublich, daß er in der anderen Welt so viele Bogen gebraucht hat. Irgendwelche Leute (die Möbelpacker) haben einfach in die Bogentruhe (den Bogenhalter, Bogenschrank) gegriffen und den Inhalt in der Gruft abgeladen. Die berühmten Mumienschreine wirken eher kitschig. Die allbekannten Schutzgöttinnen mit den ausgebreiteten Armen sehen auf Bildern häufig aus, als seien sie lebensgroß, dabei sind sie nur etwa 45 cm hoch, klein wie Puppen. Es ist nicht ganz einfach, sie, wie

Howard Carter* es tat, als »bewegende Symbole der Liebe und des Mitgefühls« zu sehen. Die Vielzahl der Exponate steht sich selbst im Wege. Ich möchte annehmen, daß ein Ägyptologe den größten Teil der aufgehäuften Dubletten leichten Herzens für ein einziges Schriftstück hingeben würde. Man muß an sich halten, um sich nicht über die Priester zu ärgern, die rollenweise unbeschriebenen (!) Papyrus in die Grabstätte packten.

Dann besichtigten wir die streng bewachte Schmuckausstellung, in die Besucher nur schubweise eingelassen werden. Auch hier fällt es schwer, nicht zu mäkeln. Schmuck, der nicht getragen wird, stirbt dahin; in einem Schaukasten wirkt Gold seltsam stumpf, als wüßte es, daß es dort fehl am Platz ist. Gold, so heißt es, läuft nicht an. Wie kommt es dann aber, daß der goldene Trauring Ihrer Frau so deutlich anders aussieht als die faden Stücke aus gelbem Metall, die uns in Museen vorgeführt werden? Hat sich auf ihnen mikroskopisch feiner Staub abgesetzt? Oder Schmutz? Sind es die »körpereigenen Fette«, die Gold zum Glänzen bringen, wenn es getragen wird? Falls dem so ist, sollte man hin und wieder einen großen Ball geben, ein Fest für die Kuratoren und ihre Ehefrauen oder Freundinnen oder Ehemänner oder Freunde (man kann ja nicht vorsichtig genug sein), um die Schmuckstücke auszulüften und vielleicht in ihrem früheren Glanz wiedererstehen zu lassen. Leider gibt es da aber einen Vorbehalt. Der Schmuck ist für Männer wie für Frauen gedacht, und zwar für solche mit dunkelbrauner Haut. Wer je auf der Bühne einen als alten Ägypter verkleideten »weißen Mann« gesehen hat, wird wissen, was ich meine.

Interessant ist die Frage des Seltenheitswertes. Silber war kostbarer als Gold, Stahl seltener als beides zusammen. Dabei muß dort massenhaft Meteoreisen herumgelegen haben, aber auf uns gekommen ist nur eine Schwertklinge. Wo ist der Rest geblieben? Edelsteine scheint man jedenfalls nicht ihres materiellen Wertes wegen gesammelt zu haben, denn soweit nur

* Howard Carter (1873 – 1939), brit. Archäologe, entdeckte 1922 das Grab des Tutenchamun. (Anm. d. Übers.)

irgend möglich haben die Juweliere Glas verarbeitet. Früher glaubte man, Tutenchamuns herrliches Pektorale sei über und über mit Edelsteinen besetzt. Weit gefehlt! Das Pektorale sollte farbenprächtigen Glanz ausstrahlen und war nicht als teures Glitzerwerk gedacht. Überhaupt müßte bei der Auflistung der Edelsteine eher von Halbedelsteinen die Rede sein. Die Ägypter verwendeten Quarz und Obsidian für die Augen von Statuen – der Obsidian kam vermutlich aus Lipari, Türkise aus dem Sinai, Lapislazuli wahrscheinlich bis aus Afghanistan, Gold tonnenweise aus Nubien. Die nächstgelegenen Silbervorkommen befanden sich in Anatolien, Silber verarbeitete man sehr selten. Amethyste und grünen Feldspat fanden die Ägypter in der Wüste, ebenso gelben Jaspis. Zwar verarbeiteten sie Edelsteine, sofern sie ein gefälliges Aussehen hatten (Rosenquarz beispielsweise), waren aber auch mit farbigem Glasfluß zufrieden, der für sie vielleicht sogar den gleichen Wert hatte. Der nach unseren Maßstäben kostbarste Stein in altägyptischer Zeit war der Smaragd. Der Anblick all dieser Schmuckstücke verführte mich zu Überlegungen, wie wohl der Begriff »Wert« entstanden sein mag. Ich meine damit nicht »Wert« in dem Sinn, den der Begriff hatte, als die Lyder das Geld erfanden. Ich meine die Entstehung des Wertkonzeptes in jener fernen Zeit, als selbst die Vorstellung von »mein« und »dein« noch recht vage ausgebildet war. Zu irgendeinem Zeitpunkt muß das Menschengeschöpf Gefallen daran gefunden haben, die hübschen gelben Brocken an Strömen oder in sandigen Ebenen nicht nur aufzuheben, sondern zu behalten. Und dann – o über diesen erhaben-schrecklichen Augenblick! – begann er zu tauschen: dieses gegen das; jenes, wenn du mich an deinem Markknochen lutschen läßt; diesen weißen gegen jenen gelben Stein. Wenn wir, was sich empfiehlt, die maßgeblichen Auslassungen berufsmäßiger Wirtschaftskundler beiseite lassen, sollte uns zu denken geben, wie die alten Ägypter unter das, was wir heute »Modeschmuck« nennen würden, hier und da »echte« Edelsteine mischten. Mit Sicherheit waren sie nicht an Brillanz interessiert, denn ihre Steine waren nie facettiert – höchstens zufällig, wie bei Kristallen. Als Schliff kannten sie nur den Planschliff oder Cabochon. Auch Bergkristalle schliffen sie zu glatten, gerundeten Flächen, offenbar ohne jeden Genuß an den erlesenen geometrischen Formen der Natur. Es ist ein Ding der Unmöglichkeit, sich in die Seele von Menschen zu versetzen, denen so gänzlich all unsere Voraussetzungen fehlen, oder vielleicht sollte ich besser sagen, die so gänzlich frei davon waren – tragen wir doch schwer an dem Wust unserer Bedürfnisse und Probleme, unseres mühseligen Wissens. Hier und da werden Gegenstände gezeigt, an denen jede Zeit ihre Freude haben könnte, die aber an ihrem jetzigen Standort eher museale Langeweile verbreiten und in der Konkurrenz untergehen. Der äußere Goldsarg des Tutenchamun steht am Ende des Raums. Mit dem Gespür dafür, daß seine Bedeutung mehr in der Symbolik lag als in der Seltenheit des Materials, dem finanziellen Wert oder auch nur seiner Schönheit als Schaustück, haben die Künstler ihn üppig mit farbiger Einlegearbeit bedeckt – Email, glaube ich –, die das Edelmetall verbirgt. Hier, im Schatzraum des Tutenchamun, erhebt sich lauter als irgendwo sonst Widerspruch gegen die oberflächliche Feststellung, die alten Ägypter seien »genau wie wir« gewesen. Gerade an diesem Ort begreifen wir: Sie waren ganz, ganz anders …

Im Ägyptischen Museum stolperte ich wieder einmal über die Fallstricke jener Zufälligkeiten, die lang gehegte Pläne auf ganz dumme Weise zunichte machen können. Ich hatte mir die Dioritstatue des Chefren ansehen wollen und fand und fand sie nicht. Ich lief herum und zog den Plan zu Rate, und dann schloß das Museum. Aus und vorbei.

Doch schon, daß wir das Museum überhaupt hatten besuchen können, war ein Bonus, den wir der unverhofft schnellen Erledigung unserer Visumsverlängerung verdankten. Schwankend vor Müdigkeit nahmen wir ein Taxi ins Hotel, wo wir den Nachmittag verschliefen. Das war notwendig, denn unser Tag hatte gerade erst begonnen. Die Zeit war knapp geworden. Ich hatte etliche Nächte nachzuholen und schlief so fest, daß ich, als man mich weckte, keine Ahnung hatte, wo ich war.

Alaa holte uns ab und fuhr uns zu einer Ausstellung moderner

Bilder des modernen ägyptischen Künstlers Salah 'Enang, die wir hatten sehen wollen. Es ist ja gut und schön, gedankenschwer zwischen antiken Relikten herumzuwandern, aber was wäre Ägypten ohne seine Jugend? Wir kamen, sahen und waren beeindruckt. Es waren hauptsächlich Ölbilder, auf denen, was mich zunächst verwunderte, düstere Stimmungen vorherrschten. Damit meine ich, daß nicht nur die Interieurs, was ja einsehbar war, relativ dunkel gehalten und die Figuren im Schatten waren, sondern daß auch die Straßenszenen diese Atmosphäre des Schattenhaften trübte, als lauere in der Ecke die totale Finsternis und warte nur darauf, hervorzuquellen und alles zu verschlingen. Dennoch transportierten die Bilder gleichermaßen Mitmenschlichkeit wie Parodie, wobei die Parodie sich nicht allzu offenkundig artikulierte; in einem Land wie Ägypten sieht man sie nicht gern. Dort, wo parodiert wird, nehmen die Bilder das Stadtleben, die Bourgeoisie aufs Korn. Die Figuren sind in geschäftiger Bewegung und starren ins Leere. Die Ziellosigkeit ihres Lebens scheint sie nicht einmal zu verwirren. Geschlechtliche Begegnungen stellen sich entweder als ein verzweifeltes Greifen nach etwas im Grunde Ungreifbarem dar oder als eine Gegenüberstellung von Menschen, die in Wirklichkeit gerade mit etwas anderem befaßt sind. Man hat ständig das Gefühl, daß scheinbar normale Gruppen von Menschen plötzlich aufhorchen, sich auf ein Geschehnis gefaßt machen, das so entsetzlich sein wird, daß kein Maler es darzustellen vermöchte, und wir spüren, daß dies Entsetzliche die geistige Leere ist. Der Künstler hatte lange als Karikaturist für eine Tageszeitung gearbeitet. Sämtliche Stücke der Ausstellung, vierzig bis fünfzig Bilder, hatte er in einem einzigen Ausbruch leidenschaftlicher Kreativität gemalt. Ich fragte ihn, warum der Grundton der Bilder dunkel sei in einem Land von so strahlender Helle. So könne Ägypten Ausländern wohl erscheinen, erwiderte er. Aber, fügte er lächelnd hinzu, da der städtische Ägypter sein Leben in dämmerigen Räumen verbringt, dürfen Sie – so Sie wollen – gern glauben, daß mit der Dunkelheit der Bilder keinerlei Sozialkritik beabsichtigt ist!

Das war die Spitze von irgend etwas. Aber den Versuch, den Rest des Eisbergs freizulegen, des politischen Unterbaus oder was auch immer es sei, mögen andere unternehmen, ich bin damit überfordert. Warum steht dieser dickliche Mann mit dunkelrotem Tarbusch auf einem Faß, umgeben von einer kleinen Menschenmenge, in einer schmalen, dunklen Straße, in der alle Gestalten dunkel wirken? Warum sitzt diese Großfamilie dort um den Tisch, in sich versunken, stumm, in die Betrachtung von etwas Nichtdargestelltem vertieft? War es eine Überreaktion von mir, handelte es sich am Ende doch nur um eine meisterhaft dargestellte Sicht der Langeweile? Ich glaube nicht. Das Bild ließ etwas von dem ahnen, was, wie es so schön heißt, »hinter den Dingen« ist, verriet ein Talent, das nicht die verdiente Beachtung findet, weil zu viel Beachtung dem Künstler oder dem Kritiker nur Ärger einbringen würde. Es war alles so rätselhaft wie die schmuckbehangene Alte, die unanständige Witze erzählte.

An diesem Abend kamen wir spät ins Hotel zurück und setzten uns zu einem schweigsamen Mahl in das Restaurant im Souterrain, das erst nach Mitternacht so richtig lebendig wird. Dann machte ich mir schläfrig bis in die Nacht oder den Morgen hinein Notizen zu diesem übervollen Tag. Auf später vertagen konnte ich es nicht, denn für den nächsten Morgen war ein Abstecher ins Delta angesetzt. Wer sich über Ägypten informieren will, müßte eigentlich im Delta anfangen, statt dort aufzuhören. Die Reise war und blieb eine liederlich-chaotische Angelegenheit.

»Morgen das Delta. Ich mag nicht und überlege ernsthaft, ob ich mir nicht eine Migräne oder dergleichen zulegen soll. Ich erfahre zu viel und weiß immer weniger.«

Wir wohnten wieder im 14. Stock über dem Nil. Noch immer rollte der Verkehr endlos glitzernd und röhrend über die Uferstraße.

18

Der Morgen war schwer von Schlaflosigkeit. Alaa holte mich mit seinem Wagen ab, und mir fehlte die Kraft zum Widerstand. Im Wagen saß noch ein dritter Fahrgast; ich werde ihn den »Doktor« nennen. Er war groß, sehr dünn und elegant, einer Hochschule verbunden – vielleicht als medizinischer Berater – und durchaus gesprächswillig, allerdings waren seine Englischkenntnisse nur mäßig. Er trug einen dunklen Anzug, sehr flott, Hosen mit Schlag, sie erinnerten mich an Akhmet vor der Rückkehr in »sein« Dorf, allerdings dürfte der Anzug des Doktors höher im Preis gelegen haben. Die Fasson ist in Kairo der letzte Schrei. Wir fuhren in nördlicher Richtung am Nil entlang und dann über die nördlichste der Kairoer Brücken. Meilenweit Stadtlandschaft, dann über weitere Meilen ein Wald von Reklametafeln, Esso, Mobil, Michelin, Lebensmittel, Textilien, Lokale, alle Anpreisungen in zwei Schriften, an entgegengesetzten Polen beginnend und nie absolute Transliteration erreichend. Dann, als die Zahl der Tafeln abnahm und wir wieder Gegend erkennen konnten, standen Pyramiden aus Orangen und Mandarinen am Straßenrand, meilenweit lockten sie zum Kauf, leuchteten in der Sonne … Wir kamen nach Berket el Sab, einer größeren Stadt, einem dicht bevölkerten Knotenpunkt; hier, nachdem wir von der Hauptstraße auf eine schmalere Nebenstraße abgebogen waren, setzte mit Macht das untouristische Ägypten ein, wimmelnd und sehr reizvoll.

Gleich darauf bogen wir wieder ab, diesmal auf einen aufgeböschten Damm, der über viele Meilen schnurgerade durch die Landschaft führte. Über die Grenzraine der Felder, die er durchschnitt, hatten die Erbauer sich offenbar großzügig hinweggesetzt. Es sei eine »Vertragsstraße«, erläuterte der Doktor. Beim Rückzug der Briten – das waren wir, bitte sehr! – in die Kanalzone war unter anderem der ägyptischen Regierung der Bau dieser Straßen zur Bedingung gemacht worden, um britische Truppenbewegungen zu erleichtern. Diese »Vertragsstraßen«, einst Ärgernis und Zumutung für die Fellachen, waren jetzt baumbestandene, nützliche Verbindungswege mit wohltuendem Schatten und einer breiten, unbefestigten Fahrbahn für Last- und Zugtiere, für Rinder-, Schaf- oder Ziegenherden und für Laster oder Fahrräder, die allerdings eher selten waren. Die Fellachen nennen das Fahrrad den »eisernen Esel«, und es ist ihrem Herzen näher, als die Grautiere es je waren. Die Räder sind gepflegt, die Tiere schmutzig.

Wir bogen auf einen noch schmaleren Weg ein, an dem eine Kuh und ein Büffel, in einem Joch zusammengespannt und beide mit verbundenen Augen, ein neues metallenes Wasserrad drehten. An solchen Wasserrädern kamen wir noch mehrmals vorbei. Ich konnte mir nicht vorstellen, daß sie das Wasser aus dem schmalen Kanal förderten, es muß aus Tiefbohrungen gekommen sein. Das Delta ist der ungesundeste Winkel Ägyptens, obschon die Bevölkerung hier ebenso wohl aussah wie in Ober- und Mittelägypten. Wieder bogen wir ab, und dann waren wir in dem Dorf, aus dem der Doktor stammte. Es herrschte das übliche dörfliche Chaos, die übliche unschöne Schluderwirtschaft. Stroh, Stöckchen, Binsen, Dung, Staub und ein schmaler, trüber Kanal, von Bäumen gesäumt – Palmen, Akazien, Feigen. Das Getreide stand hoch und dicht, grün, sattgrün, schwer. Der Vetter des Doktors hieß uns willkommen, ein gut aussehender junger Mann, nicht wie der Doktor gekleidet, sondern beturbant und in grauer Galabiya. Sogleich ließ er uns durch Alaa mitteilen, er sei auf Urlaub nach Hause gekommen, daher dieser Aufzug. Er hatte als Fahrer im Irak gearbeitet und würde Ende des Monats wieder dorthin zurückkehren. Er war voller Energie, eilfertig führte er uns zu seinem Haus, wo wir seinen Vater kennenlernten, einen weißbärtigen alten Herrn, der seit seinem 12. Lebensjahr den Koran auswendig kannte. Er war sehr fromm, und seine Lippen waren viel zu rot und üppig, um vollkommen schön zu sein. Eine Frau brachte Tee, andere riskierten nur einen neugierigen Blick. Der Koran lieferte ihm

Zitate für alle Lebenslagen. Er fragte mich, ob ich Arabisch spräche. Als ich bedauernd verneinte, setzte er zu einer so ausführlichen Erwiderung an, daß Alaa übersetzen mußte. »Lob und Dank sei Gott, daß er Menschen verschiedener Arten und Sprachen erschuf.«

Nach diesem Sinnspruch verbeugte er sich in die Runde, genau wie *Reis* Shasli, als er von seinen Frauen und Kindern erzählt hatte. Schweigend tranken wir unseren Tee aus, dann führte uns der Vetter zu dem gegenüberliegenden Haus, das ihm gehörte und das er sich mit dem im Irak verdienten Geld hatte bauen lassen. Dies war ein weiteres Beispiel für die Tendenz, dem Dorf den Rücken zu kehren, in der Fremde gut zu leben und gut zu verdienen, um später in die Heimat zurückzugehen und sich als Mann von Wohlstand und Ansehen feiern zu lassen. Das Haus war dreigeschossig und hatte, genau wie das Haus seines Vaters, keinen einzigen rechten Winkel. Alles wirkte ein wenig windschief. Es war ganz aus Beton. Wir standen mit dem stolzen Besitzer auf dem Betondach. Der Blick ging über eine weite Fläche, die wie ein riesiger Schuttabladeplatz aussah. Ratlos suchte ich um eine Erklärung nach. Sehr einfach: Vor mir lagen die Dächer des Dorfes. Man nehme hölzerne Balken, Bambus im rechten Winkel dazu, eine Schicht Stroh, eine Schicht Erde, und fertig ist ein Lagerplatz für Brennmaterial – Maisstengel, Zuckerrohr, Baumwollgräser, an denen noch ein paar weiße Ballen hingen, Binsen, Stroh, Abfälle, Kuhmist. Es war eine durchaus sinnreiche Einrichtung, wenn man sie erst einmal durchschaut hatte, denn so braucht man nicht die kostbaren Ackerflächen anzugreifen, die bis an die Hausmauern heranreichen, liebevoll gepflegte Felder mit Weizen, Bohnen, Klee. Unter uns arbeitete eine Frau auf einem der Äcker. Sie hatte einen Korb bei sich, aus dem sie – nein, keinen Samen, sondern Dünger zwischen die Gemüsereihen streute. Vor dem Bau der Staudämme mag das unnötig gewesen sein, danach hatte sie vielleicht *sebakh* genommen, jetzt waren es Phosphate aus der Arabischen Wüste, aus den Fabriken, die ich am Roten Meer und auf dem Weg nach Kom Ombo gesehen hatte. Der Boden

Ägyptens, einst berühmt seiner unerschöpflichen Fruchtbarkeit wegen, braucht heute künstlichen Dünger. Der Hochdamm gibt, der Hochdamm nimmt. Der Vetter des Doktors war, wie sich herausstellte, Diplomlandwirt und kannte sich in diesen Dingen aus. Was die Frau streute, war ein Superphosphat, ganz recht, aus der Arabischen Wüste. Später würde sie ein Fungizid streuen und danach ein Insektizid. Ich erkundigte mich so beiläufig wie möglich nach den sanitären Einrichtungen. Nun ja, die Senkgruben werden nur alle paar Jahre geleert, der Boden ist so porös, daß er die Ausscheidungen absorbiert und neutralisiert. Die Fäkalstoffe werden nach dem Ausgraben nicht zur Düngung benutzt. Ich kam nicht so recht dahinter, was mit ihnen passierte.

Wir stiegen vom Dach herunter, und unter der Führung des Doktors gingen wir über die Dorfstraße, vorbei an einer ächzenden Mühle, die Mehl für das Dorf mahlte und vor der sich Frauen mit Körben oder Säcken voller Getreide drängten. Die Mühle war Genossenschaftsbesitz. Auf Rückfrage erfuhr ich, daß sie früher einem »reichen Mann, einem Grundbesitzer« gehört hatte. Aber nach der Revolution …

Was war aus dem Grundbesitzer geworden? Nun ja, er war noch da. Ja, er besaß noch etwas Grund und Boden, nicht viel.

Wir gingen weiter, und man zeigte mir den Grundbesitzer. Er sah zu uns hinüber, dann schlug er sich seitwärts in die Büsche. Der Doktor führte uns zu einem großen Stall mit vergitterten Fenstern und einer großen, klapprigen Holztür, aber natürlich war dies kein Stall, sondern das Haus, das dem Vater unseres Doktors gehörte. Er klopfte und machte die Tür auf. Seine Mutter erschien, schwarz gekleidet, winzig klein, mit gelbem Runzelgesicht. Sie hieß uns in dem gewohnten Ambiente von windschiefen Wänden und Geröllhalden willkommen. In der Küche leistete ihr eine Ziege Gesellschaft. Sie deutete auf eine Tür, zu der zwei Stufen führten. Wir gingen in den Wohnbereich hinauf.

Links nahm ein breites, scheinbar seit Jahren unberührtes Bett den gesamten Raum ein. Uns gegenüber stand eine Couch, links von uns, unter den vergitterten Fenstern, eine zweite. Auf der Couch uns gegenüber lag etwas, was ich zunächst für einen Haufen Lumpen hielt, dann aber entdeckte ich dazwischen eine Mütze, einen Schal, ein hageres Gesicht mit Adlernase: der Vater des Doktors, Mustapha, steinalt und krank. Der Doktor beugte sich über ihn und küßte ihn auf beide Wangen. Mustapha streckte erst mir, dann Alaa eine hagere Hand hin, dann zog er sich in seine Leiden zurück. Ich setzte mich mit Alaa unter das Fenster. Zuerst ließ sich der Doktor auf der Couch neben seinem Vater nieder, aber dann brachte die Mutter ihm einen Stuhl. Der Vetter kam dazu und nahm den Platz des Doktors ein. Alaa sagte mir halblaut ins Ohr: »Das ist der alte Mustapha. Er ist 76. Er hat zwei Morgen Land und handelt mit Getreide.« Es war eigenartig. Noch einmal: Was ist Schmutz? Ich hätte es, wofern es sich nicht gerade um Kot und Unflat handelte, nicht mehr zu sagen gewußt. In diesem Raum gab es eigentlich nur Staub, und alle Gegenstände, die in der gewohnten Unordnung herumstanden oder -lagen, wirkten verschlissen und bißchen desolat. Schon war der flotte dunkle Anzug des Doktors befallen. Der Staub, die von der hohen Decke hängenden Spinnweben, die schmierigen Muster an den gemörtelten Wänden hatten seine auffallende Andersartigkeit, seinen städtischen Schick gedämpft und ihn der Umgebung angeglichen. Plötzlich erhob sich eine lautstarke Diskussion. »Nein!«, zeterte Vater Mustapha. »Nein! Nein!«

Ich wandte mich an Alaa, der wieder halblaut erläuterte: »Sie reden von Mustaphas Enkelin. Sie ist – wie würden Sie sagen – die Nichte des Doktors.«

Der Alte erregte sich noch immer. Eine zweite Frau hatte das Zimmer betreten, die Schwester des Doktors. Die bewußte Nichte war ihre Tochter, die Frau war die Tochter des Mustapha und der Alten, sah aber eher aus, als gehöre sie zur Generation ihrer Mutter – verrunzelt, verarbeitet, gelbgesichtig, schwarz gekleidet. Tatsächlich betrug der Altersunterschied zwischen ihnen nur vierzehn Jahre.

Der Doktor redete beschwichtigend auf seinen Vater ein. Die Frauen gingen weg, um das Essen zu richten. Was hätte ich denn gern, Fleisch oder Gemüse? Gemüse natürlich. Bald darauf kam das Mahl: Brot, alter Käse und junger Käse, riesige pizzagleiche Fladen auf einem gewaltigen Zinntablett. Wir benutzten auf traditionelle Art die Rechte zum Essen und hielten die Linke sittsam verborgen, abgesehen von einem gelegentlichen diskreten Schubs, wenn ein Bissen sich sträuben wollte. Es war ein vorzüglicher Schmaus. Der alte Käse war gut, aber scharf. Zwischen zwei Bissen redete der Doktor immer wieder dem Vater gut zu. Der Alte aß nichts und gab unwirsche Antworten.

Alaa nahm seine halblauten Erklärungen wieder auf: »Der Getreidepreis fällt. Der Doktor kennt Kornhändler in der Stadt, wichtige Leute. Sie sagen, Mustapha soll warten. Aber der Alte ist Pessimist, er will jetzt verkaufen, auch wenn er Verlust macht.«

»Was reden sie da über ein Mädchen?«

»Das ist die Enkelin, die Nichte des Doktors.«

Ich hatte sehr bald begriffen, daß Alaa zwei Fliegen mit einer Klappe geschlagen hatte. Ich wollte das Delta kennenlernen, der Doktor seine Familie besuchen. Das Mädchen steckte in einer recht peinlichen Klemme. Sie besuchte die Universität und war Mitglied eines Ausschusses, der sich gegen bestimmte Mißstände des Studiums wandte. Bisher hatte es keinerlei Gewalt, keine Ungesetzlichkeiten, ja, noch nicht einmal einen Protest gegeben. Der Universitätspräsident hatte eingewilligt, sich mit dem Ausschuß zu treffen, und einen Termin festgesetzt. Dennoch war vor ein paar Tagen die Polizei zu dem Schwager des Doktors gekommen und hatte ihn eingeschüchtert. Er war ein einfacher Bauer, ein Fellache. »Du hast schlimme Kinder«, hatten sie gesagt. »Du solltest dich in acht nehmen, du ahnst nicht, was du deiner Familie für Schwierigkeiten einhandeln kannst, wenn es dir nicht gelingt, deine Tochter in Schach zu halten. Wir möchten, daß du deine Tochter zurückbeorderst, damit sie in der Obhut ihrer Eltern ist. Was hat ein Mädchen an der Universität zu suchen?«

Pflichtschuldigst äußerte ich Empörung über ein Vorgehen, das meine liberalen Denkgewohnheiten, wenn schon nicht meine innere Überzeugung beleidigte.

Alaa frischte halblaut meine Erinnerung auf. Nach der Ermordung Sadats durch die Ultras hatte es in ganz Ägypten Unruhen gegeben, die nie in die Presse gelangt waren. Die Ultras hatten die Polizeistation in Asyut gestürmt – ach, unsere abgerissenen Flußpolizisten mit ihren blinkenden Schießgewehren! Sie hatte die Polizisten umgebracht und ihre Waffen an sich genommen. Drei Tage hatten sie Asyut gehalten, bis die Regierung Fallschirmjäger vom Himmel geschickt hatte. Sie erinnern sich, die Ausbildungslager in der Wüste ... Nach dem Attentat auf Sadat war in Kairo wochenlang geschossen worden. Die Zahl der Toten wurde nie genau bekannt, die Wahrheit nie publik. Und jetzt hatte die Regierung immer noch Angst vor dem leisesten Hauch von Kritik, setzte bei den ersten Anzeichen die Polizei in Marsch.

Das Gespräch war wieder heftig geworden. Diesmal war es die Schwester des Doktors – die Mutter der Studentin also –, die loszeterte. Das Wesentliche konnte ich mir mit einiger Mühe zusammenreimen.

»Es ist ein Skandal! Ich erlaube es nicht! Sie wird ins Gefängnis kommen und die Familie ruinieren! Skandal! Skandal!«

Die kleine Mutter des Doktors mischte sich ein. Alaa schwor Stein und Bein, daß seine Übersetzung korrekt war.

»Jetzt macht doch kein solches Getue um die Sache. Im Grunde ist es doch etwas durchaus Ehrenvolles, an einer Protestaktion teilzunehmen.«

Daraufhin kam jähe Bewegung in das Kleiderbündel auf der Couch. Dürre Arme schossen daraus hervor, Fäuste fuchtelten in der Luft herum.

»Nein! Nein! Kommt nicht in Frage! Denkt doch mal an mich. Der Getreidepreis fällt, meine Hämorrhoiden machen mir das Leben zur Qual, und jetzt die Polizei. Womit habe ich es verdient, daß ich mich nun auch noch mit diesem vermaledeiten Mädel herumärgern muß? Schafft sie her, ich bring' sie um!«

Der Herr und Meister hatte gesprochen; eine Weile blieben alle stumm. Dann nahm wieder der Doktor das Wort, leise und beruhigend. Die anderen sagten nichts. Und beschlossen wurde offenbar Folgendes: Der Doktor würde seinen Schwager aufsuchen, und zusammen würden sie beratschlagen, was jetzt zu tun sei. Schließlich kannte der Doktor die Universität, es gab dort gute Leute. So würde er uns denn für eine Viertelstunde verlassen.

Wasser wurde gebracht und über unsere Hände in eine Schüssel gegossen. Der Doktor erhob sich und zog wie angekündigt »für eine Viertelstunde« ab. Der Vater des Vetters – der Alte mit den vollen roten Lippen, der schon als Zwölfjähriger den Koran auswendig hersagen konnte – kam herein und verbeugte sich rundum. Er setzte sich neben das Lumpenbündel mit dem hager-gelben Gesicht, in dem ich jetzt eine leise Ähnlichkeit mit dem Profil des Doktors erkannte. Großvater lamentierte weiter über Getreide und Hämorrhoiden und Enkelinnen und abermals Hämorrhoiden. Der Vater des Vetters bewegte besänftigend die vollen, roten Lippen, offenbar zitierte er aus dem Koran.

Dem Alten fielen die Augen zu. Eine Viertelstunde verging, eine halbe, eine Dreiviertel-, eine volle Stunde. Schweigen, bis auf das Gesumm der Suren.

Der Doktor kam zurück. Heftiges Gerede. Er hatte seinem Schwager geraten, nichts zu unternehmen, erst einmal zehn Tage zuzuwarten. Vielleicht war es ja nur ein Schreckschuß gewesen. Würde man das Mädchen heimholen, würde man damit zugeben, daß die Familie ein Unrecht begangen hatte. Erst einmal in Ruhe abwarten, das war das Beste. Für alle Beteiligten. Wahrscheinlich würde gar nichts passieren, rein gar nichts.

Es war Zeit zum Aufbruch. Die Show war vorbei, und ich sollte nie erfahren, wie die Sache ausgegangen war. Wir standen auf und bedankten uns. Es war alles sehr dramatisch gewesen. Aber das Getreideproblem blieb ungelöst, die Hämorrhoiden hatten sich vielleicht gar verschlimmert, und was das Mädchen betraf, war alles nach wie vor völlig offen. Dramatische Umstände, aber kein Drama.

Als der Wagen auf der angeböschten Straße wieder in Richtung Kairo rollte, wandte sich der Doktor an mich.

»Wie wäre es in England gewesen?«

Die Unterschiede waren so gewaltig, daß ich nicht wußte, wo ich anfangen sollte.

»Die Polizei hätte nicht ... Nein, lassen Sie mich nachdenken ...« Dann sah ich den grundlegenden Unterschied.

»In England wäre die Familie nicht auf so breiter Basis engagiert, sondern nur ... der Kern, verstehen Sie, wie ich es meine?«

»Ich verstehe.«

»Nur bei einem sehr jungen Mädchen hätten die Eltern sich eingeschaltet.«

»Ah ja.«

»Onkel und Tante und Großeltern – die hätte man überhaupt nicht dazugenommen.«

»Nie?«

»Sie erwarten das gar nicht.«

Der Doktor nickte. »Jetzt hatten Sie mal einen kleinen Eindruck von dem, was gemeint ist, wenn in den Büchern von der Dritten Welt und der Großfamilie die Rede ist.«

»Ich habe an sich die Großfamilie immer für eine gute Sache gehalten.«

Alaa und der Doktor lachten, sagten aber nichts. So fuhren wir denn über die »Vertragsstraße«, dann weiter auf Asphalt, vorbei an den Haufen unverkaufter Orangen unter der heißen Sonne. In gewisser Weise war es recht deprimierend gewesen, aber ich hatte ja danach verlangt, dem ägyptischen Leben, besonders dem Leben der Fellachen, ein wenig näherzukommen, und das war nun das Ergebnis: weitläufige Familien, enge Horizonte. Der Patriarch und seine Hämorrhoiden, ein durch die Enkelin in seinem Selbstwertgefühl beschädigter Großvater, die Mutter nicht so sehr verbittert als durch Sorgen zermürbt, der Vater nicht betroffener als die anderen, der gebildete Sohn, der abwiegelte und alle dazu überredete, nichts zu unternehmen.

Immerhin, die Zeiten hatten sich gebessert. Der Doktor war ein Doktor, der Vetter, Fahrer im Irak, war Diplomlandwirt.

»Alaa ... der Vetter mit seinem Diplom ... was wird er anfangen, wenn er wieder heimkommt?«

»Er will sich Taxis zulegen, einen Betrieb gründen.«

»Und sein Ackerland?«

»Wer weiß ...«

Sie hatten eine Wasserleitung, die wenigen Tiere machten einen gesunden Eindruck, der Alte hatte einen Getreideüberschuß zum Verkauf.

»Sagen Sie, Alaa, um welche Summe ging es bei dem Getreidegeschäft, das sich zerschlagen hat?«

»Etwa zweitausend Pfund.«

Der Großvater war demnach ein reicher Bauer, ein Kulak. Der Vetter wird erst ein Taxi fahren, dann Fahrer einstellen, dann ein »Großer Mann« sein. Was mag aus den ordentlichen kleinen Feldern werden, die sich an das windschiefe Haus schmiegen? Die Enkelin – ich sah sie vor mir, ein junges Mädchen mit rundem Gesicht, in westlicher Kleidung, wadenlangem Rock, ein Tuch über dem Haar – würde von der Familie verheiratet werden. Sollte sie aber das Studium durchhalten und einen Abschluß erreichen, würde sie sich in die große Schar arbeitsloser Akademiker einreihen. Ich dachte an den Vetter. Unterhaltsame Geschichten von den Attacken der Iraner hatte er erzählt und wie die Irakis den Feind fertiggemacht hatten. Es war, gab er zu verstehen, wirklich sehr lustig gewesen.

Und dann waren wir wieder im Hotel, und ich versuchte zusammenzufassen. Das meiste von dem, was wir uns vorgenommen hatten, war, wenn auch unzulänglich, abgehakt. Die Unzulänglichkeit ergab sich, wie ich jetzt einsah, zwangsläufig aus unserer Situation. Eine Erkenntnis, gegen die ich mich hartnäckig gesträubt hatte, mußte ich nun doch akzeptieren: Daß alles, was ich schrieb, nicht Ägypten zum Gegenstand haben würde, sondern mich oder, wenn Sie so wollen, uns Mittelstandsengländer aus einem friedlichen Winkel Englands auf mehr oder minder zielloser Wanderschaft durchs Ungefähre, immer in der Hoffnung, irgendwann einmal einen glücklichen Fund zu tun. Das hatte nichts damit zu schaffen, daß Ägyptenland so vielfältig war, sondern eher damit, daß ich so viele Male Ägyptenland in mir trug und diese unterschiedlichen Erscheinungsformen nicht im Widerstreit, aber auch nicht im Zusammenhang standen: Das Cañon, das den Schutt von zehn Millionen Jahren umschloß. Die lange Reihe der im Verhältnis dazu jungen Pyramiden. Moslems und Kopten, Araber und Juden, das Kreuz des Lebens in der Apsis der katholischen Kirche. Worum ich mich bemühte, war im Grunde das, was die Ägypter mit ihrem Adjektiv »pharoni« anstrebten: die Vorspiegelung einer Einheitlichkeit durch alle Zeiten hindurch, die es in Wirklichkeit nicht gab und nie gegeben hatte.

Der Verkehr rauschte, ein lärmender Strom, unter dem Fenster. Wir hatten nie mehr sein können als bevorzugte Touristen, die hier und da fremdartige Dinge erblickt hatten, ohne einen Zusammenhang zwischen ihnen herzustellen. Selbst ein neuerlicher Besuch Ägyptens – vorausgesetzt, ich könnte mich dazu überwinden – würde diese Sicht nicht vereinfachen, sondern meine Verwirrung nur noch steigern. Der Sinai stand noch zur Besichtigung an, die Oasen, Nubien am Ufer des Sees, oberhalb der überfluteten Dörfer. Selbst die moderne Stadt vor unserem Hotelfenster war unausweichlich. Wie soll man die Hochhäuser beschreiben, die diesem Abschnitt des Nils ein Allerweltsgesicht verleihen? Sie sehen ein bißchen nach Papier aus, diese Hochhäuser, so wie man beim Anblick ägyptischer Tempel an braune Pappe denkt, doch zwischen beidem gibt es keine Beziehung. Ein Hochhaus unter heißer Sonne hat etwas von einem Insektenbau, erinnert aber auch an Vorrichtungen für ein Elektroniksystem, in das man Bauteile einschiebt. Mit ihren papiernen Balkons sehen diese Häuser aus wie abgenagte Maiskolben, von denen nur noch die Mittelstücke übrig sind und die kleinen Hülsen, in denen die Körner gesteckt haben. Dort, wo Metall und Beton eher solide als papieren wirken, meint man, es müsse ein Geräusch geben, wenn man mit dem Daumennagel an dem Gebilde entlangstreift. Farben? Beige, hellbraun, dunkelbraun, häßlich. Von absichtlicher Häßlichkeit, möchte man sagen, kompromißlos häßlich, ein urbanes Übel, eine formale Deformität und unbewußte Anmaßung. In Wirklichkeit sind die Hochhäuser Kairos natürlich weder das eine noch das andere. Sie sind neutral. Theoretisch sollten sie ihren Bewohnern ein Stück Heimat, ein Eckchen Privatsphäre im Massenbetrieb des Systems bieten, aber entsprechende Bestrebungen sind – falls es sie gibt – nicht erkennbar, auch das menschliche Zeichen ist allenfalls ein Fetzen Papier, der an leeren Balkons und Spiegelglasscheiben vorbeisegelt Punkt, Punkt, Punkt ... bis er im Fluß landet und dort reglos liegenbleibt. Und die Reglosigkeit eines Stroms, der einst flutete und über die Ufer trat, ist Symbol. Von der Form und der Größe und der Farbe her sieht der Fluß wie die Themse aus.

Wir hatten uns vorgenommen, Nubien zu sehen; gesehen hatten wir Kalabsha. Fellachen hatten wir kennenlernen wollen; begegnet waren wir meist wohlhabenden Bauern und Handwerkern. Entweder hatte man uns absichtlich auf Wege gelenkt, die man als besonders geeignet für uns erachtete – und das hielt ich, so wie ich Alaa inzwischen kannte, nicht für wahrscheinlich –, oder Gesundheit und Wohlstand Ägyptens haben sich durch sauberes Wasser und die geheimnisvolle Außerkraftsetzung der sogenannten »Gesetzmäßigkeiten« bis zur Unkenntlichkeit zum Besseren gewandelt. Ich hatte nur einen einzigen armen jungen Teufel gesehen, der klapperdürr war und ersichtlich im Sterben lag. Früher hieß es einmal, ein Nubier aus Oberägypten könne das leisten, was zehn Ägypter aus dem Delta zustande bringen. Wenn es denn je gestimmt hatte, so stimmte es jetzt nicht mehr, davon war ich überzeugt, aber maßgebliche Angaben hierzu wären wohl Sache eines Medizinstatistikers, eines Arztes.

Ich war müde. Müde ging ich zu Bett und ließ ein Wirrwarr von Träumen über mich ergehen, und müde erwachte ich zu einem Tag, der so lang wie der Nil zu werden versprach. Heute sollten wir dem Kultusminister vorgestellt werden. Ich sammelte Mut, um Fragen anzubringen. Ann spielte wohl mit dem Gedanken, ein gutes Wort für das Ölbauminstitut einzulegen, damit es seine Tätigkeit nicht einzustellen brauchte. Andererseits hatte sie inzwischen begriffen, was von einer Ehefrau in Ägyptenland erwartet wird: Daß sie stets mindestens einen

Schritt hinter ihrem Mann bleibt und – wenn überhaupt – nur dann spricht, wenn sie angesprochen wird. Für mich, der ich sie so gut kannte, war der Konflikt spürbar.

Nach dem Frühstück holte uns ein ministerialer Adlatus ab und fuhr uns ins Ministerium, das nicht viel Ähnlichkeit mit dem Haus hatte, in dem wir am Vortag gewesen waren. Es handelte sich um einen hochherrschaftlichen Bau, der sich auch auf den Champs-Élysées nicht hätte zu verstecken brauchen. Ann, Alaa und ich traten ein und wurden gebeten, Platz zu nehmen. Der Minister, von Beratern umringt, erwies sich als ein sehr umfangreicher ägyptischer Gentleman in Savile-Row-Gewandung, der hervorragend Englisch sprach. Er strahlte jene erstaunliche Aura restloser Zufriedenheit und Seelengüte aus, jene ungetrübte Lebensfreude, die ich inzwischen untrennbar mit dem Glück verbunden glaubte, ein Nubier zu sein. Offenbar aber war es möglich, sich auch als Ägypter dieser Attribute zu erfreuen. Das Gespräch nahm seinen Anfang. Alaa hatte – da nicht benötigt – keinen Teil daran. Ich kam nicht dazu, Fragen zu stellen, denn man stellte sie mir! Nach Erkundigungen, Gesundheit und Wohlergehen seiner Gäste betreffend, kam der Herr Minister zur Sache. Man habe sich gedacht, daß ich, als Kulturträger, möglicherweise ein wenig Einfluß auf zwei gleichermaßen geheiligte Institutionen, das Britische Museum und die britische Regierung, nehmen könnte. Das klang schmeichelhaft, aber beunruhigend. Es gelang mir tatsächlich, Kalabsha und die Bitte um eine Straße nach Nubien zu erwähnen, und einmal sah ich, wie Ann den Mund auf- und wieder zumachte. Leider stellte sich heraus, daß Straßen genaugenommen nicht unter die Rubrik Kultur fallen, gewisse Gegenstände im Britischen Museum hingegen sehr wohl. Es sei, sprach der Minister, alles sehr schwierig. Unleugbar sei der Bart des Sphinx, zur Zeit in den Gewölben des Britischen Museums verwahrt, ohne Wert für das Museum und unabdingbar für den Sphinx. Aber die Vorschriften, ach ja, die Vorschriften! Und so weiter und so fort. Könnte ich nicht etwas tun? Schließlich versprach ich, Gebrauch von einem ebenso unveräußerlichen wie wirkungslosen Recht des Engländers zu machen und einen Leserbrief an die *Times* zu schreiben. Woraufhin wir aufstanden, um uns zu verabschieden, aber erst mußten uns noch die Geschenke überreicht werden, ein unabänderlicher ägyptischer Brauch, der mir immer wieder peinlich ist, weil man unmöglich im Fluggepäck einen Vorrat an Gegengeschenken mitführen kann und mir das Weiterverschenken früherer Gaben (von Minya nach Kairo) nicht recht passend erschien.

Sehr zu schätzen wußte ich hingegen ein Geschenk anderer Art. Der Minister gab uns einen Überblick über die Tätigkeit seines Amtes und berichtete, sie hätten bereits 50000 Tonnen Schutt aus Kairo abtransportiert und würden sich »bald« auch den Rest vom Halse schaffen, was unbedingt notwendig sei, um den architektonischen Meisterwerken der Stadt den angemessenen Rahmen zu geben. Wenn die Nebenstraßen geräumt seien, würde Kairo so sauber sein wie eine westliche Stadt. Überdies habe das Ministerium ein Projekt zur Restaurierung der alten Moscheen genehmigt und die Oberaufsicht übernommen. Hatten wir schon etwas von diesen Arbeiten gesehen?

Nein, das hatten wir noch nicht.

Dann würde er uns Mr. Soundso (Mr. Soundso sprang beflissen auf) mitgeben, und wir würden Gelegenheit haben, den Beitrag des Kultusministers zur Bewahrung und zum Schutz des islamischen Erbes in Ägypten kennenzulernen. Und dann gingen wir, mit der Versicherung gegenseitiger Wertschätzung, und Ann war nicht dazu gekommen, ihr Ölbaum-Sprüchlein anzubringen.

»Aber das hole ich nach, ganz bestimmt!«

»Da wirst du Lobby beim Landwirtschaftsminister machen müssen.«

Wir begannen die Fahrt durch die Stadt, die zwangsläufig langsam vor sich ging. Eineinhalb Stundenkilometer gelten als guter Durchschnitt. Man sitzt im zähen Verkehr oder einem Stau, dem »Sudd«, zwischendurch braust man mit neunzig Sachen durch die Gegend.

Die Moschee, im 14. Jahrhundert entstanden, war riesig. Sie

war um einen großen Hof herumgebaut und hatte früher auch als Schule oder Hochschule gedient. Jetzt taten hier nur die Restauratoren ihre Arbeit. Es waren erstaunliche Leute. Mit einem Schlag waren wir mittendrin in der »Islamischen Renaissance«, wie das Alaa in ausnahmsweise engagierten Augenblikken genannt hatte. Beeindruckend waren nicht so sehr die Restaurierungsarbeiten als die Restauratoren. Es müssen an die fünfzig gewesen sein, schweigsam und konzentriert, doch erfüllt von einer heiteren Zufriedenheit, verhaltener als bei den Nubiern, aber deutlich spürbar. Sie trugen westliche Kleidung, von den Frauen hatten einige nicht einmal ihr Haar bedeckt. Hier und da waren Arbeitstische mit Plänen und den verschiedensten Kunstgegenständen aufgestellt, mit Teilen einer Steinmetzarbeit etwa, mit maßstabsgetreuen Fotos oder Tuschezeichnungen. Überall um diese Tische standen sie herum, prüften das Vorhaben, um das es gerade ging, beratschlagten mit leiser Stimme. Junge Leute, fast Kinder noch, waren mit gröberen Arbeiten beschäftigt, säuberten eine steinerne Oberfläche, kratzten Schmutz aus kunstvollen Schnitzereien. In ihrer Hingabe an diese niederen Dienste waren sie wie Laienbrüder in einem Klostergarten. Es war alles so still. Der ministeriale Mr. Soundso machte uns mit dem Direktor bekannt, der uns von Tisch zu Tisch führte. In einer Ecke richteten Köche Essen für die Arbeiter, in einer anderen schufen ausgebildete Steinmetze Skulpturen als Ersatz für Zerstörtes oder Verwittertes, wieder an einem anderen Tisch wurden Farben gemischt, die kräftigen, sieghaften Farben des Islam und der arabischen Welt.

Wir betraten die eigentliche Moschee. Hier waren die beherrschenden Farben leuchtendes Blau und Gold. Typisch der Korantext in Blattgold auf leuchtendblauem Grund. Man machte mich auf die Schönheit der Kalligraphie aufmerksam, die ich freilich mit dem leeren Blick des Nichtverstehens betrachtete. Auf mich wirkten die verschlungenen Muster gefällig, mehr nicht; aber ich akzeptierte das Gesagte.

Die Moschee hatte Fenster aus buntem Glas, und hier hatten wir festeren Boden unter den Füßen. Denn westliche – besser noch mittelalterliche – Glasfenster setzen Normen, die sich erreichen, aber nicht übertreffen lassen. Die arabische – ägyptische? nubische? – Kunst artikuliert sich beim Zusammenfügen bunter Glasstückchen in Farbkombinationen, die wir schreiend und aufdringlich nennen würden. Meist – aber nicht immer – sind es Mosaike aus geometrischen Mustern, und nicht einmal in dieser Moschee fand ich das Glas besonders gut. Wie allem Glas aus dem Süden haftete ihm ein Hauch von Gewächshaus, gar von Badezimmer an. Trotzdem wurde es, wie alles andere auch, mit größter Sorgfalt von Glasspezialisten unter den jungen Leuten restauriert.

Interessant und für mich besonders reizvoll an diesen Fenstern (denn für mich ist Buntglas immer auch eine Möglichkeit, unerwünschtes Licht aus einem Gebäude fernzuhalten) war die Tatsache, daß ihnen in dieser Moschee auch die Aufgabe zufiel, Sonne und Mond auszusperren, sie heißen deshalb auch ausdrücklich »Sonne- und Mondfenster«. Der Name beschwor das Bild eines südlichen Vollmondes herauf, wir wir ihn in staublos-wolkenlosem Glanz über der Arabischen Wüste hatten aufsteigen sehen, eines Mondes, in dessen Licht man lesen konnte und das den Augen weh tat, nicht, weil sie sich beim Verfolgen der krausen Schriftzüge überanstrengten, sondern weil der Mondschein das Weiß des Papiers ins unerträglich Grelle steigerte.

Wir durchschritten den weitläufigen Hof und genossen die Stille, durch die nur die halblauten Beratungen klangen, das leise Tapptapp eines Hammers, hier und da ein dumpfer Laut von einem der Gerüste, wo gewaltige Quadern bewegt wurden. Es war eine Stimmung, die uns sehr unmittelbar ansprach, so normal, so positiv, ohne jede Spur von Intoleranz und Hysterie. Was hier getan wurde, geschah zum Ruhme Gottes. Auch dieses Element gibt es also in der »Islamischen Renaissance«, und das ist bei so vielen terroristischen Greueln durchaus bedenkenswert.

Dann aber mußten wir zu unserem nächsten Termin. Wir fuhren in Richtung Zitadelle, bogen links ab, dann ging es bergauf in das Viertel, das, wenn ich nicht irre, Darbel Habena heißt. Endlich waren wir auf dem Weg zu Hassan Fathy, der im obersten Stockwerk eines alten Mameluckenpalastes wohnt. Die Wendeltreppe, die zu ihm hinaufführte, hätte dem Turm einer Kathedrale alle Ehre gemacht. Er empfing uns mit sanfter Höflichkeit, war zunächst allerdings durch das Verhalten seiner sieben Katzen etwas behindert. Alle dreißig Sekunden demonstrierten sie durch Geschrei und Geschubse die den Feliden eigene Fähigkeit zu steter Schlagbereitschaft, was Mr. Fathy jedesmal mit einem sanft-zurechtweisenden »Aber Mieze-Mieze« quittierte. Er saß im Haus- oder Schlafrock an einem Tisch, auf dem ein paar Schriftstücke lagen. Wir waren gekommen, um unsere Aufwartung zu machen, hatten aber damit unsere Schwierigkeiten, solange die Katzen da waren. Schließlich lockte seine Haushälterin, eine umfangreiche Dame in Landestracht, die Schar, Herde, Gruppe – welche Kollektivbezeichnung paßt auf derart einzelgängerisch veranlagte Wesen? – mit Futter aus dem Zimmer und machte die Tür hinter ihnen und sich zu.

Hassan Fathy ist über achtzig, er soll, so heißt es, manchmal ein wenig geistesabwesend sein, wir aber haben das nicht feststellen können. Es lag mir am Herzen, ihm zu sagen, wie sehr ich den Mann bewunderte, der eine große soziale Idee entwickelt, verbreitet und so gut wie möglich in die Praxis umgesetzt hatte. Es sei ein Fehlschlag gewesen, bemerkte er halblaut, zumindest in Ägypten. Wieder und wieder habe er es versucht, aber nie sei etwas daraus geworden. Ich wandte zaghaft ein, daß die Moschee und die Häuser, die er in Neu-Gourna gebaut habe, ja noch an ihrem Platz stünden. Wenn man nur die Touristen, die sich um die Memnonskolosse drängten, dazu bringen könnte, ein paar hundert Meter weiterzugehen ...

Nein, nein, sagte er, das habe gar keinen Zweck. Wichtig seien die Fellachen, die müsse man erreichen, und dann, ja, dann sei ja auch noch die Regierung da, dieser feste, unverrückbare Klotz ... Es sei ein *totaler* Fehlschlag gewesen. Dieser gute, sanfte Mensch schien sich an seinem Mißgeschick regelrecht zu weiden.

Dann erhellte sich seine Miene.

»Aber ich war in Mexiko. In New Mexico. Dreiundzwanzig Tage war ich da, und was soll ich Ihnen sagen – sie haben gleich angebissen! Sie haben dort natürlich Adobe*, und als ich ihnen die Idee von dem Bogen aus Lehmziegeln vortrug, waren sie sofort begeistert. Stellen Sie sich das mal vor. Vierzig Jahre lang mühe ich mich in Ägypten, ohne etwas zu erreichen. Und in New Mexico habe ich in 23 Tagen Erfolg. Selbst mein Buch haben sie gelesen. Mein Buch ist jetzt Lehrmaterial in England und Frankreich.«

Wir blieben noch eine Weile und bemühten uns, Hochachtung und Bewunderung zum Ausdruck zu bringen, ohne uns allzu überschwenglich auszudrücken. Schließlich standen wir auf, und Mr. Fathy sagte, wie liebenswürdig es von uns sei und so weiter und so weiter – Artigkeiten auf allen Seiten. Über die Wendeltreppe stiegen wir hinab in die Nacht.

»Ich habe es bis jetzt für mich behalten«, sagte Alaa, »aber eigentlich ist er ja ein Fürst.«

»Ganz offiziell?«

»Natürlich. Aber seit der Revolution ...«

Wir fuhren quer durch die Stadt zu einer Bekannten von Alaa, einer Filmproduzentin, die Dokumentarfilme über das ländliche Ägypten macht. Die Filme sprachen für sich und ließen vernehmbar werden, was wir gesehen hatten. Ein Arbeiter in einer Lehmziegelei, unentwegt mit dem Auslegen der Lehmklumpen beschäftigt, rührend dankbar für kleine Wohltaten. Eine Flüchtlingsfrau aus Suez, Mutter von drei Kindern, die in schlichten Worten von ihren Kindern und ihren Tieren sprach, ohne zwischen beiden zu differenzieren. Das Porträt eines Dorfes. Arbeit und Spiel - zumindest das Spiel der Kinder – brachen in einem bestimmten Augenblick ab, alles strömte zu einem schienengleichen Bahnübergang und wartete auf den Zug: Höhepunkt ihres Tages. Der Zug rollte langsam vorbei, die Kinder winkten, und die Leute betrachteten die ihnen so gren-

* Adobe (arab.-span.): luftgetrocknete Lehmziegel. (Anm. d. Übers.)

zenlos fernen Gesichter an den Fenstern. Der Film hieß *Das Dorf, an dem der Zug nicht hält*. Sie zeigte uns einen Videofilm über ein Festival arabischer Musik. Sofort fühlte ich mich auf das Boot zurückversetzt, hörte die von Alaa und Rushdie oder *Reis* Shasli eingeschaltete Musikberieselung. Doch es war sehr nett, daß sie uns so viel vom ägyptischen Leben zeigte, wir waren ihr sehr dankbar dafür. Jetzt gewannen wir die Erkenntnisse, mit denen wir eigentlich hätten beginnen müssen. Dann fuhren wir zurück ins Hotel und fielen ins Bett. Die Nacht verging rasend schnell und ohne Spur. Am nächsten Morgen waren Interviews angesetzt, wir standen deshalb mehr oder weniger im Morgengrauen auf, um zu packen. Ann wurde zuerst interviewt, man zeigte ihr eine Aufnahme von unserem Gespräch mit dem Kultusminister, die in den Morgenzeitungen erschienen war. Dergestalt ermutigt, appellierte sie an die Frauen Ägyptens, das Institut zur Anzucht von Öl- und Mangobäumen zu retten. Jeder Ägypter, der etwas auf sich hielt, wäre doch gewiß bereit, seiner Frau einen Ölbaum zu schenken! Die ägyptische Frau solle sich einmal vorstellen, was für ein wunderbares Projekt das sei! Eine Million Ölbäume! Dann kam ich an die Reihe und beantwortete die üblichen Fragen. Das Hotel behandelte uns plötzlich überaus achtungsvoll und überreichte die Rechnung fast entschuldigend.

Wir fuhren zum Flugplatz, nahmen gerührt Abschied von Alaa, gingen wie im Traum durch die Halle und ließen uns in die Lüfte entführen, wo wir beide sofort einschliefen. Schlafend überflogen wir den bis zum Rand angefüllten Cañon, schlafend überflogen wir das Meer, Griechenland, Jugoslawien, Österreich, Deutschland ... und erwachten, als die Maschine zu ihrem langen Landeanflug über der Nordsee ansetzte. Die Reise – ein Traum ...?

Was ich versucht habe zu schildern ist ein touristischer Gemeinplatz, ist das *Faktum,* daß Ägypten ein Land von wunderbarer Schönheit ist. Vielleicht habe ich zu diesem Faktum eine Marginalie liefern können – kann ein Faktum eine Marginalie haben? – gut also, eine ergänzende Feststellung: daß Ägypten leidet, weil diese Schönheit seine Bewohner offenbar kaltläßt, und daß die Großen und Mächtigen des Landes sich die einmalige Chance haben entgehen lassen, etwas gegen die gefährlich-trostlose Häßlichkeit ihrer Alltagsarchitektur zu tun. Vielleicht ist diese Unterlassung seitens der sogenannten «maßgeblichen Kreise« Absicht. Ich behaupte nicht, daß Hassan Fathys Lehmziegelbauweise eine Patentlösung wäre, aber zumindest bekäme damit Ägypten das zurück, was dem Land bedauerlicherweise verlorengegangen ist: der Glaube daran, daß nicht nur Ruinen, sondern auch andere Bauwerke Überlegung und Pflege wert sind.

Bei unseren geschützten Streifzügen erlagen wir fast zwangsläufig der Versuchung, alles zu sehen und uns zu allem eine Meinung zu bilden, ein Fehlverhalten, das natürlich letztlich dazu führt, daß man zu nichts eine Meinung hat. So muß es denn bei diesem erweiterten Tagebuch bleiben, in dem ich mit Hilfe meiner Notizen bis zu einem gewissen Grade habe rekonstruieren können, was ich empfand oder – häufiger noch – was ich dachte.

Der Leser mag hier und da so viel an Beschreibung finden, daß er ein wenig an den Aufregungen und Ärgernissen unserer absurden Reise teilzuhaben vermag. Wenn er sich hin und wieder dabei ertappt, daß er auf dem Rücken in meiner Koje liegt, durch ein Bootsdeck und drei Kilometer lastenden, jetzt ausgewaschenen Fels blickt und gleichzeitig weiß, daß er über einem drei Kilometer tiefen unsichtbaren Cañon schwimmt, hat er vielleicht seine Erfahrung um eine ihm bislang unbekannte Variante der phantastischen Vorstellung bereichert. Wenn er sich denkt, er selbst hätte die Reise besser genützt, wäre zu fundierteren Meinungen gekommen und hätte ein besseres Buch darüber geschrieben, mag er sehr wohl recht haben. Immerhin war es eine Herausforderung festzustellen, was bei einer ungewöhnlichen Gegenüberstellung zweier Kulturen, zweier so grundverschiedener Erfahrungswelten herauskommen würde. Wie der Papyrus sagt, der im griechischen Original diesem Band vorangestellt ist:

Seeleute, die ihr die tiefen Wogen befahrt,
Tritonen der salzigen Wasser
und Niloten, angenehm fahrende,
die ihr auf lachenden Wassern segelt,
den Unterschied sagt, Freunde,
zwischen dem Meer und dem fruchtbaren Nil.

Doch genereller summieren läßt sich unsere Erfahrung in all ihrer sonderbar-unsinnigen Komplexität nur durch Unsinn auf höchster Ebene. Und da wir zu guter Letzt glücklich in unsere Heimat zurückkehrten, dünkt mich ein Stück Nonsens aus der dort gewachsenen Literatur geeignet als Erklärung und Beschluß:

»... ein Quentchen Schlechtes
kann jeden edlen Wert von einem
Zweifel bis tief zur eignen Schmach...«*

* W. Shakespeare, *Hamlet*. (Anm. d. Übers.)

REISEN UM GLÜCKLICH ZU SEIN

Julius Meier-Graefe
Spanische Reise
352 Seiten, Leinen.

Julius Meier-Graefes »Spanische Reise«, erstmals 1910 erschienen, setzt sich aus Briefen, Tagebuchblättern, Essays und erzählten Partien zusammen; dieses Mosaik führt zu den Quellen spanischer Kunst; es ist auch der Versuch, Spanien als eine Einheit von Menschen, Landschaften und Riten zu begreifen.
Meier-Graefe stellt höhere Ansprüche; er ist ein Ästhet; aber er verläßt sich auf seine fünf Sinne. Zwar weiß er, daß die Erde ein Jammertal ist; aber er versteht sich darauf, auch die »lichten Stellen« zu finden. Der Autor – ein »Moderner«, der in den Alten die Gegenwart aufspürt und sichtbar macht – ist auf der Suche nach den Vorläufern des Impressionismus. Er kann sie nur in Spanien finden. Das Land spielt also zunächst eine mehr oder minder zufällige Rolle; die »Hauptperson« dieses Reisebuchs sind Bilder. Nie langweilt der Autor seine Leser; Meier-Graefes Reisebericht ist der unmittelbare Niederschlag von Glück und Begeisterung; die Sprache ist wild, farbenreich und kraftvoll; sie vermittelt Eindrücke, die auf Spanien vorbereiten oder Erlebtes vertiefen können.

List Verlag

REISEN UM GLÜCKLICH ZU SEIN

Jean Giono
In Italien um glücklich zu sein
Ein Reisebuch.
Aus dem Französischen von Peter Gan.
224 Seiten, Leinen.

Gionos Reisebuch stellt das in den Mittelpunkt, was sich viele Urlauber wieder unter »Ferien« vorstellen: zwanglos und ohne Zeitdruck das Land und vor allem seine Menschen zu verinnerlichen. Eine Wiederentdeckung unter den Italienbüchern, ein Vademecum für alle, die in Italien glücklich sein wollen.

Der große französische Schriftsteller ist durch Oberitalien gereist, aufmerksam, gelassen und zum Glücklichsein bereit. Nach wenigen Seiten hat der Leser nur den einen Wunsch: mit diesem Buch in der Hand nach Brescia, Verona, Venedig zu fahren! FÜR SIE

Der List Verlag beginnt mit diesem Buch eine Serie von Reisebüchern, die alle mehr von einer »glücklichen Versunkenheit« handeln als vom Abfahren dreisterniger Sehenswürdigkeiten. Willi Winkler,
SÜDDEUTSCHE ZEITUNG

List Verlag

REISEN UM GLÜCKLICH ZU SEIN

Henry James
Eine kleine Frankreich-Tour
Aus dem Englischen von Jörg Trobitius
320 Seiten, Leinen.

Henry James, der große anglo-amerikanische Romancier, brach an einem regnerischen Oktobertag des Jahres 1882 zu einer sechswöchigen Reise durch die französische Provinz auf. Seine Aufzeichnungen von dieser »Tour de France« sind die Keimzelle eines der eigenartigsten und persönlichsten Reisebücher unserer literarischen Moderne, das jetzt zum ersten Mal deutsch vorliegt.

Seine Reise begann in Tours, dem Geburtsort von Balzac; James besichtigte die wichtigsten Loire-Schlösser; dann setzte er seinen Weg ebenso gemächlich wie genießerisch ins Herz des Midi fort; berühmte historische Städte wie Bordeaux, Carcassonne, Arles, Nîmes und Avignon gehörten ebenfalls zu seinem Besuchsprogramm.

Die Neugier dieses ebenso »naiven« wie gebildeten Touristen kennt keine Grenzen; wo James Menschen begegnet, die ihn faszinieren, vergißt er rasch, daß es sich um Privatpersonen handelt: der Romancier wittert eine Beute; wir werden zu Augenzeugen einer literarischen Metamorphose.

List Verlag

REISEN UM GLÜCKLICH ZU SEIN

Julien Green
Paris
Aus dem Französischen von Helmut Kossodo.
120 Seiten, Leinen.

»Ich habe oft davon geträumt, ein Buch über Paris zu schreiben, das wie ein langer endloser Spaziergang wäre, auf dem man nichts von dem findet, was man sucht, aber vieles was man nicht gesucht hatte.« Eben diese Promenaden kreuz und quer durch seine Heimatstadt unternimmt Julien Green – ein Romancier von europäischem Rang.

»Ein Green-Kenner und Green-Bewunderer nimmt die Paris-Beschreibung wie ein Geschenk entgegen. Andere wird sie vielleicht erst hinführen zu seinen Romanen, die bei uns noch immer nicht genug geschätzt werden. Andere wird allein der Titel reizen, das Buch mitzunehmen auf die nächste Reise an die Seine. Auch ihnen wird es nutzen. Es kann sie lehren, daß man Paris, gerade Paris, besser als Flaneur entdeckt denn als übereifriger, sich selber von Sehenswürdigkeit zu Sehenswürdigkeit jagender Tourist.«
SÜDDEUTSCHE ZEITUNG

List Verlag

REISEN UM GLÜCKLICH ZU SEIN

Julien Green
Meine Städte
Ein Reisetagebuch.
Aus dem Französischen von Helmut Kossodo.
280 Seiten, Leinen.

»Befragt nach dem mir am bedeutendsten erscheinenden unter den noch lebenden Romanciers, würde ich ohne Zögern Julien Green nennen ...«: so urteilt Peter Hamm in einer ZEIT-Besprechung.
Green ist zeit seines Lebens viel gereist; die gewonnenen Eindrücke hat er in seinen Tagebüchern festgehalten. Aber die Städte, die Green in einem Zeitraum von mehr als 50 Jahren besucht hat, sind nicht nur reale Orte, wie sie für jeden von uns zugänglich sind. Greens Städte besitzen eine zusätzliche Dimension; die Einbildungskraft eines Dichters sorgt für Entdeckungen, die kein Reiseführer anzubieten hat.
Und das Fazit dieser Städtereise sui generis? „Die Städte in diesem Buch sind meine Städte; und darunter verstehe ich die Städte, wie ich sie entdeckt habe, und wie sie seitdem für mich geblieben sind. Andere werden sie je nach ihrer Laune sehen, denn es gehört zu den Reizen unserer Erde, daß sie jedem das bieten, wonach sein Herz sich insgeheim sehnt.«

List Verlag